▲
突出部战役中，阿登森林里的一辆美国 M4 谢尔曼坦克。突出部战役是第二次世界大战中德国最后一次主要的抵抗战役。

1945 年 2 月，盟军轰炸后，德累斯顿的颓垣断壁。
▼

▲
1945 年 2 月 23 日，美国海军陆战队队员们在硫黄岛上升起美国国旗。

▲
1945 年，科隆大教堂附近的美国陆军士兵。此地最后的坦克战发生在 1945 年 3 月 6 日，之后美军又花了 5 周的时间才拿下这座城市。

▲
1945 年 4 月 14 日，护送罗斯福总统遗体的队伍从联合车站向白宫行进。

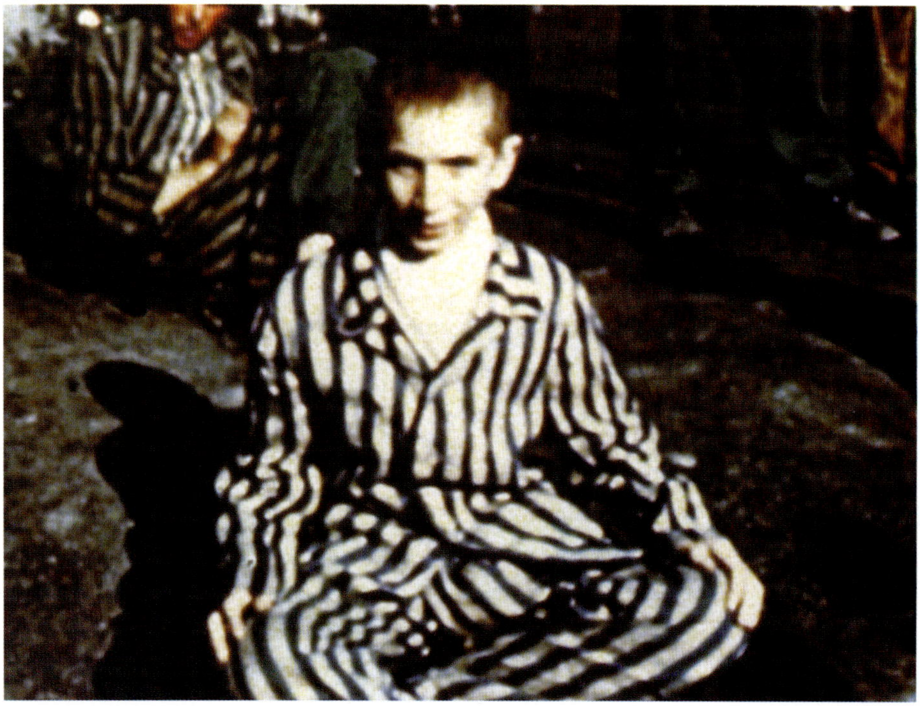

▲
1945 年 4 月 15 日，美国陆军部队解放德国布痕瓦尔德集中营后，一名年轻的集中营幸存者。

▲
1945 年 4 月 25 日，美国第六十九步兵师的士兵在托尔高南面与一个苏联巡逻队相遇。

1945 年 4 月，美国第四十二（彩虹）师的一名士兵看到德国达豪集中营的惨状后的反应。
▼

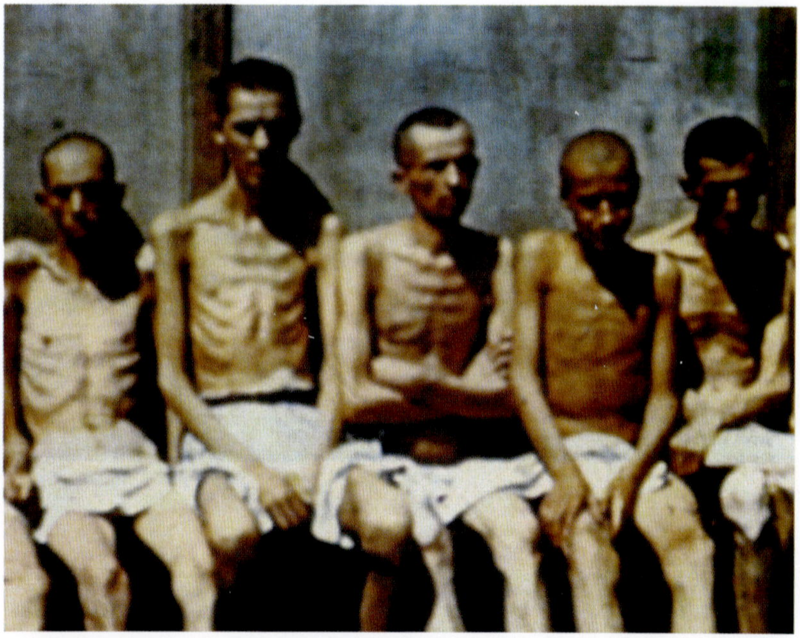

▲
1945 年 5 月 2 日，美国第四十二（彩虹）师与第四十五（雷鸟）师解放达豪集中营后，一群集中营的被收容者。

1945年5月7日，希特勒的军事顾问阿尔弗雷德·约德尔将军（中），也是德国最高统帅部的总管和作战部部长，在艾森豪威尔将军位于法国兰斯的总指挥部签署德国军队的投降文件。他的左侧是威廉·奥克塞纽斯，右侧是海军上将汉斯－格奥尔格·弗雷德堡。
▼

▲
1945 年 5 月 7 日，纽约，人群聚集在时代广场庆祝欧洲战争结束。

▲
同盟国为审判欧洲战犯成立的战争委员会的代表：苏联的特赖宁教授、尼基琴科将军，英国的乔伊特勋爵和美国的杰克逊大法官（坐者左起）。

1945 年 9 月，广岛县产业奖励馆废墟，后被称为“原子弹爆炸圆屋顶”。
▼

▲
1945 年 9 月 2 日，陆海军军人在美国“密苏里”号战列舰的甲板上观看于该舰举行的日本签字投降仪式。

▲
1946 年，纽伦堡审判，赫尔曼·戈林（手托下巴者）、鲁道夫·赫斯、约阿希姆·冯·里宾特洛甫、威廉·凯特尔、恩斯特·卡尔滕布伦纳、阿尔弗雷德·罗森堡、汉斯·法郎克、威廉·弗立克、尤利乌斯·施特莱彻、瓦尔特·冯克和亚尔马·沙赫特（被告席第一排左起）。

▲
1946 年，纽伦堡审判，赫尔曼·戈林在交叉询问中。

《纽约时报》二战全纪实

《纽约时报》／著
［英］理查德·奥弗里／主编
钱垂君　王晶晶　向　娜／译

和平的进击

［1944—1945］

One sign that the end was approaching in Europe, if more slowly than the Allied public would have liked, was the transfer of correspondents to Eisenhower's new Supreme Headquarters Allied Expeditionary Force （SHAEF）, set up in Paris. Correspondents were still subject not only to censorship but also to the limits of what the fighting forces would tell them. In the Soviet Union and on the Chinese Front reporters were constantly frustrated in what they could or could not publish.

On November 14 Arthur Sulzberger flew out to the Pacific theater to meet General MacArthur. MacArthur's forces had begun the reconquest of the Philippines on October 20, when four divisions landed almost unopposed on the southern island of Leyte. Sulzberger was too late to witness the great naval battle of Leyte Gulf, when three Japanese task forces, the last of the Japanese Combined Fleet, tried to engage the American armada off Leyte. Although able to inflict some damage on American escort carriers, the Japanese lost twenty-eight out of sixty-four warships, a decisive defeat from which the Japanese Navy never recovered. Sulzberger arrived after the costly occupation of Peleliu, secured by November 27, and went on to spend three days at MacArthur's headquarters before returning to the United States. Leyte surrendered on December 19 with the loss of 80,000 Japanese soldiers who fought to the death. On December 15 American forces reoccupied Mindoro as a stepping-stone to the reconquest of the main island of Luzon. MacArthur had made good on his promise of 1942: "I will return."

In Europe the confidence that the war would be quickly over ebbed away. On November 8 Roosevelt was reelected with a great deal still to be done to bring the war to an end. A few days earlier, Montgomery's Twenty-First Army Group had finally succeeded in clearing the estuary around the mouth of the River Scheldt so that Antwerp could be used as a port. But even before that a new German secret weapon, the A-4 rocket （or V-2）, had begun to fall on the port.

1939—1945

新世界出版社
NEW WORLD PRESS

图书在版编目（CIP）数据

和平的进击 / 美国《纽约时报》著；（英）理查德·奥弗里主编；钱垂君，王晶晶，向娜译 .—北京：新世界出版社，2017.2
（《纽约时报》二战全纪实）
ISBN 978-7-5104-6113-2

Ⅰ .①和… Ⅱ .①美… ②理… ③钱… ④王… ⑤向… Ⅲ .①第二次世界大战—史料 Ⅳ .① K152

中国版本图书馆 CIP 数据核字（2016）第 317064 号

北京版权保护中心海外图书版权合同登记号：图字 01-2016-0369

和平的进击

作　　者：《纽约时报》
主　　编：［英］理查德·奥弗里
译　　者：钱垂君　王晶晶　向　娜
策划编辑：周　强　曹福双
责任编辑：秦彦杰　杜　力
责任校对：宣　慧
责任印制：李一鸣
出版发行：新世界出版社
社　　址：北京西城区百万庄大街 24 号（100037）
发 行 部：（010）68995968　（010）68998705（传真）
总 编 室：（010）68995424　（010）68326679（传真）
http://www.nwp.cn
http://www.nwp.com.cn
版 权 部：+8610 68996306
版权部电子信箱：nwpcd@sina.com
印　　刷：三河市骏杰印刷有限公司
经　　销：新华书店
开　　本：710mm × 1000mm　1/16
字　　数：368 千字　印张：21.75
版　　次：2017 年 2 月第 1 版　2017 年 2 月第 1 次印刷
书　　号：ISBN 978-7-5104-6113-2
定　　价：59.80 元

推荐序

汤姆·布罗考

100年、500年、1000年后，历史学家研究第二次世界大战时，会心生疑惑：这是一场全面的战争，它席卷欧洲文明的中心，横跨太平洋，它野心勃勃而又极具杀伤力，然而英国著名军事历史学家约翰·基冈居然称之为“人类历史上最伟大的事件”。为什么会这样？

从1939年到1945年，你可以在《纽约时报》驻国内外记者的报道中，看到这场战争从开始是多么混乱不堪、错综复杂，充斥着表里不一、背信弃义，甚至是痴心妄想。阿道夫·希特勒唤起了德国狂热的激情，而日本这个岛国则开始将国旗插在远离国境的地方。

1939年9月1日德国入侵波兰，《纽约时报》用醒目的黑体字《华盛顿认为这场危机很严重》为标题进行报道，详细地描述富兰克林·D. 罗斯福总统是如何花了一整天的时间阅读新闻通讯并收听欧洲电台的节目的。第二天法国动员了800万军人，第三天英国向德国宣战。

然而，9月3日哈罗德·B. 辛顿在《纽约时报》发表题为《美国能置身于战争之外吗》的长篇分析文章，文中写到罗斯福对希特勒顾虑重重，但已经暗中备战。同时，辛顿引用罗斯福的话说：“他希望并相信美国能远离危险，而且他的政府将尽其所能地保持远离战火。”

人类历史上这场“最伟大的事件”就这样开始了。不怀好意的德国拉开了序幕，整个欧洲一片哗然，美国总统却依旧举棋不定。

从那天起，《纽约时报》的记者和编辑开始了急行军，以实时追踪事态的发展。

加拿大、澳大利亚等英联邦国家都投身对德作战,《纽约时报》驻伦敦记者詹姆斯·赖斯顿描述说，全城人都猫着腰以躲避德国空袭，之后又记录了温斯顿·丘吉尔是如何一步步晋升到高位的。赖斯顿颇有先见之明地指出:“丘吉尔先生骨子里就有战争因子。他就像一位快乐的老拖船船长，头顶一顶破旧不堪的水手帽，嘴叼一支熄灭了的雪茄。不管是外形上，还是讲话的声音上，他都堪称真正的领袖。”事实上，丘吉尔当之无愧。

消息不断地从东线和西线传来:《英国儿童已经撤离城市》《传说中的苏联严冬即将围困侵略者》《新加坡对日本的威胁将信将疑》《潜艇击沉英国战舰》。

查尔斯·林德伯格仍然公开宣称，反对美国卷入这场战争，还称，美军的妈妈们会强闯国会，要求美国不要参战。

然而，到了1941年秋，罗斯福的个人担忧变成了热火朝天的战争武器计划，也就是罗斯福所说的“民主国家的兵工厂”。汉森·鲍德温在《纽约时报》中写道:“‘民主国家的兵工厂’的武器产量大增。”

30多天之后的一个周日，也就是1941年12月7日，日本偷袭珍珠港，美国举国上下一片震惊。正如罗斯福之后对世界所说的，“一个耻辱日”。也正是珍珠港事件使美国迅速卷入了战争。

在现代史上一系列最大的海战中，日本与美国在整个太平洋上，围绕着塔拉瓦、硫黄岛、瓜达尔卡纳尔岛等之前闻所未闻的小岛展开殊死搏杀。

这是一场亘古未见的世界大战，战火蔓延到了北非、意大利乃至整个欧洲和苏联西部，以及所有的海域和领空。

1600万美国人齐心协力，为打击敌人而努力，从深入敌后到烤面包再到包装降落伞，从乘飞机空降作战到乘潜艇潜入深海袭击敌舰，不一而足。

苏联人从东面挺进。同盟国军队齐聚英国，在总司令德怀特·艾森豪威尔的统一指挥下，准备发动有史以来最大规模的战役。艾森豪威尔出生于美国堪萨斯州的一家农场，性情温和，直到1941年才晋升为陆军上校。

1944年6月6日，同盟国在诺曼底登陆。这是二战中具有重要意义的一场战斗。这场规模浩大的海陆空协同的军事行动昭示着第三帝国和阿道夫·希特勒的疯狂行为即将走向末路。

然而，盟军登陆3小时后，《纽约时报》和华盛顿其他的新闻记者才得知这一消息。

从那天起，新闻开始变得振奋人心。《纽约时报》头条新闻变成：《纳粹继续猜测巴顿将军的部队的动向》《日军（在塞班岛）被打得落花流水》《B-29轰炸机首度亮相》《苏联红军的进攻一如既往地勇猛》。

苏联军队在东线挺进，同盟国军队从西线打来。德军遭到夹击，虽殊死拼斗，却损失惨重。阿道夫·希特勒这个历史上的暴君，在柏林的一个掩体内开枪自杀，他那打造千古帝国的邪恶梦想不到10年便走到了尽头。

在太平洋，同盟国军队已把矛头指向日本的本土。除非日本投降，否则一场对谁都没有好处的战争将无法避免。

但最终战争得以避免。日本遭受两颗极具毁灭性的原子弹袭击后，投降了。

这场疯狂的战争于1945年8月宣告结束。这场真正意义上的全球战争结束了。和平来之不易，世界需要史无前例的重建和重组；一场全新的战争，亦即苏联与西方国家的冷战，揭开了序幕；在一定程度上，纳粹德国对犹太人的大肆屠杀促成了一个全新的国家在中东地区崛起。

和平虽然并不稳固，但依然让人欣喜。男人重返家园，或读书，或工作，投身于休眠已久的经济建设。妇女孕育了具有鲜明个性的新一代。底特律又开始生产民用汽车。超市又可以买到肉类和黄油。一座座新城市在美国东南部、西南部和西部兴起。

历经硝烟的人们把战争的可怕记忆深埋心底，继续生活，一心要弥补自己、家庭和朋友做出的牺牲。

在《纽约时报》的这些报道中，你可以追溯那段混乱的时光，重温那些重大决策；你会因战胜国领袖的伟大事迹备受鼓舞，也会为战争贩子的虚伪而愤怒。

这是超越时代的新闻。对于亲历这场战争的人们，对于渴望了解战争是如何发生的，我们又是如何取胜的人们，这更是一份不可多得的礼物。

目录

contents

目 录
contents

第一章

1 chapter

痴心妄想

1944 年 10—12 月

虽然战争的结束并不如同盟国的民众所期盼的那么迅速，但新闻通讯记者被转移到艾森豪威尔将军在巴黎的新的盟军远征军最高指挥部，足以表明欧洲战争将结束。不仅记者的报道仍旧要经受审查，而且战斗部队能向记者透露的内容也有所限制。在苏联和中国，前线的记者因什么消息可以报道、什么消息不可以报道而时常受到阻挠。

1944 年 11 月 14 日阿瑟·索尔兹伯格飞到太平洋战区与麦克阿瑟将军会晤。10 月 20 日麦克阿瑟将军率领的军队开始重夺菲律宾之战，此时已有 4 个师不费吹灰之力在南部的莱特岛登陆。索尔兹伯格到来时，为时已晚，没有亲眼看到莱特湾海战的盛况。海战中，日本联合舰队出动了它仅剩的力量——3 支特遣舰队，试图把美国舰队阻拦在莱特岛外。虽然它们的确对美军护航航空母舰造成了一定的损害，但是日本海军的 64 艘军舰损失了 28 艘，自此一蹶不振。索尔兹伯格抵达的时间是在攻占贝里琉岛后。美军在贝里琉岛战役中付出了高昂的代价，但在 11 月 27 日基本锁定胜局。索尔兹伯格在抵达麦克阿瑟的指挥部 3 天后返回美国。12 月 19 日莱特岛上的日军投降，日军 8 万名士兵战死。12 月 15 日，美国军队重新占领民都洛岛，成为重夺主岛吕宋岛的进身之阶。1942 年麦克阿瑟曾发誓“我会回来的”，现在他终于实现了自己的诺言。

在欧洲，对战争会很快结束的信心渐渐衰退。1944 年 11 月 8 日罗斯福再次当选总统，因为要结束战争，还有大量的事情需要去做。几天前，蒙哥马利的第二十一集团军群终于成功消灭了驻守斯海尔德河河口的敌军，安特卫普重新成为可供利用的港口。但在此之前，德国的一种新式秘密武器 A–4 火箭导弹（或称

V-2 导弹）已经开始射向港口。由于无法对火箭进行拦截或预警，其携带的 1 吨重的弹头不仅给安特卫普，还给伦敦和英格兰南部地区造成了极为严重的损失。与此同时，港口无法充分发挥其效用，物资供应无法满足军队的需求，军队向德国边境进发的步伐不得不放慢。

随后，令所有人想不到的是，德军在阿登森林外发动了一次偷袭，意图攻破西部防线，可能还想夺回安特卫普。“秋雾行动”出人意料地攻击了盟军防线最薄弱的部分。12 月 16 日，由于天气恶劣，盟军飞机无法起飞，德军出动 50 万人和 1000 辆坦克向默兹河方向猛钻，切割出一个宽 40 英里、深 60 英里的区域，盟军称之为“突出部”。艾森豪威尔立即命令巴顿和蒙哥马利抵御敌军的攻击，试图从两翼包抄以包围德军。12 月的最后一周，云开雾散，成千上万架盟军飞机轰炸德军阵地，德军的火力开始消耗。在突出部的中央是巴斯托涅的一个小堡垒，美军一〇一空降师在此坚守，抵挡住了德军的轮番攻击。12 月 22 日，德军向该师指挥官安东尼·麦考利夫准将劝降时，准将断然回答：“痴心妄想！”4 天后，巴顿将军缓解了德军对该空降师的围困。到 1945 年 2 月初，德军退回其出发地，现在它已经无力再保卫德意志帝国了。

1944 年／10 月 4 日

63 天的战斗之后，华沙宣布投降

伤亡人数超过 30 万——据说博尔将军已逃脱——一些波兰人逃到苏联

悉尼·格鲁森

通过无线电发回《纽约时报》的报道

【伦敦 10 月 3 日电】经过 63 天的激烈抵抗，华沙的爱国者被迫投降，德军再一次控制了波兰这座支离破碎的首都。

波兰军队总司令塔德乌什·科莫罗夫斯基中将（博尔将军）宣布昨晚 8 点华沙起义结束。8 月 1 日，华沙市民发动武装起义，当时城里可以听到红军的枪炮声。据信，博尔将军已在起义失败的最后时刻逃脱。

今晚波兰在伦敦的流亡政府的总理斯坦尼斯瓦夫·米科瓦伊奇克讲述了为什么华沙不得不放弃战斗。总理说：主要原因是苏联军队和波兰军队无法保住华沙地区的维斯瓦河河段，"所有外部的希望都破灭了"，徒劳无功地四处突围后，波

1944 年 10 月，波兰第一集团军的战士在华沙近郊攻打一个德军阵地。

兰家乡军放下了武器。

莫斯科方面报道，一些部队进入苏军控制的维斯瓦河东岸。

米科瓦伊奇克先生说：所有的食物和水都已耗尽，驻军和民众都在忍饥挨饿，数千名伤员躺在地下藏身处，既得不到照顾，也没有医疗用品或敷料可用，我们只能投降了。

华沙 85% 的地区遭到重创

在伦敦的波兰人悲痛至极——估计在战斗前 6 周，波兰伤亡人数达到 20 万，另有 10 万人被监禁。两者加起来几乎占了该城市战前人口的 1/3。华沙一半的建筑被夷为平地，另有 35% 遭到严重损坏，波兰人如是说。

米科瓦伊奇克先生称："在这场战争中，华沙之战是独一无二的。1944 年 8 月至 9 月，这座伟大的城市在没有重型武装、没有强有力的外援的情况下，完全依赖自己的力量长时间独自抵抗一个拥有现代战争毁灭性实力的强大的敌人。"

他补充道："华沙保卫战永远见证波兰人民永不屈服的意志和对自由生活坚不可摧的愿望。"

今晚德方报道称，对待已经投降的波兰家乡军"按战俘处置，而不按游击队员处置"。德军一直以罪犯的名义枪杀波军俘虏，直到盟国警告德军它们会报仇雪恨。

1944 年／10 月 11 日

记者从伦敦的盟军远征军最高指挥部转移到巴黎

艾森豪威尔最后的"家庭成员"从伦敦飞往巴黎，近距离接触新闻来源地

【美联社盟军远征军最高指挥部 10 月 10 日电】今晚，负责最高指挥部消息报道

的战地记者可以更近地接触战争，描写战况。45 名记者今天从伦敦赶往巴黎——德怀特・戴维・艾森豪威尔将军最后的“官方大家庭”终于全部跨过了英吉利海峡。

在过去的两个半月里，最高指挥部一直在一点点地向欧洲大陆转移。8 月初，艾森豪威尔将军把他的前线指挥所转移到诺曼底瑟里西森林边上的一个苹果园里。9 月第一周，他的大多数属员就在法国各地建立了指挥部。现在几乎一切都转移到巴黎了。

长达一个月的时间里，战争通信不畅，伦敦的战事报道越来越难跟上战况的进展。虽然伦敦距离敦刻尔克战区只有 80 英里，但离第七集团军前线的贝尔福通道却有 450 英里之远。

今天，定期的早晨“战况通报会”在英国的旧盟军远征军最高指挥部总部举行。听完通报会后，记者有 1 小时的时间撰写稿件，之后登上专机飞往巴黎。

“靠近前线将大大缩短我们的通信线，大幅度提升官方新闻传递的速度。”总部的一名发言人说。

第一次新闻记者转移，每家通讯社可以选派两名记者，每家报社可以选派一名记者转移到巴黎。

1944 年／10 月 12 日

记者投诉中国的新闻审查制度

美联社

【重庆 10 月 11 日电】在今天的政府新闻发布会上，两名记者就重庆政府对来自中国共产党控制地区的电讯实施审查的做法表示不满。

《伦敦新闻纪事报》记者冈瑟・斯坦因在共产党地区度过了四个半月。斯坦因先生说，回到重庆后，他发现在 17 条新闻中，被审查者删除了至少 5000 字。重庆是新闻中继站，来自共产党地区的新闻要经过审查后，才能向海外发布。

刚在共产党地区待了两星期后返回的《纽约时报》记者布鲁克斯·阿特金森，也抱怨针对有关共产党的新闻的审查制度过于严苛。

国民政府外交部政务次长吴国桢则认为，这个问题应该与他的办公室的政府发言人商榷，而不应该在新闻发布会上讨论。

1944 年/10 月 15 日

新联盟启动，前景光明 名称确定为“联合国”

埃德温·利兰·詹姆斯

从目前情况来看，新的国际联盟可能定名为联合国，这是一个良好的开端。敦巴顿橡树园会议的结果已被众国接受，甚至孤立主义分子对这一结果也并无异议。它可能被称为副部长级计划，虽然它的意义远胜于此。会议的决议代表了对许多难点的 90% 的一致意见。这些难点在于许多有着不同政权、不同理念、不同理想的国家，为了防止另一次世界大战这个共同目标而试图联合起来。诚如国务卿赫尔极为贴切的评价，如此这般的文件将成为代表多国的至高的共同意愿，而非任何一个国家的神圣计划之楷模。

现在摆在世界各国面前的是联合国的初步规划。这个规划与原有的国际联盟相类似，是一个各国政府的自由联盟，而不是某些超级大国的独立于其他各国政府之外的联合形式。然而，很明显，新联盟的规则与之前有所差别，新联盟将不再认同政治地位是神圣而不可侵犯的，因此不再保障成员国的政治主权和领土完整。这个规则有别于一直备受争议的《国际联盟盟约》第十条的内容。另外，还会有其他一些差别，但现在这些差别尚未成形。

良好的开端

两位总统候选人均赞扬了敦巴顿橡树园会议取得的成果。会议决议的文本公之于众时，附带一份白宫的声明。在这份声明里罗斯福总统高度赞扬了该决议。杜威州长称之为良好的开端。由于民主党和共和党竭力呼吁建立世界组织来维护和平，所以两位候选人的声明引起了高度重视。

建立联合国需要美国参众两院的共同行动。对于美国被要求提供军事力量这一事宜，参议院将批准一项协定，众议院则将考虑对其设置一些限制。参众两院已投票赞同美国参与联合国的世界维和组织。两党领导人批准了敦巴顿橡树园会议的计划。

这应该意味着孤立主义分子意图阻止新联盟时将面临重重困难。当然，不要忘记洛奇参议员上次就说过大多数美国人渴望建立这个联盟，所以他只能以例外和限制条款以及修正案等间接方式来否定这个计划。25 年前，民族孤立主义者种下了第二次世界大战的种子，美国民众这次要弄清楚，自己不会被再次蒙蔽，不会让民族孤立主义者再有机会发动第三次世界大战。在这个国家里，并非所有的人都是民族孤立主义者，但我们要指出曾经的悲剧历程，使历史不再重现。

超级大国出局

美国民众对防止另一次世界大战的提议所表现出来的巨大兴趣值得称颂，它引发了对战后规划广泛而真挚的研究。这种兴趣在一定程度上是真挚的，几乎每个人都能感觉到这种情感。故此，无数的美国民众讨论着这些计划。这些计划规定了一个真正属于人民的议会，一个民族联盟，而不是政府联盟。

这些民众现在应该将注意力转向对敦巴顿橡树园会议的计划的支持，转向对该计划未来的发展的关注。当然，该计划无法满足纯粹的理想主义者。然而，这个计划代表了可行之道，理想主义者的计划却无法实现。需要趁热打铁才能有所作为，如果稍有延迟，等到战争结束后两三年再着手，那就什么都做不成了。

该计划的主要思想是让世界各国为避免另一次世界大战共同创建一个组织。规则诚然重要，但却不是重中之重。规则可以在未来的岁月进行修改，但是一个世界组织绝不会在未来进化，除非各国联合时它才会开始运转。

现在，或我们当中大多数人在世时，有望看到各国政府联合而成的组织。这就是敦巴顿橡树园会议所提出的建议。那些相信国际合作的人应该会支持这个组织所代表的原则。人们可以为细节而争论，但是争论应只局限于细节。其主旨目标是无可争辩的。

1944 年/10 月 20 日

麦克阿瑟将军履行誓言

美军攻下莱特岛东海岸，正在扩大控制区域

美联社

【菲律宾麦克阿瑟将军指挥部 10 月 20 日电（陆军广播电台广播）】今天，道格拉斯·麦克阿瑟将军正式宣布美军在菲律宾对日发起攻击。

两年零六个月前，他悲伤地离开了这些岛屿，日本侵略者占领了它们。当时他曾信誓旦旦地说："我会回来的。"如今他宣布，海军和受空军掩护的地面部队已经登陆菲律宾群岛。（约 24 小时前，日本方面的广播至少罗列了 3 处美军着陆点，所有的着陆点均在群岛的中心，进攻者会把群岛上的 15 万日本守卫军一分为二。）

在庞大的舰队护航之下，麦克阿瑟将军在新几内亚登上一艘军舰赶过来。军队登陆 4 小时后，他开始制订上岸计划。

拿下东海岸

特别公告的部分内容如下：

"经过一次大型的水路作战行动，我军已经拿下菲律宾东海岸的莱特岛。该岛位于莫罗泰岛北面 600 英里处，距离米尔恩湾 2500 英里。大约 16 个月以前，我军的进攻就是从米尔恩湾发起的。

"登陆点所在的米沙鄢群岛位于吕宋岛和棉兰老岛之间。一次攻击行动中，美军遭遇了驻菲律宾的两批日本军队，敌人对棉兰老岛被攻击早有防范。

"独鲁万市已经被封锁，伤亡人数较少。登陆行动开始之前，空军和海军已对该岛实施了猛烈的轰炸，使敌军遭受了毁灭性打击。我们的地面部队正在扩大控制区域。"

麦克阿瑟将军说，供应物资正源源不断地输送上岸。

群岛上共有 22.5 万名日军

参与此次行动的部队有美国第六集团军，美国海军第三舰队、第七舰队，以及美国远东空军。

登陆后的美军与日本驻防菲律宾的部队正面抗衡。日军约有 22.5 万人，由陆军元帅寺内寿一指挥。（4 天前，日本因为日军误传在台湾地区取得了海空战的胜利而欢呼雀跃。此传闻称，日本海军、空军在台湾取胜，使“千钧一发的美军对菲律宾的进攻推迟了至少 2 个月”。而事实证明，日军根本没有赢得任何海空战的胜利。）据战斗现场目击者陈述，美国海军和空军实力雄厚、蓄势待发，日本海军无法望其项背，而日本空军早已在菲律宾各大机场被击垮，几乎毫无还手

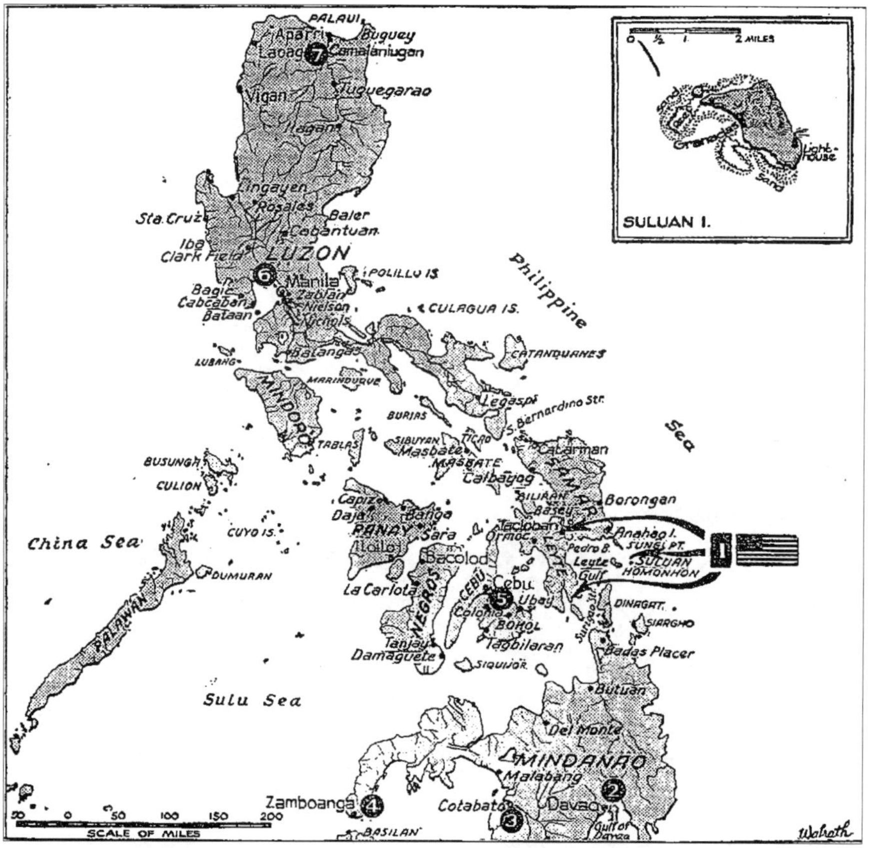

美军重返菲律宾的战斗开始于莱特湾①。东京方面称美军首先进攻了苏卢安岛（小图详细标出）。麦克阿瑟将军宣布美军在莱特岛南端的卡巴利安附近登陆，占领了整个岛屿的东部地区，并控制了莱特岛北部的独鲁万市。据报道，美军对达沃②、哥打巴托③、三宝颜④、宿务⑤等地区的轰炸仍在继续，轰炸最密集的地点是克拉克机场、马尼拉⑥和阿帕里⑦。

之力。

1942 年 5 月 6 日马尼拉湾被迫交出之前，每一名从科雷希多岛逃出来的精壮士兵都在为解放菲律宾、解救被困的美军战友而英勇冲锋。

自 1944 年 10 月 9 日以来，在进攻前的备战中，特遣舰队向琉球群岛、台湾和菲律宾发动轰炸，日军实力严重受损，1300 架飞机被炸毁、86 艘战船被炸沉、127 艘战船受重创，机场和军事要塞大面积毁损。

美联社战地记者从前线战场发来的报道称，进攻的护卫舰队一望无际。

1944 年/10 月 26 日

Hittler 一家更改姓氏

屠夫一家因姓氏 Hittler 类似 Hitler 而备感尴尬，现更改为 Hille

昨天居住在布朗克斯区费舍街 3478 号的雅各布·希特勒和莫莉·希特勒夫妇，以及他们的两个孩子得到位于布朗克斯区的纽约州最高法院法官欧内斯特·哈默的许可，正式改姓氏为“希勒”。一直以来，他们都因自己的姓氏为 Hittler 而尴尬不已，虽然 Hittler 一词有两个“t”。

希勒先生是阿姆斯特丹大道 1964 号的一名零售屠夫。在提交更姓申请时，他说自己的姓氏 Hittler 使得他在社会交往和商业往来中处于极为尴尬的境地。他还说自己本来在多年前就可以更改姓氏，但是为了宣传而一直未改。

1944 年
10 月 27 日

莱特岛外围的海战被喻为“17 小时的地狱”

拉尔夫・蒂特索思
合众社记者

【在菲律宾外围的海军中将金凯德的旗舰 10 月 26 日星期四电】今日，“东京快车”号舰与美国海军“有限”号舰发生猛烈碰撞。这艘日本引以为豪的舰艇严重损坏，从此无法远航。这是我们的海军一年多以来梦寐以求的时刻。这是 17 小时的浓缩的地狱，而其中最令人惊异的是原先没有人能预料到我们的太平洋航空母舰舰队能在一天内把日本舰队打得一败涂地，整个下午日本舰队都在仓皇逃命。夜晚来临时，海战各个战场的情况大部分被汇集起来。海军发言人宣布：“敌人受到重创，已经被彻底打败。我们的舰队损失并不严重，明天依然可以作战。”

现在还不能准确地查明所摧毁和击伤的日本舰船数量，但敌军的损失估计至少包括“山城”号战列舰沉没，另一艘战列舰被摧毁并可能已沉没，3 艘战列舰严重受损，多艘巡洋舰和驱逐舰沉没，3 艘巡洋舰和数艘驱逐舰受损。另有 4 艘战舰或被击沉或严重损坏。

1944 年
10 月 27 日

日本主力舰队受损情况总结
海尔赛率军重创台湾外围的敌军

乔治・霍恩
通过电话发回《纽约时报》的报道

【珍珠港 10 月 26 日电】在为期两天的菲律宾战役中，日本海军被彻底击溃，美国不再将日本海军作为战争计划的主要考虑因素。

美军在一次激烈的进攻中直插吕宋岛东北端，打了敌军一个措手不及。经过一天的空战和地面攻击，敌军主力遭受重创，完全丧失斗志。两军实力如此悬殊，使得这次战役几乎很难被称为战斗。

两支军事力量较小且过于分散的舰队在各自的行动中被拦截。第七舰队、第三舰队辅助部队和第七舰队下辖的澳大利亚海军，以前所未有的愤怒对敌方陆基空军展开攻击。

逃跑敌舰被击沉

美国的空军和海军追击被击溃的敌军舰队，击沉其中一些军舰。

整个日本航空母舰舰队中，有三四艘航空母舰被前来拦截的美国海军上将威廉·海尔赛的第三舰队击沉，而第三舰队本身丝毫无损。

毫无疑问，作为海上军事强国的日本遭受了历史上最沉重的打击，那些受损的军舰即使回到日本本土，也将是强弩之末，再无力攻打美军。

虽然不能说任何东西都无法从美军飞机和炮火精确的打击中逃脱，但是可以说没有任何一艘大型军舰，不管是战列舰、巡洋舰，还是威力无比的航空母舰，可以毫发无损地逃脱，尤其是日军这支拥有至少60艘，甚至是67艘战舰的舰队。

要经过数月，日本舰队才能得到修复，重新具备战斗力。

很多细节尚未透露

因为麦克阿瑟将军的军事行动尚未有报道，所以仍有许多细节不得而知，战争局势依然复杂。空军和海军在莱特岛附近的岛屿上空和周围盘绕，其中有些来自配合击退敌人进攻的第三舰队，因此有的关于战况的数字出现重复计算是不可避免的，事实上，也是预料之中的。

周一上午发现两支规模较小的敌军。昨天凌晨 2 点左右，第三舰队的水面部队追上逃跑中落单的巡洋舰，在圣贝纳迪诺海峡将其击沉。至此，整个战役更准确的状况才呈现在人们面前。

敌军在这个区域有 3 支舰队守卫。第一支是规模较小的舰队，包括 2 艘新型的快速战列舰，首先被发现时正从苏禄海向东行驶；第二支是实力中等的舰队，正从锡布延海向东移动；第三支是北方舰队，正从日本或黄海向南行驶，随后被美国第三舰队击溃。日军舰队的实力如下：

三四艘航空母舰，10 艘战列舰，至少 21 艘巡洋舰和 27—32 艘驱逐舰。实际上驱逐舰的数量可能更多。舰艇数量总共为 60—67 艘。

第三舰队除了在台湾外围大获全胜外，还派出航空母舰编队协助海军中将托马斯・金凯德指挥的第七舰队力克敌军从圣贝纳迪诺海峡派出的战列舰、巡洋舰和驱逐舰。这些军舰向南进发，企图更近地对抗在莱特湾外围护航的第七舰队的航空母舰。

它们试图穿过航空母舰设置的屏障，抵达美军登陆的区域，而麦克阿瑟将军的部队正从那儿进攻莱特岛和萨马岛。

海军上将尼米兹报告说，周二下午从北部南下的第三舰队编队与金凯德中将指挥的护航航空母舰共同协作，给敌军造成的损失如下：

1 艘重型巡洋舰当场沉没；4 艘战列舰受损严重，漏油而低速逃离战场；1 艘被遗弃的驱逐舰在海面被摧毁。后半夜，此支敌军舰队向北撤退，企图穿过圣贝纳迪诺海峡进入锡布延海。在这片区域，至少有 1 艘巡洋舰在夜间被第三舰队的舰船击伤，随后被美军击沉。

昨天，舰载飞机不断地将受损敌军赶出锡布延海区域。

最激烈的战斗发生在周一晚些时候，当时来自苏禄海的小型舰队几乎已经深入至位于棉兰老海最东端的莱特岛。显然，敌军已经从北部地区，可能是从台湾和琉球群岛调来陆基航空兵并投入战斗，但依然一败涂地、溃不成军，仓皇逃离。

1944 年 10 月，美军首次登陆菲律宾莱特岛期间，道格拉斯・麦克阿瑟将军及其参谋人员正在登岸。

可能就在此次战役中，或者是在莱特湾外围和苏里高海峡的其他战斗中，麦克阿瑟将军后来所列举的第七舰队受损的护航航空母舰被击中。

他说有 1 艘护航航母被击沉，其他几艘受损。

很明显，敌军计划 3 支舰队同时行动。由 2 艘战列舰、1 艘巡洋舰和 4 艘驱逐舰组成的苏禄海舰队在周一被我军潜艇发现。当它们从民都洛岛向莱特岛驶来时，被我军舰载飞机击中。

敌军舰队虽然受损严重，但是我军航母舰队无法阻止其前行。与此同时，我军发现了位于巴拉望岛东侧的锡布延海敌军，整个下午都在对其进行猛烈的空袭，但敌军仍然前行。在这支拥有 4 艘战列舰、10 艘巡洋舰和 13 艘驱逐舰的舰队中，有多艘军舰被炸弹和鱼雷击中。然而，这支舰队依然向前挺进，穿过锡布延海和圣贝纳迪诺海峡，进入菲律宾海或西太平洋。

1944 年/11 月 4 日

攻打安特卫普的战斗取得胜利；亚琛东面的美军获胜；苏军距布达佩斯 7 英里

德鲁·米德尔顿

通过无线电发回《纽约时报》的报道

【法国盟军远征军最高指挥部 11 月 3 日电】经过漫长而艰苦的战斗，盟军终于取得胜利，打通安特卫普运输线。今天，英国海军和步兵占领瓦尔赫伦岛的大部分地区，包括大多数重要炮台。上午 7 点 3 分大部分德国守军投降，下午加拿大军队扫清了最后坚守在斯海尔德河南部的残余德军。

随着这个包围圈内的德军被彻底歼灭，瓦尔赫伦岛上的德军也自顾不暇，斯海尔德河不会再受到德军的炮弹攻击，河畔危险的排雷工作可以展开。到本月底，欧洲西北部最重要的港口安特卫普将可以为西方各国的护航队所用。

盟军的战线在斯海尔德河和荷兰的斯海尔托亨博斯间缓慢挺进。跨越马斯河和运河的 3 个新桥头堡顶着敌军的猛烈炮火修建而成，一个是美军修建的，一个是英军修建的，还有一个是波兰军队修建的。周二敌军摧毁了盟军的 2 个桥头堡，周三盟军就修建了 3 个新桥头堡，盟军队伍再次向北朝马斯河上的穆尔代克桥发动进攻。

美国第一集团军向前挺进

美国第一集团军发起被称为“猛烈的局部攻势”的战斗，拿下施密特镇。大约 3/4 英里外的南北线东部的沃斯森纳克镇，昨天已被美军攻占。

截至周四午夜，美国第一集团军俘获 199834 名战俘，加上今天的许特根森林战役中的被俘者，战俘的数量可能已经超过 20 万。美国第三集团军已经俘虏了超过 10 万的德军。到 10 月 31 日，这一数字是 102340 人。

今天上午，加拿大军队发起猛烈攻击，扫清了诺克、黑斯特及泽布吕赫等地。在清扫斯海尔德河包围圈时俘虏了 12344 名德军，今天下午还可能俘获 1000 名敌军。周四，埃贝丁中将和 1800 名德军在包围圈内被俘获。在这个地区被加拿大第一集团军俘获的德军总人数超过了 20 万。

敌军的抵抗崩溃

今日，久经沙场的英国海军和步兵用迫击炮、手榴弹和步枪把一直龟缩在阵地上的德军从要塞营地里赶出来，德军在瓦尔赫伦岛的抵抗彻底瓦解。弗利辛恩的敌军被完全清除，要塞指挥官莱因哈特中校及他的数百名下属被俘。昨夜，弗利辛恩的大部分区域被扫清。今天，英军的主要任务是清除这个镇上为数不多的狙击手。

在西卡佩勒登陆并向北部和南部挺进的海军陆战队已抵达距弗利辛恩约 3000 码的地区。从栋堡至弗利辛恩，几乎整座岛屿的边缘已经被盟军控制。

在过去的 48 小时里，英军控制的西卡佩勒北部地区一直遭受德军海岸防卫排炮组的轰炸。德军海岸防卫排炮共有两组，分别由 4 门 250 毫米大炮组成。今天英军攻下这两组排炮组，其他大炮在周四被英军缴获。昨日，英军从栋堡后部进入小镇。栋堡镇虽然较小，但是在战略上比弗利辛恩更重要。德军预料英军会从西面发动攻击，而英军却从小镇东部的几条鹅卵石街向德军发起攻击，打了敌军一个措手不及，镇上的德国要塞被铲除。

虽然还未得到确切的数据，但今日俘虏德军的“包围圈”被认为已经扩大。

在周三的战斗中有 600 名德军被俘获。

德军已经宣布阿讷默伊登为中立区域。阿讷默伊登位于米德尔堡和瓦尔赫伦岛之间，在海岸堤道的尽头。因为有多家医院坐落于此，所以盟军认可了德军的这一声明。

进入北贝弗兰岛和托伦岛的加拿大巡逻部队向南贝弗兰岛和瓦尔赫伦岛北部挺进，在“肠胃”疗养营地中俘虏了 200 名敌军。这些被俘的士兵都是因肠胃不舒服而前来疗养的。德军为了改善士兵的膳食而创建了这些营地。

瓦尔赫伦岛和斯海尔托亨博斯之间最重要的区域在马斯河上，3 个新桥头堡已经跨越马斯河修建起来。（根据美联社所标的方位，这些桥头堡一个位于乌登波斯赤西北处，另外两个分别位于奥斯特豪特东面和北面。）德军正炮轰这些新建的桥头堡，同时对其发起反攻，可见德军是何等重视马斯河和运河流域的防线，德军的最后防守位置在马斯河以南。

加拿大军队仍然在斯滕贝亨南部与德军鏖战。此时，英军已经攻占马斯河南岸，并向东部区域缓慢推进，因为这个区域的敌军也在顽强地战斗。

德军炮火正拖延美军前进的步伐。美军工兵刚建好一座横跨马斯河的桥梁，就被德军炮火所摧毁。

德军在许特根森林布置了大范围的雷区并用机关枪向固定线路扫射，阻碍了美军的前进。在该区域，美军正用自行火炮和榴弹有条不紊地清理雷区南部的碉堡，消耗沃斯森纳克阵地上德军的弹药。总体来说，美军在这里进展缓慢，任何期望这个区域的美军迅速推进的想法都是很不明智的。

今天，美军在许特根森林的推进距离不超过 2.5 英里。

美国第七集团军继续推进

在南部，美国第七集团军和法国第一集团军正在向前推进。昨日，美国第七集团军中的法国军队攻下巴卡拉村。自此，其他 6 个村庄中，迪米尔夫和贝赛尔被法军攻占，纳森卡特、贝尔维特河畔梅尼、洛克罗恩维尔和马克卡恩维尔被美军攻占。

盟军在蒙东森林以东的崎岖郊野取得胜利后，随即在格隆维尔大森林与德军展开激战。在格隆维尔大森林，敌军损失了若干辆坦克。在一次小规模战斗中德军丧失 3 辆坦克，有多名士兵伤亡。盟军在巴卡拉取得胜利，把前线向前推进了

5英里。

在布吕耶尔东部，尽管德军从据点向盟军进行猛烈的反击，也改变不了被赶出森林的命运。美军向拉翁－莱塔普的推进也进展顺利。美军的推进线路是穿过孚日山脉向希尔梅克挺进，需经过朗贝尔维莱尔和莫尔塔涅森林，沿朗贝尔维莱尔至拉翁－莱塔普的大道前进。

今天下午天气转晴，英国第二战术空军出动飞机400多架次，大部分是为了支援加拿大第一集团军。“喷火”战斗机和“台风”战斗机向布雷达北部地区的德军发射火箭弹、投放炸弹、进行机枪扫射，并袭击了多栋建筑物，其中一栋发生爆炸。

德军在瓦尔赫伦岛剩下的重炮阵地受到攻击，2辆坦克被毁。

这天唯一的一次大空战中，英国的一架“暴风”战斗机很有可能击毁了德军一架“梅塞施密特262”喷气式战斗机。

1944年/11月5日

德军在希腊各地遭驱逐

盟军报告敌军逃到南斯拉夫——唯一的漏网之鱼

美联社

【罗马11月4日电】今日盟军指挥部宣布，英军和希腊的爱国军队合力将德军完全赶出了希腊。

英国皇家空军的一名军官说，相信德军最后一支后备队已于周四晚越过边界进入南斯拉夫——在英军9月26日在伯罗奔尼撒半岛西部的岩石海岸登陆38天后。1941年春，德军仅用27天就占领了这个小国家。

盟军此次胜利几乎是兵不血刃，因为德军本身极度渴望逃离希腊，而希腊游击队尽职尽责，战斗成果斐然。德军重新整合在希腊北部的纵队后，其后卫队才敢与英军地面部队交锋。

盟军在位于萨洛尼卡港西南58英里处的科扎尼与德军进行短暂而激烈的交

锋前，英军和希腊的爱国军队已经横扫伯罗奔尼撒半岛，并在 10 月 14 日与美国运输机队联手，从海上和空中同时发起进攻，克复了首都雅典。

盟军今天发布的一份声明称，又有英军在萨洛尼卡登陆。萨洛尼卡之前已被希腊爱国军解放，其他部队正从陆地向希腊北部的港口移动。这些部队报告说，希腊大陆上除了一些残兵，已经没有德军了。

今晚，德军看到南斯拉夫和苏联的军队在南斯拉夫境内坚如磐石的阵地时，知道自己也许永远无法回到祖国的怀抱，只好从阿尔巴尼亚和塞尔维亚向外逃窜。

德国方面的广播说，德军在阿尔巴尼亚北部的阵地固若金汤，正在首都地拉那的街头与“共产主义分子”展开巷战。

铁托元帅的指挥部称，退回南斯拉夫的德军在比托拉和斯科普里遭到南斯拉夫游击队的攻击。比托拉位于希腊边境北面 13 英里处，再往北 70 英里就是斯科普里。声明指出这两座城市已被围困。

被派往希腊寻找德军踪迹的侦察机飞行员报告说没有发现任何德军，但在过去的 24 小时里，侦察员在阿尔巴尼亚边境外的普雷斯帕湖附近发现小股德军纵队。

盟军夺回希腊，终止了纳粹长达三年半的统治。在纳粹统治期间估计有 50 万希腊人被饿死、处死或虐待致死。

1944 年/11 月 8 日

罗斯福和杜鲁门分别当选总统和副总统 杜威承认落选

亚瑟・克洛克

1940 年，富兰克林・德拉诺・罗斯福打破了美国长达一个多世纪的传统，成为第一位连任三届的美国总统。昨天他再次创下了又一项政坛纪录——在激烈的选举中，他以压倒性的选举人得票数和微弱优势的普选得票数胜出纽约州州长托马斯·埃德蒙·杜威，第四次当选美国总统。

凌晨 3 点 15 分，杜威州长承认罗斯福先生再次胜选，并通过无线广播送去自己最诚挚的祝福。罗斯福总统随即以电报回复州长，向他表达自己的感激之情。

今天上午早些时候，统计出的数据显示，罗斯福先生一直处于领先位置，赢得了 33 个州的 391 张选举人票。他在 6 个州的得票数还在增加，其选举人总得票数可能会超过 400 张。杜威州长在 15 个州中领先，获得 140 张选举人票，但有些州的情况依然不明朗。有些人撤销了投给杜威州长的票，但之后又投给了他。其中最为典型的是威斯康星州，凌晨 2 点，杜威州长的得票数超过了罗斯福总统的得票数。与此同时，罗斯福先生在内华达州和密苏里州的得票数超过了杜威州长。

在国会席位争夺战中，目前的结果已显示民主党在众议院能增加 11 至 20 席，确保该党在众议院的控制权得以延续。参议院的净得失情况，看起来共和党能增加 1 席，这样将有 38 位该党议员——距多数席位所需的 49 席还甚远。

尽管民主党人总体上取得了大选的胜利，但选票数据明确显示，很大一部分人反对总统连任四届。新闻机构的统计数据表明，两位候选人的普选得票数差距极其微小，在一些关键州，几十万张普选票的变化就能扭转选举的多数结果。凌晨 4 点 40 分，美联社报道，在超过 1/3 的全国选举区中，罗斯福先生赢得 16387999 张普选票，杜威先生赢得 14235051 张普选票。如果保持这个比例，那么两位候选人的普选得票数大约只差 300 万张。

在总统竞选中最有趣的情况是在威斯康星州杜威先生开始处于领先位置，而后失去领先位置，然后又夺回多数选票。已故的温德尔·刘易斯·威尔基就是在威斯康星州被提名为总统候选人，并提出“孤立主义”与“国际主义”问题的。他参加了总统预选，排名最后，然后退出预选。这表示，“孤立主义”已经控制了威斯康星州共和党人的思想。

事实证明华莱士是正确的

直到晚上 11 点以后，两位候选人的得票数仍十分接近，连总统最乐观的支持者也在言辞上变得小心谨慎。但华莱士先生却不那么胆怯。作为预测统计学家，他创造了一个“国家纪录”——他在晚上 9 点 30 分就宣称总统获得多数选票，再次当选总统，还宣称民主党议会给总统委派了一项“任务”，即开展他的战争和战后计划，“两党孤立主义已经被彻底摧毁”。

华莱士先生发表这个声明时，很少有人能认可他的结论。但 1 小时后，他成了举足轻重的先知。

1944 年 / 11 月 12 日

V-2 导弹瞄准盟军 速度达“每小时 3500 英里”

美联社

【伦敦 11 月 11 日电】今晚一篇经过盟军审查批准的前线报道称，德国正向比利时、法国以及英国的盟军防区发射 V-2 导弹。据报道描述，这种导弹重达 13 吨，有一个一吨半重的无翅投射弹头，以最高时速 3500 英里的极速飞来。

据美联社通讯记者报道，不到两天的时间里，许多这样的新型复仇武器悄无声息地落在美国陆军的一个防区，轰炸间隔的时间长短不一，投弹量屡有增加。因为它们飞行的速度比声音还快，所以无法听到其飞行的声音。新闻审查员删除了这篇报道的原文。在另一篇被审查员划掉日期栏的报道中，加拿大的通讯记者称它是“战争中至今生产出来的最可怕的武器”，并说德军对盟军在比利时的一个防区发起了猛烈的导弹轰炸。这位记者未获准说出导弹的准确弹着点，但据称导弹的精确度很差。

今天德军的公报称 V-2 导弹还轰炸了安特卫普和伦敦。

德国这种新式报复武器被通讯记者们描述成是一种约 46 英尺长、5 英尺宽的导弹，效果不如第一次轰炸英格兰时使用的 V-1 导弹。弹头装有近 1 吨炸药，推动它的燃料重 9 吨。它从混凝土坡道上几乎垂直起飞，上升到 20 英里的高度，然后开始沿弧线飞向预定目标，飞到弧顶时距地面 55 英里，飞行速度高达每秒 5000 英尺，即大约每小时 3500 英里。

据称，盟军专家表示V–2导弹的威力并不比V–1导弹大，V–2导弹会炸出一个巨大的弹坑，从而削弱了爆炸的威力。V–1导弹几乎不会炸出任何弹坑，而是接触地面后直接以最大的威力爆炸。

加通社的报道称，与V–1导弹相比，V–2导弹更为复杂、造价更高，生产这种武器需要大量的机械化工序。这种导弹的弹头没有裹重金属，所以不会产生弹片效应。

导弹的准确度低

战地新闻已经报道了V–2导弹在战场上的使用情况，但是通讯记者们表示，它准确度非常差，不具备任何军事价值。德军在前线还动用了V–1导弹，对比利时、法国和荷兰境内多个盟军控制的城市进行轰炸。据称，此次用于轰炸盟军的导弹比轰炸英格兰的导弹略小。

对事件报道的统计显示，在V–2导弹对英格兰的轰炸中至少有36人被炸死或受重伤。这一伤亡数字是非官方的、不完整的，因为一些事件报道中并没有提及具体的伤亡人数。

有一次，一枚导弹落入了购物的人群中，“数”人被炸死。有一枚落到一个生日宴会上，9名儿童被炸死。

有一枚导弹在某个空旷地区爆炸，仅炸死几只鸭子。还有一次炸出了一个深深的弹坑，但只炸死了一头猪。

德国的电台继续鼓吹V–2导弹的威力，说一枚这样的导弹就毁掉了伦敦600间房屋。德军大后方被告知这种新型武器的威力“超过了所有人的想象”。

“V型导弹武器的威力才初露锋芒。”德国宣传员还补充说，对伦敦的轰击会增加。

另一份真实性未证实的报道称，安特卫普也遭受了轰炸，“很大一部分人口已经逃到郊外”。德国新闻局说，V–1和V–2导弹正射向安特卫普，其码头的设施遭到严重破坏。

1944 年／11 月 19 日

社论：V-1 和 V-2 导弹

美联社

德国第二类复仇武器 V-2 导弹现已投入实战。V-2 是一种火箭导弹，与 V-1 这种自推式导弹有着众多类似之处，比如同为无人驾驶的飞行器，均靠喷气推动前进，也就是说它们都拥有“反应发动机”，依赖爆炸性喷气机所产生的气流高速推动。但两者又有着根本的区别。V-1 更像没有螺旋桨的小型飞机，而 V-2 如同一枚炮弹或者巨型的国庆日礼花弹。V-1 从空气中获取氧气（燃烧所必需的元素），而V-2则是自身携带氧气供应器，因此能飞到空气稀薄、氧气稀少的高空。

两者在性能上也有差异。自推式导弹时速为 350—400 英里，而火箭导弹不管在任何地方最高时速可达到 1000—3500 英里。前者的射程约为 150 英里或 200 英里，而后者的射程可达 300 英里。前者只能在低空飞行，如轰炸伦敦时平均飞行高度为 2300 英尺，而后者可以直射到六七十英里高的高空。

自推式导弹在飞行过程中能被看到，也能被听到，因而飞机和高射炮可以非常有效地将其拦截；而火箭导弹的飞行速度比声音的传播速度还要快，因此在击中目标之前，无法听到它飞行的声音。这种导弹风驰电掣，之前的防御方式对它束手无策。

关于这种火箭导弹的发射和控制有很多猜测。飞弹可从飞机上发射，但火箭导弹过于巨大，飞机无法将它载到空中，并且火箭导弹喷射的气体的温度极高，十分危险。德军在法国发射飞弹的平台已经被盟军占领，而这些平台对于飞弹发射是不可或缺的，因为自推式飞行器在其发动机有效工作之前，必须先具备一个使其时速达到 150—200 英里的初始动力。而火箭导弹似乎不需要复杂的发射装置，显然是以自己的动力发射。发射时只需要简单的导轨为平台，把它们调到正确的方向。

一旦在空中飞行，飞弹的方向、高度和稳定性通过自动驾驶仪或陀螺仪来控制，陀螺仪是自推式导弹的“大脑”。导弹也可以通过无线电信号控制，飞行距离由所携带的燃料量决定，或通过无线电信号切断发动机。显然火箭导弹的射程也是依照这种模式来设置的。所以，通过减少炸药量或增加燃料量，火箭导弹的射程就可以神不知鬼不觉地加大。

这张图纸标明了 V-1 导弹和 V-2 导弹在构造上的差异。它是由工业设计师马夏尔和斯卡尔根据现有的最可信的消息绘制而成。

V-1 导弹由 5 个部分组成：机翼、机身、发动机、控制器、炸药和燃料装置。炸药（A）位于导弹的顶端。燃料舱（B）放置在两个机翼之间。压缩空气储存在飞机中心的球形罐（C）里。控制器（D）用于控制导弹飞行的方向和稳定性。发动机（E）置于机身上方、导弹的尾部。空气通过发动机前端的通风口快速流动。燃料与空气混合后发生爆炸，所产生的气体关闭通风口并冲开尾部的喷

V-1 导弹
总长约 25 英尺。
导弹以大角度发射，最后产生破坏性的地面爆炸。射程约 150 英里，飞行速度每小时 350—400 英里，飞行高度一般不到 1 英里。
A：1 吨炸药。
B：燃料舱。
C：压缩空气被存储在球形罐里，用以驱动控制器。
D：控制器用以控制导弹飞行的方向和稳定性。
E：燃料在此爆炸。

V-2 导弹
总长 30—60 英尺。
导弹以小角度攻击目标，并深入目标，造成巨大的弹坑。最高可爬升至 70 英里高，射程约 300 英里，飞行速度每小时 1000—3500 英里。
Ⅰ：1 吨炸药。
Ⅱ：燃料舱。
Ⅲ：氧化剂。
Ⅳ：燃料管。
Ⅴ：压缩氮气或气泵将燃料压入喷嘴。
Ⅵ：燃料在此爆炸。
Ⅶ：控制器用以控制导弹飞行的方向和稳定性；喷嘴和燃料喷射装置。

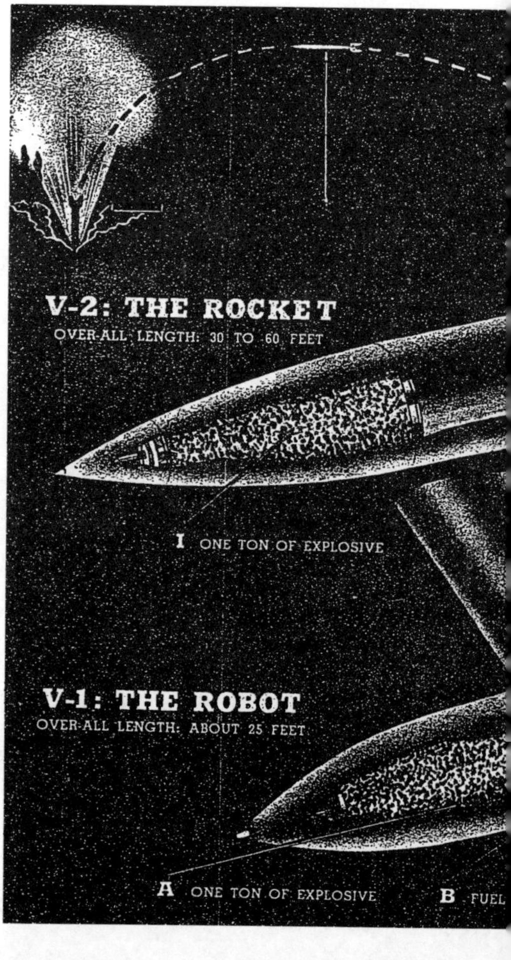

射孔逸出。

虽然 V-2 导弹造价更高、控制更难，但构造上却更为简单。它由 4 个部分组成：外壳、炸药、燃料和控制器。炸药（Ⅰ）位于导弹的前端。炸药的后面是燃料舱（Ⅱ），燃料舱本身就是一个化学发动机，其中一个燃料舱装着爆炸物，另一个燃料舱装着氧化剂（Ⅲ）。气泵或压缩氮气（Ⅴ）的压力把燃料引向管道（Ⅳ）。燃料在导弹尾端的腔室（Ⅵ）内爆炸。控制导弹飞行的控制器（Ⅶ）位于导弹尾部。

V-1 或 V-2 导弹是否能成为战争中的决定性武器？戈培尔对它们寄予厚望（至少他告诉德国人民，德国最终将取得胜利）。然而没有任何一位军事专家认为这些武器会在整个战争进程中发挥重大影响，他们更愿意相信它们将成为未来的武器。

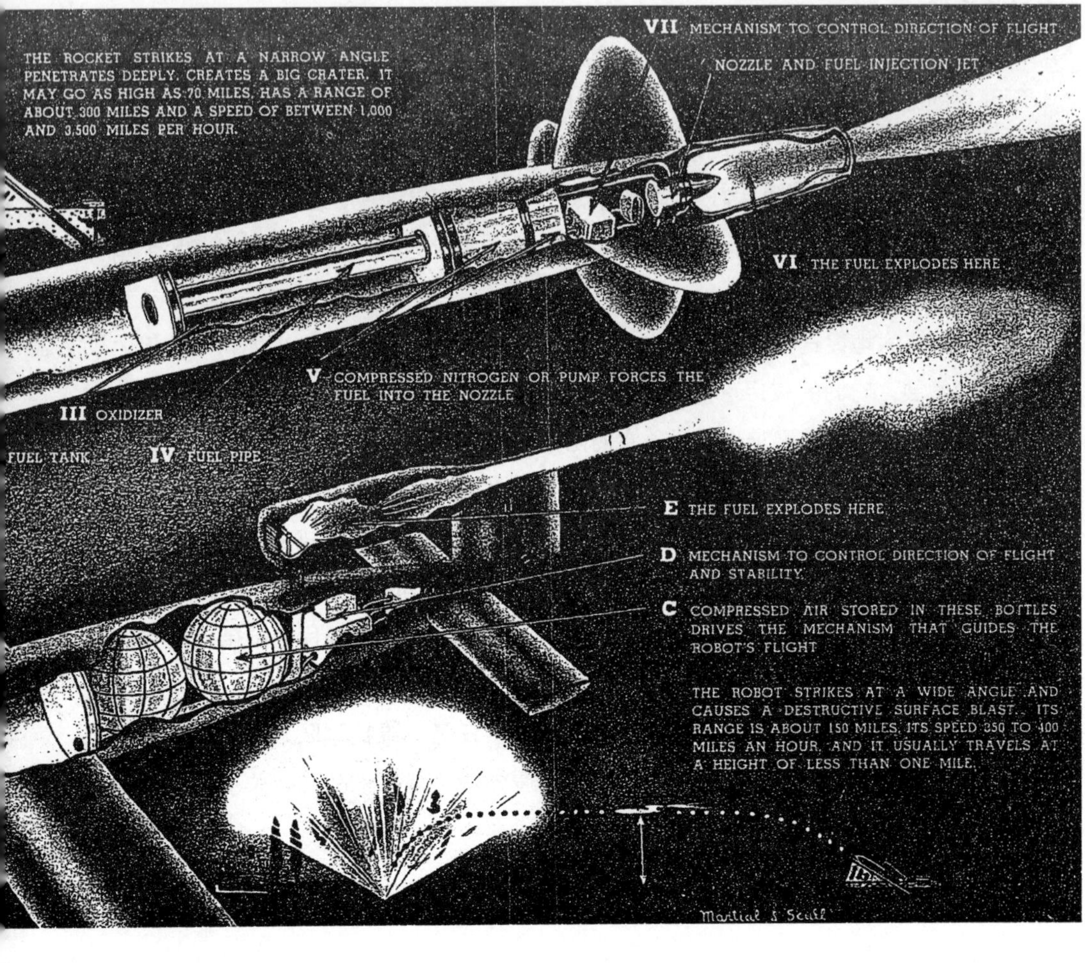

1944 年
11 月 26 日

战场是医生最好的学校

美国军医总监说在前线学到的经验可用于国内

诺曼·柯克少将
美国陆军军医总监

军队医疗人员的主要职责是保存军队的战斗力。然而军医在履行职责的过程中，也贡献了大量内外科方面的专业知识。这些在形势逼人的残酷战争中，通过实践所积累的经验可为医学界广泛应用，并最终应用于对普通民众和战场上的士兵的治疗。

战争充当着巨型临床医疗所和医学实验室的角色，成千上万身处战场的医生所获得的经验，无论在广度上还是类型上，都远远超过普通执业人员在个人实践中所能碰到的情况。战后民众可以享受内外科军医的服务，他们的技术早已在高强度地照顾伤病员的实践中受到磨炼。可以很确定地说，战后众多的美国医院会配备军医。得益于战场上的经历，他们有能力处理几乎一切想象得到的外科病例。

战争极大地促进了血液及其分离物、磺胺类药物和青霉素在内外科中使用的研究和发展，它们的应用可能性是无穷无尽的。这类工作的许多成果已经在为普通民众服务，军队的需求降低后，它们无疑会在更大的范围内得到广泛应用。

在预防医学和治疗医学中，战时发展起来的新疗法，丰富的卫生营养知识，更为有效的饮食控制方法，消除疫病、害虫的知识，以及免疫研究的进展都会惠及民众。最近宣布研制成功的流感疫苗就是免疫知识的进步惠及普通百姓的例子，它本来是用于预防流感在军队中蔓延，最终被证实对普通民众抵御疾病有极高的价值。

目前，陆军医务部必须全身心致力于其首要任务，维护军队人员的健康。如果军人受伤或者生病，军医应尽快让他们恢复健康，能投入战斗。关于我们的军医在这方面工作的成效，从以下两个实例中可以窥见一斑。

在这场战争中，尽管现代武器具有可怕的杀伤力，但我军 97% 的伤员得以康复。此外，虽然我们的士兵在世界上瘟疫最猖獗的地区战斗，但是年度疾病死亡率大幅度降低，每 1 万名士兵中因病死亡人数不超过 6 人，这个比率甚至低于普通民众的年度疾病死亡率。如果考虑这场战争的伤亡率比第一次世界大战的伤亡率降低了不止 50%，疾病死亡率降低了 95%，我们就能更好地理解这些成就的重要之处。

我军伤员的生还率如此之高，主要归功于以下 5 个因素：士兵中弹后，可以尽快在战场前沿区域及时由熟练的军医做手术；备有血浆和全血以供输血；磺胺类药物和青霉素等新型药物的使用；伤员可以被快速高效地疏散到固定场所接受最佳护理。还有全面的免疫和其他预防医学的措施。

战区医疗服务计划有一个原则，那就是对受伤的士兵越早做手术，其康复的概率就越高。这是总结过去战争的教训所得出的宝贵经验。为贯彻这一原则，军队使用了高速机动的手术团队，这些团队由熟练的外科专家、护士和陆军医务部的人员组成，在战争前线附近进行救治。通常士兵被击中 10 分钟后，就会有一名“医疗兵”前来进行急救，减轻他的疼痛，包扎他的伤口，并做好把他疏散到后方的准备。

除了拯救生命外，外科专家在重造性手术和康复手术方面也创造着奇迹，血管、神经、整形外科、大脑、矫形外科等方面的手术取得了显著成效，这些成效在几年前甚至会被认为是不可能的。在这场战争中，地雷的广泛使用导致了相对大数量的截肢。然而，许多失去了一个或多个肢体的士兵将在日常生活中遭遇相对较小的障碍。由于假肢制造、安装和调整的进步，以及对安装假肢者进行使用训练，有效地掩盖了假肢，使得安装假肢者不可能成为病态好奇心的目标，或被公开贴上“残疾”的标签。许多安装假肢者有机会过上正常的生活。

对性病的治疗在军事医学上一直很重要。性病的发病率已经减少到每年每千人中仅有 30 人染病，这一纪录是以往任何战争中都未能达到的。1940 年，每千名士兵会有 1278 天因性病而无法执行任务，现在这个数字降到每年每千人有 400 天。此外，超过 14.7 万的患有性病的士兵入伍，并成功治愈。可以预见，随着磺胺类药物和青霉素用于治疗，性病治愈率还会有巨大的提升，治疗效果将渐趋完美。

1944 年
12 月 1 日

物质供应滞后拖延艾森豪威尔的攻势

史汀生透露炮弹运输瓶颈导致进攻推迟

发回《纽约时报》的特别报道

【华盛顿 11 月 30 日电】今日美国战争部部长亨利·刘易斯·史汀生在新闻发布会上宣布，由于弹药短缺，德怀特·戴维·艾森豪威尔将军不得不在军队逼近莱茵河时停止总攻。部长呼吁加大弹药生产量。

战争部部长说，长期以来，弹药问题一直是而且现在依然是“极其复杂、极其重要的”，除非大幅增加产量，否则这样的状况还将持续。

史汀生先生解释说，艾森豪威尔将军的攻势被拖累，一定程度上是因为欧洲铁路状况不理想，但主要原因是由于港口的限制，军队无法获得弹药。部长补充说，现在我们还将面临另外一个限制——这个国家可用弹药量的限制。

安特卫普运力恢复缓慢

史汀生先生说，打开安特卫普港将会“极大地”提高向前线输送弹药的可能性，“因此相应地，也增加了我们必须生产和交付的弹药量”。

“今年 4 月，”他说，“我们从意大利山地战中吸取了经验——大炮在那里的消耗量远远超出战区指挥官和战争部战前的预测。我们对整个情况进行了仔细调查，然后决定大幅增加重型火炮及其炮弹的产量，并决定整体增加大炮炮弹的用量。我们当时期望在战局僵持阶段的战壕战中使用同样的战术，尤其是在法国登陆以后。

“随着阿夫朗什的德军防线被突破，我军在整个法国境内展开战斗，体验过使用火炮的种种困难：首先是由于铁路线已经被毁坏或停止运输，限制了弹药从港口向前线的运输。随后，铁路线的情况明显好转，我们碰到的下一个瓶颈是从英国运输弹药的港口运力不足。

“之后我军逼近莱茵河，目前面临的困境迫使艾森豪威尔将军必须推迟总攻，直到火炮炮弹储备充足。目前困境的部分原因归咎于铁路运力，但是主要原因还是港口运力有限。

增加国内的弹药产量

“这两个因素逐步得到改善，但还要面对另一个限制，那就是美国生产的弹药量。如果供应量充足，我们就能装载更多的弹药，运到法国前线战场上的弹药就更多。

“然而，艾森豪威尔将军采取推迟总攻的决定让我们借机储备弹药。目前，弹药的生产和积聚正在进行。即便如此，由于交通运输困难，部分本应展开积极进攻的前线战场上，战事被迫停止。

“在大规模的战斗中，弹药的大量消耗是必然的。在意大利亚平宁山脉战役和整个西部防线上的战斗中，我们发射的炮弹的数量可能是德军的 10 倍，但我们不得不用炮弹来炸毁敌军坚固的防御设施，并轰炸敌方部队。

“我们坚持使用压倒性的炮火来支援步兵队伍。这样的战术不仅是为了取得战斗的胜利，更主要的是为了减少伤亡人数。我们预计大炮的使用将会进一步增加，正因如此，应该采用一切可能的措施来刺激我国的弹药生产能力。

“敌军已陷入疯狂，也加大了炮火的使用量，它们显然已经接受本土一寸寸变成焦土。我们决心要粉碎德军，并在武器装备上为我们的军队提供一切可能的优势。我想，这也应该是每一个美国人的想法。”

1944 年／12 月 3 日

委员会面临出售战后剩余物资的艰巨任务

有史以来数量最为庞大的战后物资需要妥善处理

查尔斯·伊根

【华盛顿 12 月 2 日电】想象一下这样一份工作，从业人员的职责是为 2200 万个手电筒电池、12 只活猴、1000 个垃圾桶、1 万只信鸽和 5000 只狗寻找合适的市场，你就可以对剩余军用物资管理局所需要处理的战后剩余物资的范围和种类有些许了解。剩余军用物资管理局在未来几年要通过市场来消耗这些战后剩余物资。

上文所述不过是战后剩余物资中的一部分，目前已经宣布的战后剩余物资价值就已超过 46520.7 万美元。其中，价值 8500.7 万美元的物资已经在 1944 年 9 月 30 日前售出。这些售出的物资中，不包括那 12 只猴子（其中 7 只已经卖给俄亥俄州哥伦布市动物园），也不包括那 2200 万个手电筒电池。这些电池将通过经销商销售。

现已宣布的剩余物资和已销售的剩余物资不过是所有战争物资的一小部分，战争物资还包括飞机、设备、工厂、房产、船只及食品等，战争结束后，这些战争物资都要找到相应的市场卖出去。

价值很难判断

目前剩余军用物资管理局由威尔·克莱顿领导，但是很快会由一个 3 人组成的委员会根据国会今秋刚刚颁布的剩余物资处置法的条款进行引导。剩余军用物资管理局的官员说："关于战后剩余物资的价值，无法给出准确的估计。"他解释说："战争真正结束前，那些作为储备的物品和设备不能被视为剩余物资。"但是，一旦停战命令发出，很大一部分物资将会在一夜之间变为剩余物资。

国会和政府机构所做出的最佳估测认为，战斗停止时可能将会有超过 1000 亿美元的物资剩余。在这些剩余物资中，最有代表性的是国防工厂集团名下的兵工厂和相关物业，其价值为 160 亿美元。其中还不包括大规模的战争用房和其他政府名下的物业，这些资产的价值肯定会超过 10 亿美元。

直到战争结束，才能宣布这些设备和厂房不再为军事需要而服务，海事委员会、战时粮食管理局、国家住房管理署及其他政府部门才能正式把这些设备和厂房列为剩余资产，并作为剩余资产出售。

有史以来数量最为庞大的战后物资

欧洲战争胜利之日，尤其是与日本的战争行将结束之时，剩余军用物资管理局的真正任务才会切实展开，这个办公室将会管理数量最为庞大的商品、机械、房产和其他与战争相关的设施，所有物资将收集起来等待处置。林林总总的原材料库存、半成品状态的商品、许许多多的罐头食品和罐装食品、电器设备、货船、品类涵盖训练机到 B-29 轰炸机的成千上万架飞机、坦克、卡车、船用发动机，以及其他各式各样的物资，都将等待处理。

如何最好地处理这些大量堆积的物资，又不破坏正常的贸易渠道，不扼杀就业，不造成全国性的经济萧条，将成为剩余军用物资管理局和所有相关的政府部门、企业高级管理者必须在战后数月内解决的难题。最终的解决方案尚未达成，但已取得进展，并有望在不扰乱经济秩序的条件下完成任务。

在上一次世界大战后，我们的战后物资处置工作极为糟糕，有了那次教训，我们决心寻找最佳解决方案。“一战”结束后，经过了两年疯狂的战争开支，国家正在竭力恢复经济平衡，大量的原材料和成品物资蜂拥进入全国市场，结果对许多行业造成了近乎灾难性的影响。投机者以相当于实际价值一小部分的价格从政府购买消费类商品，通过零售渠道进行销售，从中赚取巨额利润。而生产与剩余物资类似的产品的制造商被迫关门倒闭。商品价格大跌，就业机会骤减，整个国家深受其害。

此次为了防范类似状况的发生，所有由美国政府控制、储存在国外的商品，不管是原材料还是成品物资，只有在保证不再进入本国市场的前提下，才能售出。

剩余的切割工具和其他电子设备物资正在尝试的处置计划，是将这些商品退还给原制造商，让原制造商以收取佣金的方式为政府处置这些商品。在这种销售模式下，按每两台剩余设备搭配一台新设备的比例进入市场销售。这一比例可以根据市场的实际情况进行调整。

即使采取了所有这些预防措施，出售数量如此庞大的商品，不管是成品还是废品（例如已经损坏的飞机、被拆除的大炮等），对经济依然是严峻的考验。

我们所期待的最佳状况是通过恰当的销售时机和处置数量，让市场慢慢吸收这些物资而不破坏国家经济的健康状态，从而弱化剩余物资对经济的影响。

迪西南8英里处，距离德国边境只有20英里，德军的北翼部队在此处发起反攻。英国第二战术空军的“台风”战斗机向这个区域发射火箭弹，击中了一支有20辆半履带装甲车的德军纵队，摧毁了3辆装甲车。

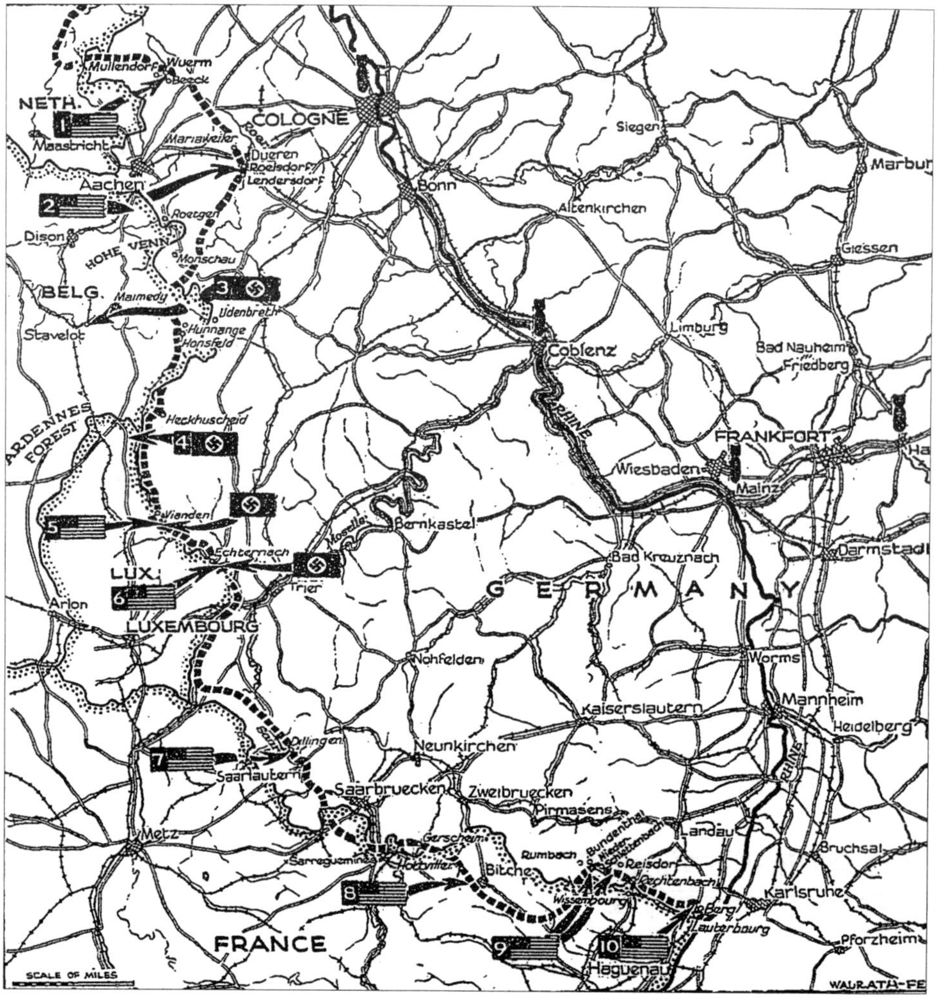

在第九集团军前线，美军扫清了乌尔姆、米伦多夫、贝克等小镇①。在到达迪伦前，部队首先进入洛尔斯多夫和伦德斯多夫②。虽然盟军封锁了德军反攻的战况消息，但有迹象表明德军已经越过比利时的斯塔沃洛地区③，向卢森堡北端④的推进也在继续，在菲安登⑤和埃希特纳赫⑥的进攻却受阻。美国第三集团军已经抵达迪林根⑦的东缘。第七集团军攻破比奇⑧附近的马其诺防线，进入下夏洛登拜斯⑨，并攻下其西面的区域，越过伯格⑩。图中的炸弹图标表示被轰炸的铁路中心。

盟军飞机打击敌人

今天盟军的地面部队继续封锁它们的战况消息，但是从美军 3 个战术指挥部和英国 2 个轰炸机编队的空战报告中，可以明显看出盟军正集中所有兵力，全力对抗德军的反攻。

在战斗前沿，双方的飞机进行了激烈的对抗，美军飞行员摧毁了 45 架德国飞机，英军飞行员摧毁了 1 架。美国第九航空军的轰炸机不断对德军纵队发动攻击，宣称已经击毁 95 辆坦克和装甲车，265 辆卡车及 60 节火车车厢。“劫掠者”轰炸机、“浩劫”攻击机和“入侵者”轰炸机向施莱登地区的 5 个镇投下 290 多吨炸弹，而这个区域正是德军东翼先头部队的所在地。

第九航空军还称，在今日的攻击中，德军有 26 辆坦克和装甲车、65 辆卡车和 19 节火车车厢被击毁，20 栋防御建筑物被摧毁，20 个炮台阵地被粉碎，德军的铁路线有 3 处被切断。

轰炸机袭击铁路中心

为直接打击正在发动进攻的德军的补给线，1800 架美军飞机和英军重型轰炸机于昨晚和今日对德国的主要铁路中心发起攻击，包括科隆、科布伦茨和美因茨。

插入斯塔沃洛附近的德军作为冯・伦德施泰特元帅的攻势的北翼部队，目前位于列日东南 22 英里一带。此间没有报告提及攻向菲安登和埃希特纳赫的进入卢森堡境内的敌军的挺进情况，但是德军在北部的渗透速度和深度令人极为不安。

盟军为了阻止敌军插入而采取的所有措施无法公之于众，但很明显，这两天大规模的空袭至少在北部地区无法拖住德军的反攻。然而，可能有美国部队正在向德军的侧翼发动攻击。

阿登高地的山区和比利时东部的石头村庄里双方激战正酣时，在遥远的南部区域，由亚历山大・帕奇中将指挥的美国第七集团军的两个师继续向北推进，从德国边境的维桑堡峡谷进入普法尔茨。

与此同时，在美国第三集团军的前线，第九十步兵师已经清扫迪林根大部分地区，只剩一个要塞区域，在此过程中摧毁了德军齐格菲防线上的 5 座堡垒。

1944 年／12 月 19 日

炊事兵和文职人员拖住纳粹军队

敌军突然来袭，他们集合起来，拖住敌军的进攻，直到装甲部队和空军到达

莫利・卡西迪
北美报业联盟《费城公报》

【随美国第二师 12 月 18 日电】无论是这里，还是长达 60 英里的前沿战线上的其他地方，德军正准备向美军发动致命的一击。这两天的战斗是我亲眼看到的自诺曼底登陆以来，德军向第二师各部发动的最激烈的反扑。

站在第二师指挥所外，我看到这些久经沙场的士兵在敌军强大的装甲部队的轮番轰击下，不得不暂时放弃阵地。德国装甲步兵从一个距离指挥所不到 3/4 英里的小山坡上向前逼近，同时一支德国坦克部队一连数小时不断向小镇的街道发射炮弹并用机关枪扫射，迫使我军撤退。

指挥所召集炊事班、面包师和指挥所的文职人员，临时充当步兵，抗击敌军的进攻，直到援兵抵达。由于这些人员的抵抗，德军的坦克攻击逐渐减缓，随后我军反坦克装甲车和坦克赶来支援，摧毁了 4 辆德军坦克和装甲侦察车。

德军派出精锐部队发动进攻

德军集中精锐部队，包括装甲部队、步兵部队和坦克部队，对离此地不到半英里的地方进行了持续不断的攻击。敌人还同时向比利时境内的蒙绍地区至卢森堡境内的埃希特纳赫地区之间的 10 多处地点发动猛烈的进攻。

在某些地区，尽管盟军抵挡住了德军最可怕的进攻，德军仍收获颇丰。其中一轮最危险的德军攻势就是被英勇的第二师及其右翼的友军封堵的——至少是暂时封堵住了。

在毫无征兆的情况下，德军猛烈的攻击席卷而来。周六早上，第二师指挥所遭受德军猛烈的炮弹攻击——这是该指挥所经历的最为猛烈的炮弹攻击，附近其他各师的部队也受到来自意想不到的地区的火炮袭击，可见德军此次攻击的范围极大。

德军沿袭了周日的袭击方式，于昨日清晨向盟军阵地全力发起进攻。首先，从空中投放V型导弹进行轰炸。黎明前，第二师不得不提防可能会受到空降队伍的袭击。大约在同一时间传来消息说，德军以坦克和装甲步兵进攻，已攻破第二师右翼的部分防线，并向指挥部袭来。

令人惊愕的消息

这个消息令人十分愕然，因为第二师正在顺利挺进，而就在前一天，这个师还行进了2英里。

第二师的军车呼啸着穿过这座村庄的十字路口，赶去守卫阵地，炊事兵、厨房的卫兵与指挥所的文职人员放下锅碗瓢盆和打字机，拿起步枪、手榴弹和手枪进行抵抗。他们当中有许多人自诺曼底登陆以来就没有再开过枪。

战斗发生的地点太近了，无须看地图，也无须接打电话。站在指挥所外的沃尔特·罗伯森少将一边抽烟，一边指挥步兵布防。这时德军坦克已经越过村庄1英里外的山脊，从大路向村庄迅速逼近。突然一团火焰在第二师的阵地上冒了出来，这是军士长梅尔文·布朗和吉普车司机一等兵爱尔文·泰勒发射的炮弹击中了一辆德军坦克。两人都来自得克萨斯州。

现在小山的东面和南面已被我军炮火覆盖，这炮火与德军枪炮划出的红弧线交织在一起。敌人的火力正在增强，高爆弹和磷弹投在我们对面的街道上。但在枪林弹雨中，罗伯森将军岿然不动。他命令总部人员全力保卫总部大楼，直到最后一刻。

罗伯森将军亲自指挥战斗

德军临时部队第一次插入我军防线时，多亏反坦克装甲车从另一区域及时赶到，我军的反坦克炮才得以席卷小镇。罗伯森将军登上领头的侦察车，直接开到战线前沿，亲自指挥反坦克装甲车布阵。德军坦克集中全力向我军发起攻击时，他刚刚赶回指挥所。

5辆坦克出现在我军左翼旁的道路上。我们屏息看着反坦克装甲车击中了第一辆坦克，坦克起火燃烧。几分钟后，又一辆被击中，然后是第三辆，还有一辆侦察车也被击中。另外两辆坦克见势不妙，马上掉头逃跑。

燃烧的坦克和车辆发出耀眼的光芒，过了几分钟，其自身的弹药发生爆炸，顿时火光冲天。

然而危险远未过去，德国的步兵援军紧随坦克先头部队而来，其他坦克也逼近山谷的南部。我军指挥所被机枪火力紧紧包围，我军炮火从山上的指挥所射向敌军，划出一条条线。

“要是能让我们稍有喘息就好了。”一名军官不停地重复着这句话。此时，美国第九航空军的十几架“雷电”战斗机正在小镇上空盘旋，寻找袭击目标。

我们周围的将士似乎都在说：“感谢上帝，他们终于来了！”

飞机俯冲下来，向德方部队和坦克投放炸弹。来自芝加哥的邓恩少校通过无线电给飞行员指明目标。

美军飞机一轮又一轮地对德军发起攻击，但今天德国空军也加入了战斗。十几架德国“梅塞施密特 109”战机出现在东面。我们目睹其中一架被我军的高射炮击中并坠毁，另一架飞机在投放炸弹时被我军的“雷电”战斗机追击。两轮飞速对抗后，那架“梅塞施密特”飞机尾部开始冒烟，并很快坠毁。

德国空军又回来了。十几架飞机俯冲投弹，并对我军指挥所进行扫射。这次我们的另一门高射炮又击中了一架飞机，紧跟其后的那架飞机也很快被我们的“雷电”战斗机击中，最后坠毁。

到中午时分，指挥所的战况仍然极为危险，看不到一点胜利的曙光。指挥所制定了从后窗逃生的路线。但此时又有许多美国士兵坐着卡车赶来。他们在山谷的南部下车，投入战斗。这些士兵虽然表情严峻，但仍旧说着玩笑话，一路与敌军奋战，艰难地奔向半英里外的指挥所。

有两个营的士兵穿过枪林弹雨抵达了指挥所，一些士兵又撤了回来，有的跛行着，有的躺在担架上。还有一些士兵出去作战却再也没有回来，但是他们完成了自己的使命。

德军对我们的侧翼发动的突袭被我军阻挡并封锁，此时罗伯森将军已经可以建立朝南而不是向东的新防线。这个时候，也只有到了这个时候，他才同意将指挥所撤到后方，而他本人则投入前线的战斗中去了。

1944 年/12 月 25 日

美国空军和陆军发起袭击，阻止德军前进

美军的大举反攻迫使敌军停止前进的步伐

德鲁·米德尔顿

通过无线电发回《纽约时报》的报道

【盟军远征军最高指挥部 12 月 24 日电】美军出动战术性最强的航空军参加战斗，毅然决然地发起了一系列攻击，至少暂时挡住了德军在比利时东部的攻势。

今日两方的鏖战进入白热化阶段。英美两军共出动约 6500 架轰炸机和战斗机，在前线对德军前沿部队、德军的补给线以及德国空军依托的飞机场，进行猛烈的轰炸。美国部队深入卢森堡境内的德军突出部的南翼地区，击溃德军。

作为奉献给所有珍视自由的人们的圣诞节礼物，盟军制止了敌军孤注一掷的进攻。虽然这种制止可能只是暂时的，但德军显然已经失去了原有的锋芒。无论敌军何时再次发动进攻，对盟军的攻击力将大为削弱，而盟军怀着破釜沉舟的决心，在崎岖的、冰雪覆盖的阿登高地的山区和山谷里与德军进行殊死搏斗。

德军的攻击可能减弱

12 月 16 日，德军以排山倒海般的军事力量，颇为自负地开始对盟军发起攻击。然而今日它的空军和陆军均损失惨重。

英美两军的飞行员在科隆平原至科尔马地区之间的前沿阵地的空战中，摧毁 116 架德军飞机。美军的步兵、炮兵和坦克兵对德军南翼进行猛击。同时，第八航空军出动 2000 多架轰炸机对德军的道路、铁路等运输线进行了狂轰滥炸，并炸毁了为德军的进攻提供支援的德国空军机场。这是有史以来在单次战役中动用的最强大的空中力量。

与此同时，美国第九航空军大量的战斗轰炸机，以及英国第二战术空军的“喷火”战斗机、“台风”战斗机和“野马”战斗机横扫了整个战场。

数百辆各式车辆被毁

美国战斗轰炸机部队报告称，已经摧毁或损坏了德军 116 辆坦克和装甲车、778 辆运输车，还摧毁了 28 辆马车。敌军的 10 个炮台被战斗轰炸机彻底摧毁。战斗轰炸机还摧毁或损坏了 56 节火车车厢，切断了莱茵河西侧的 20 条铁路线、11 条高速公路，轰炸了 17 个防御坚固的村庄。

这支空中部队由约 2500 架重型轰炸机组成，包括了英国皇家空军轰炸机司令部的“兰开斯特”轰炸机和“哈利法克斯”轰炸机。这些重型轰炸机对敌军的通信设备、仓库和机场实施了猛烈的轰炸。

地面部队取得的最为重要的进展是美军向德军南翼的部队持续地进攻，战斗区域大约位于阿尔隆至卢森堡两城间的北部地区。

德军在南部的一个范围更大的突出区域中继续保持强大的攻势，但是在过去的 48 小时里，德军在这个区域没有取得任何进展。盟军不仅挡住了敌军的侧翼进攻，还在两个突出部西面的某些地区挡住了德军的前进步伐。

五大因素阻碍德军的进攻

在笔者看来，盟军制止了德军的进攻——虽然只是暂时的——主要归功于五个因素。有两个因素是同等重要的。其中一个是位于德军进攻的南部区域的美方部队快速重新集结，并攻入德军侧翼，深入巴斯托涅以南 10 英里处的马特朗日地区。另一个因素是猛烈的空袭。在这两天中，盟军的空军对比利时境内的德军装甲先头部队和莱茵河上的德军通信设施发动了激烈的轰炸。

自这场战役打响以来，仅美国第九航空军就摧毁了德军 288 架飞机，摧毁或击伤 261 辆装甲车、1874 辆运输车、578 节火车车厢。同时，有 23 列敌方火车被破坏而无法行驶，44 个敌军炮台被彻底摧毁。而同期美军的损失是 85 架战斗轰炸机及 36 架中型和轻型轰炸机。

在笔者看来，敌人的进攻遭制止的另外三个原因是，美军装甲部队的坦克在圣维特的作战行动，阻止了德军两个突出部的联合；在紧邻德军先头部队的阵线的众多小镇和村庄中，美军为防守被围困的阵地做出了英勇而艰苦的抵抗；在盟军地面部队或空中部队全力反击前，周四德军的进攻停顿下来，陆军元帅卡尔·冯·伦德施泰特的部队开始重新部署，装甲部队的推进步伐放缓，挺进的步兵匆匆抢占本周早些时候夺取的阵地。

德国装甲部队面临威胁

美军对德军南翼区域的进攻进展顺利。它是一个“敏感”地区，盟军在此处的任何进入都有可能威胁到西部的德军装甲部队。德方报道称，这个区域的美军是乔治·巴顿中将指挥的第三集团军。

美国第三集团军已经扫清了马特朗日一半区域内的敌军，并正向马特朗日东面 4.5 英里、靠近拉姆布鲁赫的崎岖不平的乡村地区快速挺进。

美国士兵已经跨越白雪覆盖的山区，向格罗布斯北部地区行进了 2 英里。格罗布斯位于阿尔隆—菲安登高速公路旁，埃希特纳赫西南 7 英里处。

著名的突出部战役中，反攻德军的美军士兵。

北部区域较为稳定

在北部的德军突出部相当安静，尽管驻扎在迪伦南面9英里处的莫巴赫的美军正在当地不断取得进展。在蒙绍至西南部区域，德军继续保持攻击的压力，然而美军前沿阵地依然坚不可摧，德军并未取得任何进展。在马尔梅迪，一些敌军变换队伍规模，把中队组合成团，对美军阵地进行渗透，取得了些许胜利，但是敌军所占领的位置对美军并不构成威胁。其他区域的敌军的进攻被击退。

然而德军继续向该区域投入更多的兵力，火力更加集中，阵地也更加巩固。这一系列行动表明德军将发起新一轮强攻。

周四晚上，德军在对圣维特发动袭击并占领了它，从而结束了这个区域盟军勇敢而灵巧的抵抗。德军对斯塔沃洛持续地进攻，但该镇依然控制在美军手中，然而德军仍妄图夺回该镇。周五晚，更多的空降部队在该区域降落。

德国已从这个突出区域撤回原先驻扎在海贝蒙特的先头部队，让其驻扎在斯塔沃洛西北3英里处的圣奥蒙特。这是一个防守更为坚固的位置。

周四是德军未遭空袭的最后一天，中午，德军装甲部队仍向巴斯托涅南面和西南面地区猛烈地攻击，美国驻军依旧坚守阵地。

1944年／12月25日

格伦·米勒少校乘机从英格兰飞往巴黎时失踪

【美联社巴黎12月24日电】今天官方宣布格伦·米勒少校乘机从英格兰飞往巴黎时失踪。格伦·米勒是美国空军乐队的指挥，也曾担任乐团指挥。

米勒少校是美国杰出的乐队指挥。12月15日他登上离开英国的飞机，此后这架飞机便销声匿迹。

他指挥的空军乐队当时正在巴黎演出，所以其他乐队成员并没有和他一起乘坐飞机。12月12日他最后一次指挥乐队在广播中演奏。他的乐队计划将于明天晚上 7 点（东部战争时间下午 2 点）在英国广播公司的《空中体验飞行圣诞会》节目中演奏。此次演奏将由乐队副指挥杰里・格雷中士接棒。

格伦・米勒是世界级指挥

格伦・米勒戴眼镜，富有学者气息，1942 年以上尉军衔加入陆军以前，是美国顶级的乐团指挥之一。他不仅指挥乐队创造了多项票房纪录，本人也多次在全国受欢迎度调查中夺取桂冠。1940 年他的总收入高达 80 万美元，同年，他的唱片销售近 300 万张。

他曾是一名长号手，具有非凡的编曲天赋，曾编写了国际知名主题曲《月光小夜曲》。

他曾两度荣获美国音乐排行榜年度学院音乐大奖。他是最早认识到摇摆乐编曲、记录的重要性的音乐家之一。他打造了一支杰出的乐队。

1942 年他参军入伍，被授予上尉军衔。他训练并指挥军乐队，为国内和国外的美国士兵演奏。几个星期以前，他刚刚被授予少校军衔。

他的妻子是其大学同班同学，那时名叫海伦・博格。他们在 1928 年 10 月 6 日结为伉俪。他们领养了两个孩子，女儿 3 个月，儿子 2 岁，全家居住在新泽西州的特纳夫莱镇。

1944 年／12 月 26 日

报告称意大利出现更多的大屠杀

据昨日送到战争讯息办公室的海外报告称，纳粹党卫队和意大利法西斯成员在雷焦艾米利亚地区的蒙基奥，以“同情爱国者”为借口，屠杀了近 300 名意大利平民。

意大利游击队越过意大利北部的纳粹军队与盟军对峙的前线，抵达佛罗伦萨，报告了这次大屠杀。这份报告说，游击队员称法西斯让受害者在一处墓地的墙边 20 人一组，一字排开，然后开枪射击。随后他们还对小镇进行了射击。

报告称：“在附近的小镇彻瓦罗洛，另外 25 名平民也遭到了德军枪杀，原因不明。”

据说，德军“设计了新方法抓捕人质，采用了新手段实施杀戮”。

报告还称，在小镇艾米利亚，德军总是“掌握着 20 名人质，以防当地民众即时报复”。报告引用游击队员的话，称德军在“杀害波河南面的地区 25 名平民的试验中”首次尝试了最新的杀害平民的手段。

报告中是这样描述的：“受害者被反绑着，挂钩从其脖子后面插入，穿进大脑。这种死亡方式非常缓慢，通常要经过几个小时受害者才会死亡。”

1944 年／12 月 28 日

我方部队向德军突出部发起反攻

把敌军赶出默兹河前的小镇——3000 架飞机轰炸敌军

德鲁·米德尔顿
通过无线电发回《纽约时报》的报道

【盟军远征军最高指挥部 12 月 27 日电】强大的美军装甲部队在巴斯托涅外围的重重德军坦克、大炮和步兵间炸出一条通道，把包围圈中疲惫不堪却决不屈服的美国驻军营救出来。自 12 月 18 日以来，这里的美国驻军严防紧守，坚决阻止了德国陆军元帅卡尔·冯·伦德施泰特的部队使用重要的公路和铁路中心。

巴斯托涅镇上的美军第三次击退敌军的进攻，摧毁了德军三十一二辆坦克，给敌人的步兵造成重大伤亡后，击溃了围困巴斯托涅镇的德军。从肖蒙附近的美军阵地发回的报道称，美军前进了大约 5 英里，穿过雷米香槟村，向被围困的巴斯托涅镇逼近，已抵达该镇南面 4 英里处。

德军深入比利时东部境内的突出部的南翼地区被打开，巴斯托涅东部的南翼地区的其他美军也在稳步挺进——周二美军在该区域大部分地区整体前进了 1 英里左右——整体战况有了很大改善。

德军溃退于西部

虽然向西挺进的德军先头部队依然处于足以攻击默兹河畔的距离内，但其坦克和装甲车部队因受到盟军的猛烈攻击，不得不从瑟莱和西内两地撤出。瑟莱位于默兹河上的迪南镇东南 4 英里处，西内位于该镇东北 8 英里处。敌军继续向突出部西北和北部周边的地区发动猛烈的攻击，但有迹象表明，在这些地区的美军已经得到增援。

德军开始感受到盟军的空袭对其补给线施加的沉重压力。因为缺少燃油，德军只好抛弃 17 辆坦克和自行火炮。德军现在使用坦克的次数较一周前减少了不少，究其缘由，可能是装甲武器损失惨重，而且物资供应线被切断。今天，盟军的空军执行了超过 3000 架次的飞行，战斗轰炸机对前沿战线及后方阵地上的德军进行猛烈的轰炸，美英两国的重型及中型轰炸机摧毁了通往战场的主要铁路和道路。

德军许多战车被毁

今日执行了 1200 架次飞行任务的美国第九航空军，摧毁或损坏了德军 140 辆坦克和其他装甲战斗车辆，590 辆汽车以及 300 节火车车厢。“雷电”战斗机和“闪电”战斗机对敌军的火炮实施了猛烈的轰炸，彻底摧毁了 40 座大炮阵地，位于巴斯托涅地区的 12 门 88 毫米高射炮中的 9 门被毁。德军使用的高速公路有 60 处被切断。

20 多个村庄遭到飞机的俯冲轰炸和扫射，20 多处的德国部队受到战斗轰炸机的攻击。

德国空军再次竭力与空袭德军地面部队的盟军飞机展开空战。从鲁尔到萨尔地区的空战中，德军有 91 架飞机被摧毁，盟军有 28 架飞机失去联系，其中 2 名飞行员安全返回。

现在，美军已击溃德军伸向巴斯托涅镇的突出部，并继续向阿尔隆至巴斯托涅公路东侧到德国边境的德军南翼行进。德军坦克无法在默兹河畔 4 英里一带为军队开辟前进的道路。这些战况表明盟军逐渐控制了战局。然而战斗形势依然十分严峻，因为敌军投入了第五装甲集团军和另一个装甲集团军以及第七集团军进行战斗，默兹河防线被德军突破的危险也依然存在。北部战线持续的压力表明，敌军可能再次尝试进入列日至韦尔维耶这一地区，取道科隆平原上的罗尔河畔绕到美军阵地的后方。

巴斯托涅镇的英勇奋战

巴斯托涅围困的解除，结束了欧洲战场上盟军最为英勇的一次抵抗战役，而对敌军重重包围圈的突破也同样令人鼓舞。被德军包围的该镇是冯·伦德施泰特与南部地区的重要联络点，昨天解围前，德军对该镇施加的军事压力在 24 小时内达到顶峰。

该镇守军遭到德军三次进攻，其中两次是大规模的进攻。在大量的坦克掩护下，德军的两个步兵团向该镇发起了第一次攻击。它们被驻防该镇的美国士兵所击退。美军用反坦克炮和火箭炮摧毁了 27 辆敌军坦克，并抓获了 250 名俘虏。

不久之后，德军又发起一次同等规模的进攻，虽然一开始敌军取得了一些进展，但是这次进攻仍被美军击退。随后小规模的第三次进攻也被击退，四五辆德军坦克被毁。

尽管盟军飞机通过投放降落包的方式为该镇提供物资供应，但是镇上的物资供应情况还是急剧恶化，不过救援物资很快就会送达。从南翼插入战斗的一支强大的美国装甲部队正向敌军发动猛攻，向北挺进。这支部队显然已经突破德军在肖蒙地区的坚固防线，而其他部队正在巴斯托涅西南 7 英里处的库贝拉维尔一带清扫德军的步兵队伍。敌方电台的报道称，这两支部队均属于乔治·巴顿中将指挥的美国第三集团军。

美军在东部区域挺进

在高速公路沿线战斗的美军纵队一路挺进，把德军赶出了雷米香槟村。在周二某个时间，美军的装甲先头部队终于与疲惫不堪却仍然不屈不挠的巴斯托涅守军取得了联系。

上周，德军坦克的损失主要是美军的空袭造成的，现在坦克损失惨重主要是因为遭受美军装甲武器和反坦克炮的攻击，以及补给线被切断。然而，冯·伦德施泰特投入了约 1200 辆坦克参与战斗，所以德军仍有充足的装甲武器，足以给美军造成巨大的损失。

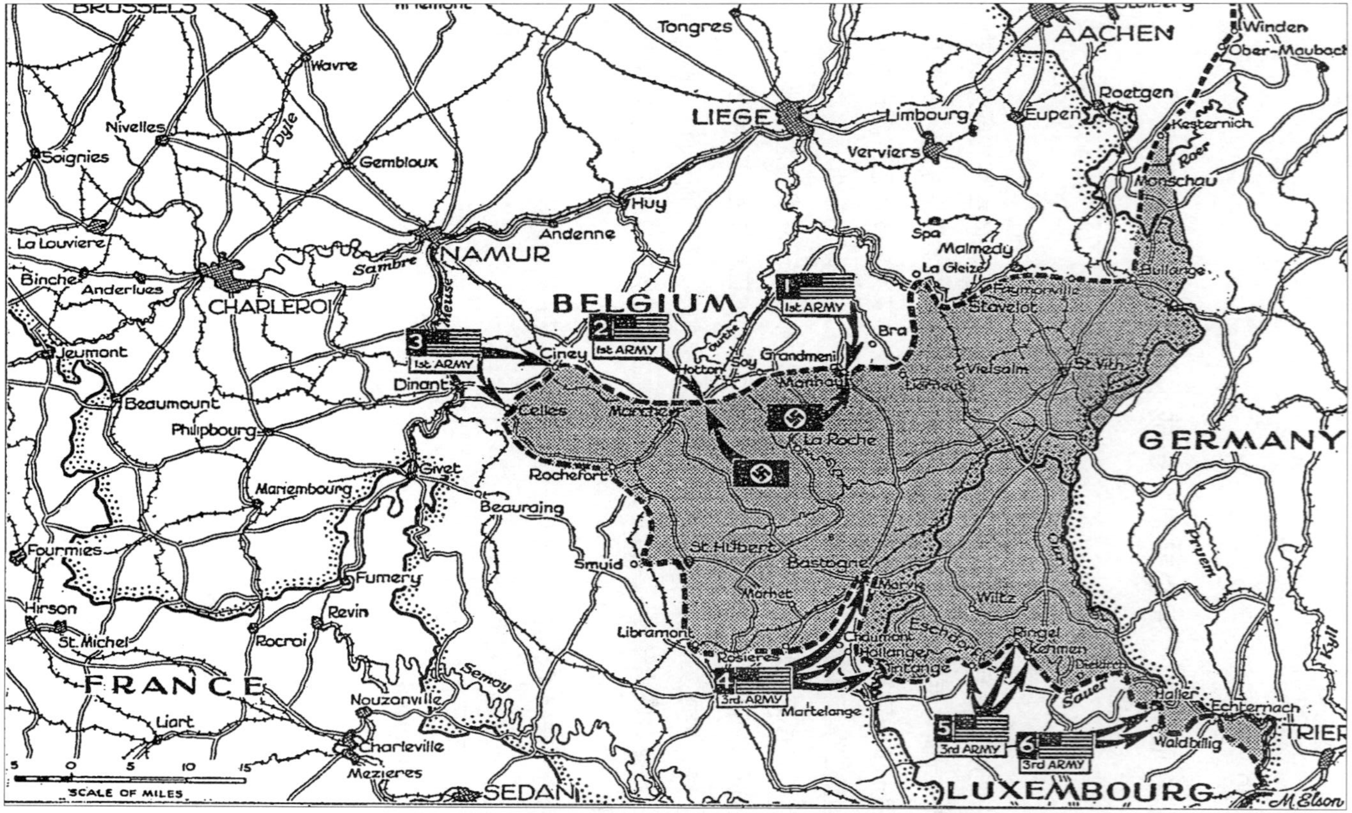

在敌军突出部北翼，美军发动猛攻，夺回了马奈①。在霍特姆和马尔凯之间②，面对纳粹军队强大的攻击压力，美军毫不动摇。开往西内和瑟莱③的德国坦克纵队被赶出了这两座小镇的附近区域。在敌军的南翼，美军突入巴斯托涅④，解救了被困的美国驻军。在东南部，美军占领了奥朗日和坦唐日。埃施多夫、瑞吉奥和科曼地区⑤的激战仍在持续。在埃希特纳赫周边地区，我方军队攻下了哈勒和瓦尔德比利格⑥。图中的阴影部分是 12 月 16 日德军反攻开始之日起，被德军占领的区域。

1944 年／12 月 30 日

麦考利夫准将驳斥的“痴心妄想”已成为口号

美联社

【比利时巴斯托涅 12 月 29 日电】巴斯托涅镇 1 万名英勇守军的指挥官因为说出“痴心妄想”一词而名垂青史。这位指挥官就是 46 岁的美军准将安东尼·麦考利夫。他是美国一〇一空降师的指挥官。这支部队，是由被匆忙派往色当阻击德军的进攻的美国第三集团军的第九和第十装甲师的零星兵力拼凑而成的。

在此之前，这位来自华盛顿的将军和他的队伍也曾经处于艰难险恶之地，经历了诺曼底登陆与对荷兰的空中渗透行动。德军指挥官把巴斯托涅团团围住后，发出了最后通牒，要求美军投降。麦考利夫将军给出的答复简单而干脆：“痴心妄想！”这句答复可以与约翰·保罗·琼斯的著名口号“我还没有开始战斗呢”齐名。

随后，麦考利夫将军将这句话告诉了全军坚韧不拔的战士们。这句典型的美国式驳斥把这 1 万名驻军凝聚在一起。

其他队伍加入战斗

除了一〇一空降（啸鹰）师、第九装甲师和第十装甲师以外，美国第三集团军以下各师也参与了巴斯托涅的战斗：

第四装甲师、第八十步兵（蓝岭）师和第二十六步兵（扬基）师。

另外两支部队是今天刚命名的第四步兵（铁马）师和第五步兵（红魔）师。这两支部队在卢森堡东北部作战，协助美国第三集团军对德军突出部南侧的强攻。

12 月 22 日，德军前线收到了麦考利夫的答复：“痴心妄想！”4 天后，第八十步兵师和第四装甲师突破德军重围。在巴斯托涅镇美军防线前方散布着 200 辆德军坦克的残骸，这些坦克曾向美国驻军的阵地发动猛烈的进攻，但都失败了。就在此地，德军派出 5 个师进攻美军。

今日更多关于巴斯托涅镇美国驻军的英勇事迹被挖掘出来。美军在巴斯托涅镇的顽强坚守可能极大地挫败了陆军元帅卡尔・冯・伦德施泰特精心布置的进攻计划。如果不能使用巴斯托涅的 7 条高速公路和 1 条铁路，德军显然不可能全力开赴法国。

麦考利夫将军和他的部队用军人的方式明确告诉敌人，绝对不会让他们踏上这些交通线。在德军兵临城下，对城镇发动数次攻击前，一〇一空降师就已经乘卡车进入巴斯托涅镇，战士们早已跃跃欲试，欲与德军大战一场。

“这些空降兵士气之高，史无前例，”来自洛杉矶的查尔斯・E. 法夫少校说，“从一开始，这些士兵们经历的就是名副其实的地狱之战。”

在德军企图攻占巴斯托涅镇美军一〇一空降师指挥部的战斗中，德军留下的士兵尸体。

第二章

2
chapter

调查显示，日本人期盼取得最终胜利

1945 年 1—3 月

1945 年 1 月，盟军在突出部战役中大胜德军，使盟军向德国整体推进并最终逼迫德国接受无条件投降的要求成为可能。在东部战线，苏联红军经过了数月的准备，再次发动大规模进攻。《5 支部队正在行进》成为《纽约时报》的头条新闻，而实际上，苏联红军的所有部队都在向前推进。1 月 12 日苏联元帅伊凡・科涅夫指挥的乌克兰第一方面军在波兰东部打响了维斯瓦河—奥得河进攻行动的第一枪。两天后，朱可夫元帅率领的白俄罗斯第一方面军进攻华沙，并向罗兹挺进。苏联红军拥有 220 万士兵、7000 辆坦克，重整旗鼓的德国中央集团军只有 40 万士兵、1136 辆坦克。这个差距解释了为何苏联军队得以轻而易举地横扫波兰进入东普鲁士，并在 2 月 2 日跨过奥得河。

《纽约时报》对苏军此次行动的进展了解甚少，然而，攻克柏林只是时间问题。苏联士兵曾目睹德军在苏联国土上进行的疯狂破坏；苏军在 1 月攻下奥斯维辛集中营时，还亲眼见证德军在集中营里毫无人性地灭绝犹太人的行径，但是没有任何关于苏联军队虐待德国民众的迹象。在西部战区，战事进程还是较为缓慢。艾森豪威尔推崇大范围挺进战略，分别对德国微弱的抵抗发动了 4 次进攻。2 月 8 日，蒙哥马利在北部发起攻击，扫清了默兹河和莱茵河之间的德军。3 月 1 日，美国第九集团军抵达杜塞尔多夫附近的莱茵河畔。6 天之后，布拉德利的第十二集团军群也到达了莱茵河。同一天，在南部的第六集团军群从南侧抵达曼海姆。3 月 7 日，美军打了驻守莱茵河雷玛根大桥的德军一个措手不及，占领了这座桥梁。桥梁本身丝毫未损，跨越莱茵河的通道被打开了，盟军部队可以快速部署，抵达莱茵河东岸。3 月底，盟军部队在莱茵河沿岸各处越过该河，向德国本土的挺进终于开始了。

1945 年年初，盟军快速推进，在冬季不停地作战。同盟国的主要成员意识到，达成和平的政治协议已经迫在眉睫。在克里米亚半岛度假胜地雅尔塔召开的战时峰会是罗斯福总统参加的最后一次战时峰会。英、美、苏三国领导人决定成立联合国家组织，并安排 1945 年 4 月在圣弗朗西斯科召开会议。斯大林同意在欧洲战争结束后对日本进行军事干预。最重要的是，同盟国的西方成员最终接受了斯大林关于波兰的计划：1939 年 9 月苏联占领的波兰领土将继续归苏联所有，波兰所损失的国土将以德国东部划出的领土来补偿。在伦敦的波兰流亡政府拒绝接受雅尔塔会议的决定，但《纽约时报》对波兰的反对声越来越不耐烦，刊登了一篇社论，对波兰面对"如此值得推荐"的建议仍然毫不退让的态度表示极为遗憾。而另一方面，铁托获得了他想要的一切。1945 年 3 月初，信奉共产主义的铁托当选为南斯拉夫新总理，并很快会演变成这个重建国家的独裁者。

同盟国的西方成员在接受苏联对日本的军事干预时，心里五味杂陈，因为现在很显然，依靠美国单方面的力量就足以打败日军。然而非常奇怪的是，在对日军俘虏进行调查时，大部分被俘日军竟然坚信日本会取得战争的最终胜利。

1945 年 1 月 9 日美军登上吕宋岛，3 月 3 日菲律宾首都马尼拉重新回到美军手中。2 月 19 日，由 800 艘军舰组成的舰队载着 6 万名美国海军陆战队士兵登陆硫黄岛，日本本土已在美军的攻击范围之内。2.2 万名日本士兵在岛屿上负隅顽抗，激烈的战斗持续了很久。但是 2 月 23 日，一面星条旗在折钵山上迎风飘扬的照片被拍摄下来，两天之后，这张照片出现在《纽约时报》上。3 月 26 日，美军在硫黄岛战役的胜局已定，几乎全体日本驻军和 5931 名美国海军陆战队队员阵亡。此时，由柯蒂斯·李梅少将指挥的第二十一轰炸机司令部对日本发起了第一轮燃烧弹轰炸。1945 年 3 月 9 日至 10 日夜里，美军对东京实施了大轰炸，造成 10 万人死亡。在此之前，《纽约时报》在一篇社论中宣称"仅仅依靠轰炸是不可能让日本屈服投降的"，但是美国陆军航空军指挥官亨利·阿诺德将军（人们亲切地称之为"快乐的阿诺德"）却希望只用轰炸就让日本俯首屈服。

1945 年／1 月 5 日

从巴斯托涅重围中突围出来的美军正与纳粹军队交战

德军目前威胁阿尔萨斯和洛林地区

德鲁 · 米德尔顿
通过无线电发回《纽约时报》的报道

【巴黎盟军远征军最高指挥部 1 月 4 日电】今日在长达 13 英里的前线上，美国第一集团军的装甲部队和步兵部队顶着狂风暴雪在崎岖山地艰苦战斗，插入德军在比利时的突出部北翼，在某些区域通过强攻向前推进了 3.5 英里。

在 36 小时内，乔治 • 巴顿中将指挥的美国第三集团军击退了德军 10 轮反攻，取得战斗主动权，并从巴斯托涅向东北方向进攻，同时在西面向圣于贝尔挺进。最新的战况报告指出，美军两支相距只有 11 英里的部队正与德军步兵和坦克部队激战，奋力锁紧比利时突出部的咽喉部位。

与此同时，盟军其他部队正从西面攻击德军突出部的顶端，把敌军赶出了比尔镇。比尔镇位于罗什福尔东南 4.5 英里、圣于贝尔西北 6.5 英里处。

美国第七集团军退出德国本土

由德怀特 • 戴维 • 艾森豪威尔将军指挥的对北部地区德军突出部的反攻，虽然取得越来越多的胜利，但是盟军在南部的后撤抵消了部分战果。

美国第七集团军已经从萨尔格米讷以东至莱茵河一带退出德国本土。

在萨尔格米讷东面的平坦地区向南挺近的德军已经从出发点向前挺进了 5 英里，抵达阿尚附近，即在里姆兰西南 3 英里、比奇西面六七英里处。

德军从比奇东南面穿过本斯坦威森林，朝东南方向继续前进，迫使美军撤出维桑堡峡谷。这个峡谷是通往德国普法尔茨地区的咽喉要地。德军正在重新进攻巴伦泰尔和菲利普斯布尔，极有可能向哈根瑙丛林东北面的平原地区突破。

德军取得优势

美国退回 5 英里以外的阵地，在某些区域后退得更远，部分阵地以马其诺防线为基础。虽然在战略上，德军的这次挺进可能不是关键性的转变，但是在这一时刻，美军的转移在战术上十分重要。对于德军来说，这必然是一个决定性的政治优势。德军终于清除了在广阔的德国领土上的入侵者，并再次侵入阿尔萨斯。该地区在政治上无论是对德国，或者是对法国来说，都具有重要意义。

今天在北面攻击德国突出部的盟军没有获得空中支援，因为天气原因，第九航空军的飞机停飞。在更靠北的地区，只有英国第二战术空军和第十二战术空军指挥部出动飞机，在南部只有第一战术空军中的美国部队出动飞机，继续对德国地面部队进行空袭。

盟军的前景好转

也许现在预测两支美国部队何时能在突出部的咽喉部位会师还为时尚早。但是，今天的战况与过去一周相比，盟军通过切断德军的退路、摧毁德军部分最优良的装甲师的部队，显然加大了把德军的进攻变为惨败的可能性。

1945 年 1 月，比利时巴斯托涅镇附近，伪装后的第六装甲师二一二装甲野战炮兵营的一辆坦克和其他武器装备。

1945年
1月6日

关于卢布林政府的不同意见

苏联承认波兰临时政府　英美支持流亡政府

【克利夫顿·丹尼尔《纽约时报》伦敦1月5日电】今天，苏联在外交上承认位于卢布林的自封的波兰临时政府，尽管英国首相丘吉尔和美国总统罗斯福呼吁推迟这一行动，等英、美、苏三国举行联合会议商榷后再做决定。

卢布林的民族解放委员会自组政府后，英美政府已经就这个问题与莫斯科互通信件。据推测，由于丘吉尔、罗斯福和斯大林之前曾亲自过问波兰问题，所以这些信函应该是三巨头之间的沟通。

信函沟通没有达成一致意见，苏联决定单独采取行动。事前，华盛顿和伦敦已经知晓莫斯科的这个决定。

对莫斯科所做的声明，华盛顿和伦敦迅速做出反应，再次确认它们承认波兰流亡政府。在华盛顿的法国大使亨利·博内表示法国的立场与英美两国一致。

1944年9月28日，丘吉尔先生在敦促波兰接受苏联提出的边界条件的演说里曾警告称："波兰可能会出现一种不幸的两个对立政府的景象，其中一个政府被苏联所承认，另一个为西方所接受。"苏联承认卢布林政府使得这一预言变为现实。

然而，苏联承认卢布林政府的行为，任何人都不足为奇。几乎每个人都认为卢布林政府是共产党特工在波兰的产物，所以这个结果是不可避免的。

莫斯科此举的意义主要在于它对同盟国之间关系的影响，事实上它是苏联一系列单边行动中的一项。同时，丘吉尔—罗斯福—斯大林会议每推迟一周，苏联的单边行动就增加一些。

大家都认为波兰问题将成为三巨头联合会议最主要的政治议程。今天罗斯福先生表示，联合会议将于 1 月 20 日以后举行。莫斯科承认卢布林政权为“临时政府”，这个事实激起了人们对在联合会议上三巨头将就波兰问题达成共同政策的期望。现况似乎为卢布林政府的扩大，或者卢布林政府与波兰流亡政府的融合留下广阔的空间。

同时，英美政府对待波兰的政策始终如一。虽然它们认为自斯坦尼斯瓦夫・米科瓦伊奇克不再担任总理职务以后，这个政府的成员的确让人反感，但是它们依然承认在伦敦的波兰政府。

【美联社伦敦 1 月 5 日电】流亡伦敦的波兰政府表示，“从联合国家作为一个统一体的角度来看”对苏联的决定“感到很遗憾”，但是他们对此事并不感到惊讶。政府发言人说，苏联的行动“使得我们的处境更为艰难，达成和解的希望更为渺茫”。

外交和军事观察人士认为，苏联正准备向波兰发起蓄谋已久的进攻。

1943 年 4 月，苏联与流亡伦敦的波兰政府的关系恶化，起因是双方在靠近斯摩棱斯克的森林中寻找成千上万名波兰政府官员的坟墓时产生了纠纷。苏军指责德军杀死了这些官员，但在伦敦的波兰政府要求国际红十字会对此展开反调查，因为德军宣称这一滔天暴行是苏军犯下的。

1945 年／1 月 9 日

社论：冬季作战

这场战争的一个突出特点，也是其残酷性日益增长的标志，是完全摒弃了以往冬季休战的传统，发展为大规模的全线冬季攻击。在东方，冬季休战从来都不是必须遵守的规则。以往入侵苏联的人，包括拿破仑和这场战争的德国侵略者，发现苏联人把冬季战争发展成一种完美的作战艺术。然而在西方，“进入冬季便休战”曾是一条被普遍承认的战争规则。尽管在第一次世界大战中，冬季战争是在泥泞的战壕中进行的，但是战斗次数在冬季的几个月降到了最低。事实上，当时德军对凡尔登的进攻由于遭遇暴风雪，不得不推迟了 10 天，而且它还导致了德军的失败。即使在这场战争中，希特勒也是一直等到 1940 年 5 月天气逐渐转暖后，才向西方发起进攻的。

然而，此次德军雄心勃勃冒着数九隆冬向西方发起攻击，同时美军和英军顶着狂风暴雪与德军激战，这样的战争在以往是无法想象的。伟大的突出部战役越来越类似诺曼底战役最后的收官之战。在那次战役中，盟军在法莱斯形成了一个只留有小口的巨大包围圈。现在，不仅敌军与盟军直接对战的突出部的范围在收缩，而且一个更大的包围圈正在外围形成：英军在西部收紧，美国第一集团军和第三集团军在北部和南部展开协同反攻，努力向东逼近。德军用来运输供应物资和撤退的两条道路有一条已被切断，剩下的那条道路正从两端遭到盟军炮轰，两军的距离已经缩小到 10 英里以内。据报告，所形成的大包围圈围困了德军 3 个装甲师和人数庞大的其他部队。

现在期望此次战役大获全胜还为时过早，因为德军十分善于逃脱陷阱。即使在诺曼底战役中，“法莱斯缺口”只有 6 英里宽，德军的主力部队还是成功地撤出包围圈。但是这次获得重大胜利的机会是存在的，而且盟军似乎也不太可能因为斯特拉斯堡和芬洛两处的德军骚扰而不竭尽全力歼灭包围圈中的德军。

1945 年／1 月 10 日

美军士兵乘 800 多艘军舰登陆 麦克阿瑟与士兵一起上岸

【乔治 · E. 琼斯《纽约时报》林加延湾两栖旗舰 1 月 9 日电】今日美国发动历史上最大规模的海外进攻，成千上万名美军士兵向马尼拉挺进。美国士兵穿过海岸线的沼泽地带，向广阔的原野和附近的山丘进发。在后面这些地区敌人可以增强部队的战斗力，并以大炮支援它们。

运送部队的军舰有 800 多艘。它们在飞机和潜艇的密切监视下航行，没有一艘军船在运输中受到损伤。这条运输护送线绵延 80 英里，在狭窄的海峡和水波粼粼的海面上蜿蜒。

航行过程中最大的危险出现在科雷希多岛西侧，当时一艘日本驱逐舰从马尼拉港驶出，试图闯入舰队。我军驱逐舰发现了这艘日本驱逐舰，并在它还未来得及造成任何损害前就将其击沉。

这次登陆行动由海军中将托马斯·金凯德指挥，可能在人员数量上无法与诺曼底登陆相比拟，但更大的问题是，在林加延湾的日军势力范围内，长途行军对盟军更加致命。

滩头阵地长达 15 英里

威廉·C. 狄金森
合众社通讯记者

【吕宋岛麦克阿瑟的军队 1 月 10 日星期三电】在道格拉斯·麦克阿瑟将军亲自指挥下，美国第六集团军完成了太平洋战争中规模最大的海陆两栖作战行动，今日在林加延湾建立起一个长达 15 英里的滩头阵地。

抢占滩头阵地的行动遭到日本空军激烈而疯狂的轰炸。初期几乎没有遇到任何地面抵抗，我军军舰只遭受了轻微的损失，且不计其数的士兵和大批枪炮、装甲武器以及补给已经被送上岸。虽然没有收到吕宋岛麦克阿瑟将军前线指挥部发来的确切消息，无法得知我军在海滩 4 个登陆点的确切深入程度，但是已经获知我军在某些地点深入敌军阵地，登陆军队在海滩各处只遭遇了零星抵抗。

我军的登陆行动从昨日上午 9 点 30 分开始。据信，昨天夜幕尚未降临，所有部队均已到达或越过了各自第一天的目标地点。

初期，第七舰队的战列舰和其他部队对日军进行猛烈轰炸，摧毁了海岸上所有的日军炮台，否则这些炮台会支援和保护日军的数百艘军舰，而对我军 800 多艘军舰组成的庞大舰队发动攻击。

进攻后几个小时，第六集团军指挥官、陆军中将沃尔特·克鲁格刚刚在岸上建立起指挥部，并从第七舰队指挥官、海军中将托马斯·金凯德手中接过行动的指挥权，麦克阿瑟将军就登上了海岸。

在参谋长理查德·克伦斯·萨瑟兰中将的陪同下，麦克阿瑟将军从驳船上下来，涉水上岸，向他的将领们就目前所取得的战果表示祝贺。他敦促他们继续推进——决不让日军有任何可乘之机阻挡我军前进的步伐。

麦克阿瑟将军告诉通讯记者们，整个林加延湾行动所取得的进展“比所有预期都要好”，所有部队都在快速推进，很少或者没有遇到阻力。

“日军明显是惊呆了，”他说，“它显然以为我们会从南端进攻。我们出现在它背后时，它毫无防备，措手不及。到目前为止，整个行动已经取得了圆满的成功。”

将军还说，目前还看不出日军的主要防线将设在哪里，然而，“毫无疑问，马尼拉的战斗及整个菲律宾的战斗，将在马尼拉北面广袤的中部大平原展开，我军最终会取得胜利。”

将军在发表这番评论时，正叼着一个新烟斗。他的皮肤晒黑了，人却显得神采奕奕。

他说：“虽然昨夜受到了日军的一些滋扰，但我睡得很好。”

我军地面部队在登陆时，几乎没有遭遇任何抵抗，但在人员运输过程中，以及先前的轰炸行动和物资运输行动中还是有一些伤亡，也遭受了一些损失。

日军的损失极为惨重，有 79 架飞机被击落，1 艘小型潜艇、2 艘驱逐舰、1 艘沿海船只及多条小船被击沉。除此以外，海军上将威廉·海尔赛指挥的第三舰

1945 年 1 月，载着第一批美国士兵的海岸警卫队登陆艇进攻菲律宾吕宋岛海滩。

队为配合和支援登陆行动，同时向日军发起攻击，也使日军遭受了损失。

我军近期向八打雁和其他地点的佯攻使这次行动有了奇袭的效果。

登陆行动本身完全平安无事，数百艘美军军舰在黎明前驶入海湾时，日军炮台没有发出任何声响。登陆前，我军对海岸进行了两个多小时的轰炸。此次轰炸有战列舰参与，包括修复后的珍珠港受袭战列舰也参与其中，轰炸力度比以往任何一次西南太平洋战役的轰炸力度都要大。此后，我军蜂群般的水陆坦克、水陆平底军用车、履带式两栖登陆车，以及更大型的登陆艇在前进中几乎再没有受到任何干扰。

在某处开火的小迫击炮被迅速摧毁。这个登陆日被命名为 S 登陆日，在这一天，日军只有少数几艘潜伏的军舰对这条运输物资和士兵的航线进行了袭扰。

麦克阿瑟将军登上海岸时，美军依然时刻提防日军来袭，但将军即刻坐上吉普车赶往最近的师部指挥所。吉普车半路抛锚了，将军下车步行穿过沙丘。几分钟后，他不断地向师长提出问题。当师长汇报战况进展时，他频频点头，显然很满意。

1945 年 / 1 月 20 日

5 支部队正在行进——苏军发起新攻势，夺取了喀尔巴阡山脉 50 英里的区域

合众社

【伦敦 1 月 20 日电】昨日，苏联红军抵达德国边境线上的西里西亚，攻占了波兰数座主要城市——罗兹、克拉科夫和塔尔努夫。红军向战火连天的东部防线发起了两轮新攻势，其中一个向前推进了 28 英里。随后，红军向东普鲁士境内挺进 31 英里。

苏军前线捷报频传。首先，红军对东普鲁士形成合围之势——在绵延 60 英里的战线上，包围圈在这个容克大本营的南部边境的缺口已不到 3 英里。同时，苏联红军向波兰南部发起新攻击，在突进 50 英里后，向波兰新松奇市包抄过去。

柏林方面的报道称，在东普鲁士和捷克斯洛伐克之间 650 英里长的崎岖前线

上，有近 300 万人的苏联军队正在行进。这是红军历史上最伟大的日子之一。当日，斯大林主席发出了五道重要命令。

在 31 英里的挺进中，5 支苏联军队攻城拔寨，夺下东普鲁士和波兰境内的 2750 个据点，在苏联飞机的狂轰滥炸中，歼灭了成千上万名落荒而逃的敌军。

敌军的抵抗被彻底压制

苏军已持续 8 天的进攻仍旧锐势不减，每条德国河流和铁路沿线的防线都被打得七零八落。

乌克兰第一方面军指挥官伊凡·科涅夫元帅麾下的巨型“斯大林”坦克抵达德国西里西亚边境上一个让人意想不到的地区。科涅夫元帅的军队从波兰琴斯托霍瓦市转向西北方行进，沿着德国边境前行了 28 英里，抵达边境上波兰普拉什卡的前沿战线。该镇位于柏林东南 225 英里处。

与此同时，其他先头部队沿着拉多姆—布雷斯劳高速公路推进了 28 英里，切断了但泽通往西里西亚的南北咽喉铁路线，夺取了维隆，从而切断了西里西亚与波兰大城市波森之间的铁路线。

苏军渡过奥得河的支流瓦尔塔河，沿着 20 英里长的战线切断了但泽—西里西亚铁路线。在维隆和鲁德尼基之间有一段长达 12 英里的但泽—波森铁路线，它既是德军的防御线，也是德军的补给线。如今，这段铁路线已经被苏军彻底粉碎。

德国钢铁生产中心被包抄

向普拉什卡前进的苏联红军向西北方绕道 52 英里，从侧翼向德国的煤炭与钢铁生产中心博伊滕、兴登堡和格莱维茨包围过去。失去这几个工业重镇的控制权，对德国战争机器是沉重的打击。

科涅夫元帅的军队已经逼近德国边境。这条 55 英里长的前线位于西里西亚，其间布满了富饶的城镇。现在苏军已抵达普拉什卡东南 30 英里处，离边界只有 3—5 英里。

正是科涅夫元帅的军队攻陷了克拉科夫，并在这个波兰古都西北 31 英里处守卫着通往达布罗瓦煤炭开采区的通道。这支军队还拿下了奥格罗杰涅茨。该镇位于达布罗瓦东北 16 英里处，距离博伊滕只有 26 英里。

克拉科夫是波兰第四大城市，战前人口为 25.9 万。它是先前纳粹傀儡政权波兰督政府所在地。科涅夫元帅的军队从侧翼发动进攻，切断了克拉科夫与西里西亚之间的连接，攻陷了这座城市，夺取了扎别茹夫、鲁达瓦和克热绍维采铁路站的控制权。

在维斯瓦河以南地区作战的其他苏联军队攻占了位于克拉科夫东面 47 英里处的塔尔努夫。

伊凡·彼得罗夫将军指挥的乌克兰第四方面军在塔尔努夫—克拉科夫铁路线以南、萨诺克以西的地区向敌军发起攻击，冲破了敌军强大的防御工事，沿着喀尔巴阡山脉 37 英里长的战线向前推进了 50 英里。

“罗兹屏障”被攻克

科涅夫元帅的军队到达西里西亚边境，在其东北 51 英里的是由格奥尔基·朱可夫元帅率领的白俄罗斯第一方面军。这支军队正沿维斯瓦河南岸 85 英里长的前线行进，夺取了波兰第二大城市、波兰最大的工业中心罗兹。

罗兹战前的人口为 67.2 万人口。苏联红军挺进 24 英里，攻下这座城市，继续向北进军 29 英里，拿下了华沙—柏林铁路线上的库特诺镇。在库特诺和罗兹之间，朱可夫元帅快速移动的先头部队攻克位于波兰波兹南市东面 100 英里的文

1945 年，波兰克拉科夫，背负炸药箱的苏军士兵遭遇德军的抵抗，一旁的废墟硝烟还未散尽。

奇察。

罗兹市是 12 条主要公路的交会点，也是铁路中心。苏联红军夺取了波兰这个至关重要的城市以及克拉科夫，彻底摧毁了德国人所谓的“中欧屏障”。罗兹市的克复让波兰西部的广阔区域完全置于苏联的征服巨轮之下。

交通运输中心被攻陷

朱可夫元帅的北翼部队沿维斯瓦河南岸推进，攻克位于波兰托伦市东南 53 英里处的戈斯蒂宁，并向东北 10 英里处的普洛克镇包抄过去。普洛克镇是维斯瓦河一带公路和铁路的交会点。

康斯坦丁・K. 罗科索夫斯基元帅麾下的白俄罗斯第二方面军同样也威胁着位于维斯瓦河北岸的普洛克镇。白俄罗斯第二方面军沿维斯瓦河北岸 54 英里长的前线向西挺进 7 英里，占领了位于华沙—托伦铁路线上的拉赛兹，随后向东北 23 英里处的普洛克进发，行进 9 英里后，夺取了托伦东面 61 英里处的拉德赞诺。

罗科索夫斯基元帅麾下的其他部队正沿着东普鲁士南部边境的 60 英里长的战线前进。部队迅速行进 21 英里，夺取了德波边境南面 7 英里处的交通运输枢纽姆瓦瓦要塞，把德军赶向北方，从而控制了距离德国边境 3 英里的贾乌多沃。

柏林方面说罗科索夫斯基元帅是想到达但泽市附近的波罗的海沿岸，与正从东普鲁士东部进入的由伊凡・切尔尼亚霍夫斯基将军指挥的白俄罗斯第三方面军会师，在东普鲁士形成一个巨型包围圈。

罗科索夫斯基元帅的部队驻守在贾乌多沃，距波罗的海 75 英里，在但泽东南 90 英里。但泽此前曾是一座自由市。

提尔西特高速公路被截断

斯大林元帅透露，5 天前，切尔尼亚霍夫斯基将军率领的军队在东普鲁士发动了一次重大攻势，深度突破敌军坚固的防御工事，沿着 37 英里长的战线挺进了 28 英里。

他的部队夺取了 600 多座城镇和乡村，扫荡了东普鲁士几乎整个东北角——一个约 750 平方英里的区域，并抵达边界内 31 英里处的布雷滕斯泰因镇。同时其他先头部队已攻下拉格尼特，西北距德国铁路大枢纽提尔西特不到 4 英里。苏军沿 19 英里长的战线切断了拉格尼特和纽瑟德尔之间的贡宾嫩—提尔西特高速公路，攻下布雷滕斯泰因的军队则越过了英克斯特河。

1945 年 / 1 月 21 日

开始向莱茵河挺进

美国第一集团军和第三集团军进一步挤压比利时境内的德军突出部

美联社

【巴黎盟军远征军最高指挥部 1 月 20 日电】今日，法国第一集团军正在为阿尔萨斯的解放而战斗，军队在 25 英里长的战线上发起突袭，向前挺进 3 英里。南方 70 英里外，其美军战友们正在为拯救危在旦夕的首府斯特拉斯堡而奋战。

法国军队一头扎进山地战中，而阿尔萨斯和斯特拉斯堡的命运仍悬而未决，战况喜忧参半。由坦克引领的德军把美国第七集团军击退了 5 英里，有可能进一步侵入美军在法国东北角的控制区域。

法军打德军一个措手不及

在漫天飞雪的掩护下，法军突然从孚日山脉向东面的米卢斯地区的莱茵河一带发动袭击，打了德军一个措手不及，取得了完美的奇袭战果。今晚，法军仍旧继续向德国防守坚固的核心地带挺进。这个核心地带被称为科尔马口袋，其中的德军来势汹汹，从南面威胁着斯特拉斯堡的安危。

在长达 300 英里的西部战线的另一端，英国第二集团军首次对阵敌军坦克，艰难地向前推进了 3 英里，进入德国西部与荷兰接壤的地区，沿途夺取了至少 6 座城镇。

在斯塔德东北部的两个英军装甲纵队对德军形成战线长 3 英里的钳形攻势，把德军死死卡在一段 5 英里宽的区域里。其中一个装甲纵队从埃赫特向东进攻，另一个从亨根向北推进，直至会合。有 400 多名德军被英军俘虏。

美国第一集团军正有条不紊地收紧对圣维特的围攻。圣维特是比利时的高速公路和铁路交会点之一，距离德意志帝国边境只有 4 英里，是德军撤退的必经之地。

美国第三集团军逼近菲安登

美国第三集团军向西与顽固抵抗的德军作战，不断往前推进；向东在卢森堡北部冰雪覆盖的山区征战，该山区距离菲安登只有 3 英里。但是，与此同时，希特勒的军团在德意志帝国边境上的阿登反击战中所向披靡，锐不可当。

据来自前线的报道称，第三集团军整体向前推进了 1.5 英里，在绍尔河上建立的桥头堡深入 3 英里，已靠近德意志帝国边境。美军正沿着乌尔河畔 3 英里长的前线向边境前进，有迹象表明德军因此正向齐格菲防线撤退。

在荷兰，加拿大第一集团军中的英国军队从奈梅亨北面 6 英里的滋特村沿路追剿德国伞兵部队，消除了德军对奈梅亨的威胁。

德军坦克攻击英军

德军坦克从位于鲁尔蒙德西南 7.5 英里处的埃赫特的东面向英军发起攻击。在白雪皑皑的战场上，德军坦克披着白色伪装，从东西双向发动咄咄逼人的攻击。迈尔斯·邓普西中将指挥的英军本来正向默兹河畔德军的重要据点鲁尔蒙德挺进，进程被迫减缓。

英军在跨越默兹河时，并没有遭遇敌军，很顺利就占领了位于鲁尔蒙德西南 7 英里处的斯特芬斯韦尔特。此时，德军正从东部美军的包围圈中撤出来。德国的领土中有一片狭长地带从南面伸入荷兰数英里。英军在浓雾中突击前行了近 1 英里，拿下了萨费伦，从而最终切断了这个狭长地带。

在东面 2 英里处，另一个英国纵队在泥泞和冰雪间艰难跋涉了 1.5 英里，占领了德意志帝国边境线内 3 英里处的布雷贝伦。

1945 年/1 月 27 日

第一个攻入柏林的苏军士兵将获得1000 美元的奖赏

该奖赏的提供者原为卢布林居民，现为美国公民——他还要为斯大林格勒提供援助。

苏联军队的快速挺进给戴维·凯带来了无尽的喜悦。凯先生是土生土长的波兰卢布林人，现在纽约经商，其公司在第七大道 450 号。昨日，凯先生为第一个攻入柏林的苏军士兵或第一支队伍提供 1000 美元的奖赏。

他将写有该提议的信交给苏联驻纽约总领事馆的办公室。该办公室的发言人说，作为一种“赞赏”，这个提议将被接受。此外，凯先生还拿出 1000 美元用于创建一个基金，支持斯大林格勒的重建工作。不过，发言人还解释说，苏联已在筹措资金，用于斯大林格勒的重建工作。

“这封信看起来可能很不同寻常，”凯先生说，“但我想要强调的是，它完全出自我真挚的诚意和能与您合作的殷切期盼。”在信中，凯先生提出捐献第一笔 1000 美元，以创建一个基金，用于斯大林格勒的重建工作。“这笔资金可以成为一个特殊基金的启动金，也许是对那些将成功攻进柏林的、英勇的苏联军队表示感激的纪念基金。”随后，凯先生还提到第二笔 1000 美元的奖金：

“第二张支票是对第一个攻入柏林的苏联士兵的奖赏。如果无法确定到底是哪个士兵第一个攻进柏林，我希望这笔奖金能平均分给第一批攻入德国首都的苏联士兵。”

盟军攻入法国后不久，凯先生就为第一个进入巴黎的美国士兵提供了 1000 美元的战争债券作为奖励。然而他解释说，自巴黎解放以来，盟军方面一直无法确定这笔奖金的合法接收人。

1945 年/1 月 28 日

德国空军的喷气式飞机再次成为重大威胁
盟军飞机无法抵挡德国最新的空战武器

哈利·沃瑟
通过无线电发回《纽约时报》的报道

【伦敦 1 月 27 日电】6 个月以前，同盟国的民众为盟军装甲部队在欧洲大陆所取得的辉煌战果而欢呼雀跃，并沉迷于这样一个假设：德国曾经一度引以为傲的空军已经失去了往昔的光芒。人们总是略带讽刺意味地问道：“戈林的德国空军现在在哪儿呢？”

如今，情况再次反转。德国空军不仅战斗机的产量在增加，已经有能力发动个别大规模的攻击，例如近期德国空军编队就对比利时、荷兰的盟军战场发动了袭击，而且很有可能德国再次开发了一种对盟军具有严重威慑力的空战武器。

因为盟军的空军在数量上超过了德国空军，在策略上也优于德国空军，因此，德国空军再次启用非正统的空战武器。这种武器如同德国其他许许多多的创新武器一样，在短时间内让盟军束手无策。德国空军现在大量配备的这种由喷气推进、以火箭发动机助推的战斗机和轰炸机，对于我们的军队是潜在的重大危险。然而事实上，如果德国空军这些极具威慑力的空战武器在战争结束之前无法发挥更大的作用，只能说它们产量太少、出现得太晚。

为快速战争而制造

和德国武器一样，德国空军是为快速战争而创建的。德国飞机的设计和生产被固定在 6 种标准模式上，这样能确保飞机源源不断地被生产出来。然而，随着盟军空军的规模和实力的增大，德国人已经清醒地意识到他们已经在飞机数量上失去了优势，而且再也没有机会恢复这种优势了。他们唯一的希望是飞机生产技术上的优势——德国要生产一种盟军一开始无力应付的革命性飞机。

“福克—沃尔夫 190”飞机是德国尝试的第一代技术领先的飞机。在一段时间内，这种飞机的确在技术上使德军稍微领先盟军。然而，几个月以来，纳粹很明显已经放弃通过改进常规飞机来获取相对于盟军的技术优势，而是把希望全部寄托于发展革命性的喷气式飞机。该类飞机可以达到每小时 500 英里或更高的速度，并且可以以每分钟 1 万英尺的速度向上爬升，这种飞行速度和爬升速度迄今仍无其他飞机可以达到。

1944 年年底，ME-163 战斗机——别名“彗星”——一种以火箭发动机助推的滑翔飞机，以及 ME-262 战斗机——别名“飞燕”——一种带两个发动机的喷气式侦察轰炸机，已在德国境内和西部前线服役。此外，我们还知道德国还在研发其他类型的喷气推进式飞机，但是这些类型的飞机似乎都没有完全达到服役的阶段。

德国是否能依赖新型飞机来真正扭转战局？这个问题的答案很大程度上取决于德国能否获得开发这些“喷气式”的时间和机会。这些飞机的数量已经逐渐增加，ME-262 飞机主要在低地国家的战场服役，而 ME-163 飞机主要用于德国国内的防御，与盟军的重型轰炸机编队对战。

我们同样也拥有喷气式飞机，这并不是一个秘而不宣的秘密。然而到目前为止，众所周知的情况是盟军并没有生产出足够数量的喷气式飞机来与敌人形成有效的对抗。

盟军成功地，但不是无往不胜地利用喷气式飞机抵挡了德军的 V-1 导弹。除了这个例子外，还没有迹象显示盟军的“喷气式”已经被用于攻击敌军，或者说，事实上我们的喷气式飞机的研制还没有脱离纯粹的实验阶段。

盟军在做什么？

同盟国是否计划增加“喷气式”的产量来对抗德国的新型空战武器呢？到目前为止，尚无证据表明盟军有此计划。那么盟军在做什么呢？

目前，我们的主要防御策略似乎是攻击从事喷气式飞机生产的工厂和机械加工车间。

到目前为止，盟军遭遇的只是三三两两的喷气式飞机和火箭式飞行器，而不是成编队的喷气式飞机和火箭式飞行器。专家认为这种攻击模式只是攻击突袭轰炸机的全新编队技术的一种试验。同盟国的飞行员和专家都同意，目前盟军并没有任何一种飞行器能成功追击德国的喷气式飞机。

曾经成功击落德军这种新型飞机的飞行员汇报说，他们是在德军新型飞机的滑行阶段锁定飞机的，也就是说，是在喷气推进器使飞机提速前锁定的，并在它们还没有时间启动额外动力前就对其发动攻击，将其击落。此外，还有一个普遍的认识是德国飞行员不太愿意加入空中战斗，可能是因为他们目前的任务只局限于侦察和摄影工作吧。

“喷气式”存在的问题

当然，德国人要大规模使用喷气式飞机，还需要克服许多困难。这些由喷气和火箭发动机助推的飞行器很难驾驭，需要受过专门训练的最高级别的飞行员才能驾驶。此外，这种新型飞机的机动性不如正统战斗机，而且只能飞行很短的时间。

盟军飞行员已经证实这些喷气式飞机在空中飞行时并非游刃有余。与“飞燕”或者“彗星”对战的飞行员发现他们可以很容易地绕到喷气式飞机的尾部，因为它们并不擅长快速转弯。

盟军还认为德军无法随心所欲地大批量生产和使用喷气式飞机，因为出于避开炸弹轰炸的考虑，生产喷气式飞机的工厂分布得极为分散。由于德国空军的国内防御和战术上的迫切需求，德军不得不依赖这些尚在试验阶段的飞行武器。

1945 年/1 月 29 日

黑人部队在巴斯托涅

充满英雄色彩的九六九野战炮兵营

【美联社华盛顿 1 月 28 日电】九六九野战炮兵营配备了由黑人士兵操作的 155 毫米榴弹炮，这个营从诺曼底一路打到巴斯托涅。

今日战争部的报告称，这个营的士兵在巴斯托涅英勇地开炮作战，协助其他部队击退了德军的轮番进攻。当时巴斯托涅的美军被突进的德军所包围，在一段时间内与外部失去了联系。

在巴斯托涅的激战中，除了负责开炮的士兵外，其他所有炮兵都像步兵一样战斗，抓获了三四十名战俘。

这个炮兵营是在一〇一空降师的麾下作战的。敌军的坦克和步兵逼近时，在一些零散的美军坦克的协助下，这支炮兵营的大炮火力齐发，把敌军逼进困境。从南面开来的进行补给的飞机和装甲部队扭转了美军的战况，但是在此之前，这个炮兵营伤亡惨重。

1945 年 / 2 月 8 日

巴顿将军率部渡河；广阔的前线战火纷飞

克利夫顿・丹尼尔
通过无线电发回《纽约时报》的报道

【盟军远征军最高指挥部 2 月 7 日电】今日，两支美国军队协同向齐格菲防线发起攻击，把战线拓宽了 70 英里。乔治・巴顿中将率领的第三集团军的 4 个师重新向东插进，跨越卢森堡边界，在 10 个地点突破了德国边境线。

与此同时，已经从北部插入齐格菲防线的美国步兵全线向齐格菲防线最后区域内主要的永久性防御战线推进，并在两处取得了突破。一个突破口位于施莱登西南方的奥尔夫河，另一个距离普吕姆只有 3 英里。普吕姆位于圣维特东南方，是德国至关重要的公路交会点。

盟军的推进曾将德军的防区削成了一个沿卢森堡边境分布的突出部，它是一个我军战线上的 14 英里的鼓起区域。今日，美国第三集团军的部队对突出部的敌军发起了一系列坚决的打击，把这片鼓起的区域压平。第三集团军渡过水面宽阔的绍尔河和乌尔河。这两条河流是德国的界河，美军在其中一处向德国境内推进了 1 英里，在其他区域的平均推进距离为 0.5 英里。

此次在齐格菲防线上的拉长战线的行动至少有 12 个师的部队参与进攻，所拉长的战线从南部的埃希特纳赫到北部的施密特，长达 70 英里。在施密特之外和亚琛的周围，德国的“西墙”区域已经被有效地缩小。美国第九集团军和英国第二集团军正在罗尔河畔等待着战况的发展，同时向齐格菲防线展开有条不紊的攻击，并顺便向控制罗尔河水位的大坝攻去。

虽然目前盟军的 12 个师要么正在奋力推倒“西墙”，要么正在向“西墙”移动，要么已经进入“西墙”之内。这些部队只是德怀特·戴维·艾森豪威尔将军一旦选定时机就会动用的所有进攻武力的一个缩影。所谓选定时机似乎是等待齐格菲防线的战况的进展。

在此期间，原先伸入米卢斯附近的孚日山脉高大的南端的德军突出部今日被逐渐压缩，最终完全消退，缩小为一个跨越莱茵河的细长桥头堡。这个桥头堡位于科尔马和米卢斯东侧。

在前线的北端，两支美国军队正在进攻。由于遭遇地雷和从齐格菲碉堡中疯狂扫射的轻型武器的阻击，向南从伯格斯坦往“西墙”最厚实的防区进攻的部队无法向前移动，无法跨越基尔河抵达最大的罗尔河水坝。

然而，从西面和南面进攻的第七十八师在坦克部队的协助下，成功沿着通往施密特的山谷向东北方向推进了 1000 码。这个区域是齐格菲防线上最为坚固的防区。目前第七十八师的步兵离村庄只有 500 码，已进入村内步枪的射程范围。

在施密特西北 1000 码的区域，也是守卫施瓦门奥尔大坝的区域，第七十八师的其他部队已经进入考莫塞特的边缘。这个区域的防御力量有多强，从以下事实可见一斑：在过去的几天里，第七十八师的进攻取得的进展非常微小，而就在这微小的进程中，美军攻克了 159 个碉堡，其中大部分都有重兵把守。为了融入周围的森林，这个区域的碉堡都被漆成绿色，隐藏在崎岖道路的拐弯处和陡峭的峡壁上，极具隐秘性，很难被发现。

美国第三集团军的新进军路线从位于卢森堡北侧的布兰茨夏伊德的西南面开始，向南延伸到埃希特纳赫。沿着这条路线，第三集团军不仅会对齐格菲防线形成攻势，还会建立一个以北部的普吕姆和南面 17 英里的比特堡为轴心的联系网。第三集团军的攻击在 22 英里长的前线上推进。

第六装甲师的步兵在乌尔河西岸离开该师的坦克部队，从达斯堡东北 2.5 英里的 3 个地点渡过乌尔河，抵达克莱沃东部，再离开乌尔河向前挺进半英里。第十七空降师同时也越过了乌尔河，到达克莱沃东部，顶着达斯堡地区德军的轻型武器的扫射，向前挺进了半英里。

今日凌晨3点，在一个半小时的大炮轰击后，第八十师在博伦多尔夫西北2英里处渡过绍尔河。博伦多尔夫位于埃希特纳赫西北4英里处。同时，这个师的其他队伍还在两个地点渡过乌尔河，向前突进半英里，抵达迪基希东面乌尔河与绍尔河的汇合处。这支部队已经进入迪基希东北面的贝特区。

第五师率先出发

凌晨1点，第五师率先行动，击溃了德军的首次反击。第五师从埃希特纳赫西北面分3处跨越绍尔河，在其中一处遭遇了德军的反击。第五师击溃德军的反击后，向德国境内推进了1英里。

尽管绍尔河的水位很高、水流湍急，但是美军还是顺利渡河。河对岸有密密麻麻的铁丝网防护，德军的炮火射向渡河的美军，击沉在河水旋涡中行进的多艘登陆艇。

与此同时，法国第一集团军的部队，其中包括一支美军队伍，正在斯特拉斯堡南面的科尔马包围圈进行最终的扫荡。孚日山脉中的残余德军全部被俘。昨日，沿莱茵河挺进的美军捣毁了德军在莱茵河北岸的桥头堡，越过纳布里萨克镇，并在该镇南面推进了5英里。罗讷—莱茵运河以西所有与莱茵河平行的区域，均被美国第二十八师和法国第一装甲师扫清。在南部，法国殖民军第九师之前在米卢斯的拿破仑岛上建立的一个横跨运河的桥头堡，今天已经延伸到莱茵河。

现在德军唯一控制的地区是莱茵河西岸和罗讷—莱茵运河之间一片宽约五六英里、长约10英里的带状区域。而这个区域的德军正通过渡轮和浮桥撤退，从其撤退的速度来看，它控制这个区域的时间也不会太长。

盟军已经沿亚琛北面的一个地点至马尔梅迪东面的一个地点的45英里长的战线挺进，穿过了德国边境以西的地带。现在这个地区的盟军正对第二片区域发动攻击，这一区域大致包括奥尔夫河流经的黑伦塔尔、施莱登和格明德等地，然后继续向北到达罗尔河两岸的许特根森林。奥尔夫河也流经这片广袤的森林。今日盟军已经在黑伦塔尔渡过奥尔夫河。这条防线上的主体即便没有完全崩溃，也已经被击破。

1945年/2月13日

盟国三巨头的《克里米亚声明》

【美联社华盛顿2月12日电】今日，白宫发布盟国三巨头的《克里米亚声明》，内容如下：

克里米亚会议的公报

在过去的8天里，英国首相温斯顿·丘吉尔、美国总统富兰克林·罗斯福和苏联人民委员会主席斯大林元帅在克里米亚与各国外交首脑、参谋长和政府顾问举行会谈。

英国首相、美国总统和苏联人民委员会主席一起就克里米亚会议的讨论结果发布宣言如下：

1945年，克里米亚会议中的三巨头。

战胜德国

英、美、苏三国已经考虑并确定最终打败共同的敌人的军事计划。三国军事参谋长在克里米亚会议期间，每天都举行常规会议。这些会议的成果无论从哪个角度来说，都十分令人满意。这是三个国家有史以来在军事上最为紧密的协作成果。三方充分交换了资讯，而且还就出动陆军和空军从东西南北4个方向向德国心脏发起新的、更强大的攻击的时间、范围和协作取得了完全一致的意见，并进行了详细规划。

虽然只有在计划实施时我们才能把联合军事计划公之于众，但我们相信，在克里米亚会议上，三方参谋长之间形成的紧密合作将会缩短战争的时间。在未来，只要战事需要，三方参谋长还将召开会议进行磋商。

纳粹德国战败的命运已经被注定。如果德国人继续进行无谓的顽抗，只会使其战败成本更为巨大。

占领和控制德国

我们已就德国无条件投降的条款达成了共同的政策和计划。在德国的武力抵抗被最终粉碎后，我们将联手对纳粹德国施行这些条款。这些条款的内容要等到德国被彻底打败后才能公之于世。在我们达成的计划中，三国将各自占领德国的一个区域。在这个计划中，还设立了中央控制委员会来协调对德国的管理和控制。中央控制委员会将由三国最高指挥官组成，总部设在柏林。三方还允诺，如果法国愿意，将邀请法国占领一个区域，并成为中央控制委员会的第四个成员。法国占领区的分界线将由四国在欧洲咨询委员会的代表通过协商决定。

消灭德国军国主义和纳粹主义、确保德国无法再次扰乱世界和平，是我们坚定不移的目标。我们决定完全解除德国的武装，解散德国所有武装部队；撤销德国总参谋部，因为正是这个部门让德国军国主义一再死灰复燃；转移或捣毁德国所有军事装备；消除或控制所有可用于军事生产的德国工业；把所有战争罪犯绳之以法，并快速实施惩处，对德国人所造成的破坏进行精细的修复；彻底摧毁纳粹党以及纳粹的法律、组织和机构，完全消除德国政府机构以及人民的文化和经济生活中纳粹主义与军国主义的影响；采取其他相应措施，保障德国的和平和世界未来的和平与安全。我们的目的不是要摧残德国人民，只有完全消灭了纳粹主义和军国主义，德国人民才有希望过上体面的生活，德国才能在国际大家庭中占有一席之地。

德国的赔偿

我们已经充分考虑到德国在这场战争中对盟国所造成的损失，也认识到德国必须尽其最大可能进行赔偿，这是公平合理的。同盟国将建立一个损害赔偿委员会，该委员将受命对德国给同盟国造成的损害的赔偿的程度和方式进行考量。该委员会的工作地点设在莫斯科。

联合国家大会

我们决意与盟友们一起尽早建立一个维护和平与安全的广泛的国际组织。我们相信这个国际组织的创建是极为必要的，它势必有利于防止侵略，有利于所有爱好和平的人民紧密而持续地合作，消除导致战争的各种政治、经济和社会因素。

敦巴顿橡树园会议已经为这个组织的创建奠定基础，然而在投票程序这个重要问题上，会议各方并没有达成协议。本次会议已使这个难题能被解决。

我们一致同意将于 1945 年 4 月 25 日在美国旧金山召开联合国家会议，以根据敦巴顿橡树园会议期间的非正式会谈所提议的路线，来制订这个组织的宪章。

我们会马上咨询中国政府和法国临时政府，邀请它们与美国政府、英国政府和苏联政府一起，以该会议主办方的名义，向国际社会发出邀请。一旦对中国和法国政府的咨询工作完成，投票程序的提案将公之于世。

关于解放欧洲的宣言

苏联主席、英国首相和美国总统就各自国家的人民及欧洲被解放地区的民众的共同利益交换了意见。他们共同宣布了三方达成的一致意见，同意在未稳定期内暂时在欧洲已解放区域，协调三国的政策，通过民主的方式，帮助从纳粹德国的统治中解放出来的人民和轴心国的卫星国民众解决他们所面临的紧迫的政治、经济问题。

要在欧洲建立秩序，重建国家的经济生活，被解放的民众就必须彻底消除纳粹主义和法西斯主义的最后一丝痕迹，依照自己的意愿创立民主体制。这是《大西洋宪章》秉持的原则——尊重所有人民选择自己将生活于其下的政府的形式之权利——使那些被侵略国强制剥夺了主权和自治权的人民恢复这些权利。

为促成被解放的民众行使这些权利的条件，在民众认为需要的条件下，三国政府将就以下方面共同为欧洲一切被解放国家的人民或者轴心国的卫星国民众提供帮助：（A）建立内部和平的条件；（B）为减轻民众的苦难而采取的紧急救援措施；（C）组建代表最广泛民众的意愿的临时政府，并承诺尽早通过自由选举的方式建立政府，以回应所有民众的心声；（D）在需要的时候，为各国政府的选举提供便利。

通过这个宣言，我们重申，我们将秉承《大西洋宪章》的各项原则，遵守我们在《联合国家宣言》中所做出的承诺，坚定地与其他爱好和平的国家一起协作，在法律的框架下创建世界秩序，致力于全世界的和平、安全、自由和全人类的福祉。

由于波兰是完全被苏联红军所解放的，波兰出现了新局势。在这里，我们呼吁建立一个比当前的临时政府更具有广泛代表基础的波兰临时政府。近期波兰西部被解放，使得建立这样一个临时政府成为可能。因此，目前在波兰执政的临时政府应当被重新组织，重新组织的政府应该建立在更广泛的民主基础上，应当包括波兰本土的和国外的民主领导人。这个新的政府应当被称为波兰民族团结临时政府。

莫洛托夫先生、哈里曼先生和克拉克·克尔先生被授权组建一个委员会，它将首先邀请目前的波兰临时政府的成员，以及其他在国内和国外的波兰民主领导人在莫斯科进行磋商，以上述原则为基础，讨论如何对现行政府进行重新组织。波兰民族团结临时政府应该承诺尽早举行自由、无约束的选举，选举应当采用普选和无记名投票的形式。在选举中，所有民主党派和反纳粹的党派均有权参与，并有权提出候选人。

波兰民族团结临时政府在符合上述条件下被建立起来时，跟眼下这个波兰临时政府保持外交关系的苏联政府，以及英美两国政府将与其建立外交关系并互派大使。大使将向各自的政府汇报，使三国政府可以及时了解波兰的情况。

三国政府首脑认为，波兰的东部边境线应该以寇松线为准，在某些区域可以向有利于波兰的方向岔开5—8公里。首脑们认可，必须让波兰在北面和西面获得大片新领土作为补偿。他们认为，在新领土的获取程度这一问题上，应当征询波兰民族团结临时政府的意见，而波兰西部边境的最终划定要等到和平会议后再进行。

1945 年 2 月 14 日

社论：波兰问题

在同盟国“三巨头”的代言人赴雅尔塔举行会谈前，对于波兰争端，寻求到任何令人满意的，甚至是可以接受的解决方案的前景，一直都极为暗淡。一代人两次遭德国人穿越波兰平原入侵本土的苏联，坚持一条新的更往西的战略边界线，即遵循所谓寇松线。苏联提出的边界线要求有以下事实的支撑：在寇松线的东侧，波兰人的数量少于非波兰人的数量，而且老边界线是第一次世界大战结束时在波兰武力的威逼下划定的。可是，流亡伦敦的波兰政府反对这个提议，坚称波兰人民没有授权政府放弃任何波兰领土，而苏联试图通过单边行动来强加给波兰一个解决整个问题的方案。

在雅尔塔会议前，现实情况的确正如以上所述。然而，这样的困境如今不复存在。在雅尔塔提出的解决方案是三巨头共同商定的计划，不仅得到苏联的支持，同时也得到英国和美国的支持。可以肯定的是，流亡的波兰政府无法干预这个决定。事实上，这项决定是以三巨头的名义做出的，如果再发生德国入侵的情况，这三巨头中的任何一个国家独自就有能力保卫波兰的领土完整。如果再次面临战事威胁，这三个国家必然站出来保卫波兰。

这个决定代表同盟国三巨头准备保护波兰的利益，除了这个至关重要的因素外，从其他角度来看，这个解决方案也有很值得赞扬的方面。虽然苏联要求以寇松线为准，确定苏波边界线，在某些地区做出有利于波兰的偏移，但是波兰被许诺“在北面和西面获得大片新领土作为补偿”。同时，目前苏联通过单边行动在华沙成立的傀儡政府将被重新组织。重新组织的政府将建立在“更广泛的民主基础上”，重新组织的工作将在由 3 个成员组成的国际委员会的主持下展开。在这个国际委员会中，苏联只拥有区区一票。重新组织的新临时政府“承诺尽早举行自由、无约束的选举，选举应当采用普选和无记名投票的形式”。在选举中，“所有民主党派和反纳粹的党派均有权参与，并有权提出候选人”。

因为我们相信，该计划提供给寇松线西面的波兰人民一个以民主方式选择自己的政府的机会；因为我们相信，从历史上看，寇松线本身并不是不公平或不合理的；因为我们相信，随着西面和北面的新领土的纳入，波兰将拥有足够的土地，为一个坚固的波兰繁荣昌盛提供广阔的空间；因为我们相信，这个决定中暗含的同盟国三巨头对波兰领土完整的保证，从长远角度来看非常重要。所以，对于昨日在伦敦的波兰流亡政府断然拒绝接受雅尔塔计划，我们深感遗憾。我们认为，历史会说波兰错失了良机。

1945 年 / 2 月 14 日

英国皇家空军深夜猛烈轰炸德累斯顿

【美联社伦敦 2 月 14 日电】昨日午夜，英国皇家空军发动了本次战争中最猛烈的一次夜袭，派出 1400 架战机飞往德国，对德累斯顿实施毁灭性轰炸。这次夜袭是为了支援苏联红军向德累斯顿的挺进。

此次空袭还轰炸了波伦的合成油工厂和马格德堡。波伦位于莱比锡南面，马格德堡位于柏林西南 75 英里处。

然而，英国航空部的一份公告称，德累斯顿才是此次轰炸的主要目标。

公告还称：“德累斯顿是铁路网的中心，也是工业重镇。如果德军组织防御力量对抗科涅夫元帅的军队的话，它是最具价值的。”

1945 年，德累斯顿遭盟军轰炸后损失惨重。

1945 年/2 月 16 日

调查显示，日本人期盼取得最终胜利

日本人承认我国强大的工业实力
但坚信日本的“精神优势”

罗伯特·特兰伯尔
通过无线电发回《纽约时报》的报道

【塞班岛 2 月 15 日电】对于这场战争，对于美国，对于民主，日本普通民众到底是如何看待的呢?

日本人到底是否了解战争的进程？在亲眼看到美国强大的军事力量后，日本人是否还坚信自己的国家会赢得这场战争？为了获得这些问题的答案，塞班岛的语言官员们在关押着 13243 名日本人的苏斯比战俘营进行了一次调查。

此次调查的对象限定为 500 名被俘的日本平民。他们是根据教育、生活状态和性别等因素被仔细地选出来的，以求被调查者的情况尽可能与日本民众的实际情况相吻合。诚然，此次调查的结果在某些方面有不确定性。譬如，在评估如果日本遭入侵，日本平民是否会誓死战斗到底这个问题的调查结果时，我们必须考虑到被调查者是曾经参与战斗的日本人。

然而，此次调查还是揭开了自战争爆发以来，一直掩盖日本普通民众思想的面纱的一小角。调查结果还反驳了一些谬误，例如，美国人认为在日本切腹自杀是普遍存在的行为，以及日本普通民众对待天皇的某些态度。此外，此次调查还揭示了日本人思维习惯的矛盾性。美国官员们发现，不管是在这里还是在其他地方，这种矛盾性都是他们的共同特征。

一些人从没听说过美国

进行此次调查的官员们在选择 500 名平民时，谨慎地保持了冲绳人和日本列岛人的适当比例。塞班岛的人口中有很大一部分是冲绳人。顺便说一句，值得注意的是，有 5% 的日本列岛人认为冲绳人是低等人，然而冲绳人普遍认为实际上自己和其他日本人没有不同之处。调查发现，二者唯一真正的不同之处在于冲绳人受教育程度较低，有些冲绳人从来没有听说过美国。

在评估调查结果时，还需要考虑的另一个因素是自成为俘虏以来，塞班岛上的日本人已经接收到关于战争的大量消息。在苏斯比营里，每当查莫罗土著听到美军获胜的消息时，都会兴高采烈地把这些消息告诉他们的日本难友们。而且，塞班岛上的日本人也目睹了展示美国强大实力的大量证据。从这一点来讲，他们比日本列岛上的同胞更具有优势。

在苏斯比营里，不到 40% 的日本人是自愿投降的。在 500 名被调查的日本俘虏中 309 人是被俘获的，只有 191 人是主动投降的。许多日本俘虏说，要不是害怕遭到万般折磨，他们也会选择投降。成为俘虏后会被美军痛苦折磨的这种信念是因为日军曾散布关于美军的恐怖故事。

恐惧是主要因素

日本人听到的从瓜达尔卡纳尔岛传来的谣言称，被俘虏的日本男人和小孩被坦克碾过，而女人则被转移到舰船上，任人凌辱。这样的故事有些刊登在报纸和杂志上，但大多数出自日本士兵之口。一些平民说自己本想投降，但是被日本士兵阻止。

在回答“被俘虏时，你有什么感受”这个问题时，被调查者的答案让我们越来越相信日本平民坚持抵抗、拒绝投降的原因不是出自疯狂的爱国主义，而是因为恐惧。只有 79 个被调查者感觉“羞愧”，而 348 个被调查者则承认自己当时完全被惊恐所笼罩。

顺便说一句，进行调查的官员们相信塞班岛的平民自杀故事被大幅夸大。人们怀疑自杀人数不超过 200，也就是说不超过其人口的 1%。

“如果日本本土遭入侵，你认为日本平民会怎么做？”281 人回答：战斗到最后。27 人回答：战斗到毫无希望为止。79 人认为平民不会参与战斗，其中一半人说：“就像在塞班岛上一样。”大约有 25% 的被调查者不置可否。

60%—80% 的接受调查的日本人对于战争进程有正确的答案。他们知道日本已经遭到轰炸，不相信日本已经入侵澳大利亚，或者轰炸了加州，或者占领了印度的大部分区域。然而，他们也可能是在被俘之后才获知这些情况的。

在被调查的 500 人中，412 人相信美国的工业实力比日本更强大，这让询问者感到十分惊讶。然而，许多被调查者修正他们的答案，补充说：“但是日本在精神层面更加强大。”而且，许多被调查者相信日本一旦充分利用所占领国家的资源，在生产能力上将会达到或者超过美国的水平。

现在产生了一种抗辩：虽然他们亲眼看到大量美国军舰驶进驶出塞班岛的港湾，超过半数的人还是相信日本拥有世界上最强大的海军。一些被调查者承认，经过塞班岛战役，他们对日本海军的信心已经动摇，但是其他人却坚信由于拥有某些“精神力量”，日本海军依然占优势。有 100 个被调查者认为美国海军已经彻底覆没。

预测漫长的战争

对于谁将赢得这场战争的问题，大多数被调查者相信日本将取得最终胜利，还认为它将是一场漫长的战争。他们中大多数人的回答显示，其对于日本的信心来自民族自豪感。许多被调查者这样说道:"我认为日本会赢,因为我是日本人。"很明显,塞班岛战役让这里许许多多的日本人对这场战争的真实情况有了比之前更为现实的看法。

调查结果没有为战后日本实施民主化的设想增添任何希望。对日本领导人所采取的行动,被调查者的看法是有分歧的。有 185 人支持陆军和海军的策略,74 人反对,而 241 人不置可否。在这里出现了矛盾:在回答天皇是否支持战争这个问题时,138 人说"不是",但是当这 138 人被问及是谁真正控制日本政府时,他们回答说"天皇"。

被调查者没有表露任何对民主政府的渴望,而在希望日本拥有民主政府的被调查者中,有 60% 的人认为即使日本有了民主政府,它也会无法运转。

日本人对美国军队的看法在被俘前和被俘后差距甚远。其中 376 名被调查者在被俘前认为美国士兵是"野蛮而残忍的",现在 422 人认为美国士兵"善良、大方且友好"。

然而,日本人对美国民众的看法和对美国士兵的看法则不同。日本人依然坚持他们被灌输的关于美国民众的观点。在被调查的 500 人中,330 人认为美国人"温和,爱好奢华,富有却精神软弱",139 人不置一词。

1945 年/2 月 17 日

德累斯顿死亡人数达 7 万人

【美联社斯德哥尔摩 2 月 16 日电】今日,德军控制的斯堪的纳维亚电讯局宣称本周盟军对德累斯顿的轰炸导致 7 万人死亡。该报道还说,由于电报站、邮局、火车站及高级指挥总部被摧毁,德累斯顿与德国其他地区的联系完全被切断。

1945 年/2 月 19 日

目睹德国邮轮沉没

芬兰的电台称船上 8700 名乘客中只有 1000 人获救

【美联社伦敦 2 月 18 日电】芬兰的电台报道称，今晚一艘 2.5 万吨的德国邮轮“威廉・古斯特洛夫”号沉没，7700 人丧生。当时“威廉・古斯特洛夫”号载着从但泽地区撤离的难民和水手。(“威廉・古斯特洛夫”号战前是一艘客运邮轮，后来被改装成运兵船。)

广播并没有说明这艘德国邮轮是如何或何时沉没的，但指出船上载有 3700 名海军人员和 5000 名难民，仅 1000 人获救。

1945 年/2 月 22 日

以艾森豪威尔的名字命名的风衣夹克成为春季时尚主打

弗吉尼亚・普

昨日中午，麦迪逊大道 671 号的时尚精品店萨达・萨克斯的一个时尚设计品牌春季系列发布会，在皮埃尔酒店的舞厅举行。按惯例，时尚精品店的发布会会同时展示多个品牌的时尚设计，而昨天的发布会只展示了安娜・米勒品牌的设计作品，这些作品全出自设计师亨利・帕特里克之手。

有几条设计主线贯穿这次发布会上的时尚系列。其中最有吸引力的是风衣夹克系列。它们是两件套中的短上衣，为了向欧洲盟军最高指挥官表示敬意，被命名为“艾森豪威尔”。风衣夹克的女版用绉纱制成，分单色款和双色款；为了使其显得更柔美，收紧了腰线；要么袖子点缀了贴花，要么前襟配上一些宝石刺绣，加强了装饰效果。

束腰宽松长上衣系列获得了观众热烈的掌声，它们用印花或单色绉纱制成。其中有一款是用香蕉色的人造丝绉做的，纽扣都是正方形，泛着黄宝石般的色彩。这些服饰的别致外观让人联想到春夏季节里看到的纽约女性——她们身着简单绉纱制成的、纽扣镶嵌着珠宝的衬衫。条纹的使用恰到好处，黑白相间的套装搭配着红色宽腰带，再配上长至髋部的夹克或波莱罗式的短夹克。

还有适合参加正式晚餐穿着的系列，它们是用令人耳目一新的黑色绉纱制成。其中最成功的一款，上身为网状束腰的宽松绉纱上衣，下身为完全收身的芭蕾风格长裙。而黑色紧身上衣搭配墨西哥粉裙的那款则稍带点休闲气息。

1945 年 / 2 月 25 日

日军被彻底打垮

硫黄岛血战中美国海军陆战队粉碎了日军迷宫般的防御工事

沃伦·莫斯科
通过无线电发回《纽约时报》的报道

【关岛前线总指挥部 2 月 25 日电】本周六，硫黄岛战役中，尽管日军依仗连锁式防线，动用火箭筒式的攻击武器和新型的 1100 磅重的火箭弹拼死抵抗，美国海军陆战队依然向北推进了 300—500 码，摧毁了其在硫黄岛中央的机场的一半。

美军进而整体向前推进，把东海岸的滩头阵地扩大了 600 码，攻克了如迷宫般相互连接的碉堡、房屋和筑有防御工事的洞穴。海军陆战队队员越过布满地雷的区域向前挺进，取得了自周一登陆以来，单日最大的推进距离。

在东海岸一个纵 400 码、横 600 码的区域里，海军陆战队就不得不攻下约 100 个防御洞穴，每个洞穴深达三四十英尺。显而易见，这说明了为什么在我军登陆前，出动空军对该岛进行了长达 74 天的空中轰炸，还出动军舰对该岛进行了为期 3 天的炮击，依然无法消灭岛上的日本驻军或者摧毁其补给物资。

美军的补给物资被运上海岸

海军陆战队控制了折钵山，获益匪浅。折钵山是硫黄岛南端的一座火山，美军由南向北推进。在美军节节逼近之下，敌军的炮火无法再控制岛上远离海岸的地区。日军迫击炮对美国海军陆战队登陆地点的轰炸力度已经减退，美军的补给物资被运上了海岸。

显然，硫黄岛上的日军从之前与登陆的美军作战的经历中吸取了教训，采用新技术来进行防御，使我军挺进的代价增大了。

虽然目前还没有美军伤亡的最新报告，但是今天早上的战事公报宣布，敌军已有 2799 人被打死。

现在硫黄岛将近一半的区域在我军控制之下。我军在推进过程中，可能绕过了许多日军的据点和小股部队。

折钵山的扫荡行动仍在继续。海军陆战队报告说，在这一区域敌军有 115 个炮台被毁，而且小分队队员正沿着这座火山的斜坡上下搜索敌军。两天前美国国旗插到了折钵山上，标志着美军在硫黄岛上的逆势已经完全扭转。

同时，美国第七航空军的“解放者”轰炸机飞往硫黄岛附近的小笠原诸岛，向父岛列岛和母岛列岛上的日军基地发起袭击，美军舰队则持续为空军提供支援。

昨日子夜发布的战事公报报告了昨天中午之前的战况。公报称海军陆战队的整体进攻现在已初见成效，美国坦克正在赶往前线。

东京版的硫黄岛战役

据美联社报道，昨日东京的电台报道说，至周五晚美军在硫黄岛的伤亡人数“高达 1.7 万人”，但是东京的电台报道无据可证。

东京的这一电台节目是向北美播送的，美国联邦通讯委员会对节目进行了录音。在广播中，日本人宣称：“敌军的推进被阻止。事实上，在某种程度上，敌军的战线被迫后撤。”

日本的电台根本没有提及美军占领了折钵山，而是声称硫黄岛上的战斗“在日夜不断地进行，我们无与伦比的出鞘之利剑继续插入敌军深处”。

东京的电台报道说：“敌军被压制在南码头和西码头之间 3 公里长、从海滩到苏纳吉嘎哈拉 1 公里深的狭小区域内而无法动弹，超过 4 万人被我军俘虏。”报道还说：“由于敌军如此集中，我们的炮弹命中率很高，所有爆炸的炮弹都击中了目标。”

1945 年 3 月 6 日

39 国受邀出席在旧金山召开的安全会谈

根据雅尔塔会议的提议，除非波兰成立新政府，否则不在受邀国之列

兰辛・沃伦
发回《纽约时报》的特别报道

【华盛顿 3 月 5 日电】美国国务院宣布，今天美国外交代表向 39 个国家的政府发出邀请，邀请它们出席将于 4 月 25 日在旧金山召开的安全会议。

作为敦巴顿橡树园会议的后续，此次会议的召开是在雅尔塔会议上决定的。我国同时是会议其他主办国即英国、苏联和中国的代表，向各国发出邀请。

这一公告还介绍了旧金山会议的准备工作取得的 4 项主要进展。这一公告是由国务卿小爱德华・斯特蒂纽斯在墨西哥城宣布的，当时他正出席泛美大会。国务卿详细解释了雅尔塔会议提议的安全理事会表决程序的解决方案。按照这个妥协方案，在决定涉及动用武力的问题上，必须取得中、英、美、苏、法 5 个大国的一致同意，五国中任何一国均可以对强制实现和平的行动投否决票。

法国将出席会议

法国同意参加会议，但拒绝成为会议的主办邀请国，原因是法国对此提了一些条件，没有获得其他四国的同意。据悉，法国作为安理会常任理事国的地位不会因此受到影响。

波兰暂时不在受邀国之列。对波兰的邀请取决于波兰是否依照克里米亚会议设定的条款对临时政府进行重新组织。

密歇根州参议员阿瑟·范登伯格一度是美国代表团中唯一一个没有接受邀请的共和党人，现在他宣布同意成为代表。他说，与罗斯福总统的通信让他信服，此举是行使自由行动的权利。他还补充说，自己会行使这个权利，确保“正义”成为和平的“引导性目标”。

除了波兰没有收到邀请以外，今天发出的会议邀请名单与之前邀请出席联合国家大会的名单还有一些出入。对于这种不一致，有声明解释说，自 1945 年 1 月 1 日以来，又有 8 个国家签署了《联合国家宣言》。此次决定邀请所有 1945 年 2 月 5 日前签署《联合国家宣言》的国家出席会议，以及土耳其和其他在 1945 年 3 月 1 日前向轴心国宣战的国家。

罗斯福先生与伊本·沙特国王在开罗附近的一艘军舰上会谈之后，还决定向沙特阿拉伯发出特别邀请。

中立国不在受邀之列

叙利亚、黎巴嫩、冰岛和丹麦都曾派代表出席此前的会议，但是不在此次会议的邀请名单中。同样，各中立国，包括瑞士、西班牙、瑞典、葡萄牙、爱尔兰和阿根廷等，也均不在受邀之列。被解放的国家，如意大利、罗马尼亚、匈牙利、保加利亚和波罗的海国家，虽然有些已经对德宣战，但也被排除在此次会议之外。

有声明解释说，中立国无法共享和平决议，而前敌对国家，虽然现在已经获得外交承认，但目前不得获准加入安全协商，必须等到这个安全组织成立以后。对于为什么把叙利亚、黎巴嫩、冰岛和丹麦排除在外，声明没有做出解释。

法国引起的问题

今天的公告所披露的问题中有一个就是法国的背离。戴高乐将军拒绝在阿尔及尔与罗斯福先生会面已使美法两国之间产生裂痕，而法国此次反叛性的举动加深了这一裂痕。这位法国领导人抱怨说，法国没有被充分告知克里米亚会议的各项决定，而且因为无法作为代表出席在雅尔塔召开的克里米亚会议，法国有了一些反对意见，同时也想提出一些建议。

在仔细研究了法国的提议并征求了会议其他主办国的意见之后，美国确定法国的建议无法接受，于是把实情告知法国。法国的回答是同意参加会议，但拒绝成为主办国。此举相当于表明法国意图维护自己的提议，想根据自己的意愿对雅尔塔会议和敦巴顿橡树园会议的决定进行修改。

虽然官方丝毫没有透露法国的提议的内容，但是据了解，法国政府对与德国达成和平解决方案以及对莱茵兰的处理方式特别感兴趣。

1945 年
3 月 6 日

铁托成为南斯拉夫总理

【路透社贝尔格莱德 3 月 5 日电】今天中午，南斯拉夫摄政委员会成立之后，铁托元帅和南斯拉夫王国政府首相伊万·舒巴希奇向摄政委员会交权。

下午，舒巴希奇博士把王国政府的自动解除权力函递交给摄政委员会，随后铁托元帅向全国解放委员会主席伊万·里巴尔提交解散全国解放委员会函。在过去的两年间，全国解放委员会一直作为南斯拉夫的实际政府，领导对抗法西斯的战争。

依据里巴尔博士和舒巴希奇博士的建议，摄政委员会授权铁托元帅组建一个统一的南斯拉夫政府，这一政府有望明天组建完毕。

1945 年／3 月 11 日

美德两军在莱茵河雷玛根大桥上鏖战

德军猛烈炮轰美军——空中攻势失败——美军越过莱茵河

格拉德温·希尔
通过无线电发回《纽约时报》的报道

【莱茵河桥头堡 3 月 10 日电】今天美军在电力中断的掩护下，稳步向莱茵河东岸推进，与德军在雷玛根桥头堡的多个方位发生激烈战斗。战斗持续了整整一天。

在桥头堡外的莱茵河东岸，德军出动火炮从侧面对莱茵河两岸及大桥进行猛烈轰击。自中午以来，德国轰炸机以仅 10 多分钟的间隔不断飞来，引起安置在四周群山上的美军防空大炮不断射出密集的炮火，甚至有美军持手枪向敌军飞机射击。许多美军在高射炮炮弹的呼啸声中一边欢呼，一边用手里的小型武器从地面向空中射击。

然而一天的战斗结束时，我军在德军严密防范下抢夺过来的区域不断扩大，我们的援军也源源不断地涌向这些扩大的占领区。

美国工兵们在更容易攻克的莱茵河西岸作业。西岸与东岸不同，没有悬崖峭壁作为屏障，而且东岸虽然被持续地轰炸过，却根本不能令人放心。这一点记者完全可以证实。一些炸弹击中了岸边的车辆和其他武器设备，燃起熊熊大火，几个小时不灭，冒出滚滚浓烟。

在枪林弹雨、炮声隆隆的两军鏖战中，最初指挥军队攻占大桥的威廉·霍奇准将继续充当此次战役的临时指挥官，在东岸昏暗的地窖里冷静地指挥他的士兵撕开敌军防线上的缺口。

德军的空袭被粉碎

今日晚些时候，一个由 11 架战斗机组成的德军特殊战斗机中队孤注一掷，企图对连接美军在莱茵河两岸的阵地的雷玛根大桥实施轰炸。然而，它还没有抵达目标就遭到美国的“雷电”战斗机中队阻截。

这个德军战斗机中队有11架飞机，其中6架为携带“重磅炸弹”的“梅塞施密特109”战斗机，另外5架“福克—沃尔夫190”飞机为护航飞机。“雷电”战斗机在林茨镇上空拦截了这个飞机中队。双方在空中激烈打斗，两架德国飞机被击落，其他飞机被迫丢弃炸弹，匆匆逃回德国境内。

美军也损失了两架轰炸机，但是对考特尼·霍奇斯中将的美国第一集团军的部队顺利渡河至关重要的这座桥梁完好无损。

来自宾夕法尼亚州伊利市的诺尔曼·古尔德中尉击落了敌军一架携带炸弹的“梅塞施密特”飞机，另外两架“雷电”战斗机击落了一架护航的“福克—沃尔夫”飞机。另有一架“梅塞施密特”飞机被击伤。

美军大炮误伤己方战斗机

每天大约有100架美国战斗机在桥头堡上空全天候来回巡逻。这些飞机必须勇敢地面对美军和敌军的防空炮弹，以及一片浓密的云层——如天花板般的云层在2500英尺的高空笼罩着这片区域。美军大炮聚集在大桥周围，只要一有飞机飞过，就会马上发射防空炮弹，根本没时间确定飞机是敌方还是我方的。

雷·韦特莫尔上尉来自加利福尼亚州科曼市，是第八航空军的王牌飞行员之一。美军大炮的炮弹打中了他驾驶的飞机，他被迫紧急迫降，侥幸脱险。

其时，韦特莫尔上尉的飞机被高射炮击中并起火，飞机液压系统失灵。韦特莫尔上尉成功地以机腹着陆，并通过无线电报告自己未受伤。

韦特莫尔上尉保持着在空中格斗中击落21架德军飞机的纪录。此外，他还摧毁了两架地面上的飞机。

1945年3月，美国第一集团军的坦克驶过德国莱茵河上的雷玛根大桥的东端。与此同时，美国步兵向前推进，巩固和扩大莱茵河东岸的桥头堡。

1945年/3月11日

东京大火熏黑B-29飞机机身

飞机上的记者报道称，烟尘直达在高空的飞机

《波士顿环球报》通讯记者马丁·谢里丹为盟军联合通讯社所做的报道

【东京上空3月10日电】我不仅可以看到东京有多处正在燃起熊熊大火，还可以闻到燃烧的味道。巨大的烟柱直冲城市高空。火势如此猛烈，以至于这架“超级堡垒”轰炸机底部的炸弹舱门和炸弹舱都被烟灰熏得漆黑。

今日早些时候，300多架“超级堡垒”轰炸机从马里亚纳群岛美军基地起飞，在空中形成了最为强大的“超级堡垒”轰炸机编队，火速飞往日本首都。记者乘坐的轰炸机就是其中的一架。

我们的领航员根本不需要引导，飞机径直飞向东京，因为我们前方就是其他轰炸机。距离东京40英里时，我们就可以看到冲天的红色火光，燃烧已经开始了。

一抵达日本主岛，我们就看到前往东京的路上散布着成串的小火光。这些火堆可能是日本人自己点起的，是他们声东击西的诡计。

与之前机组编队保持方阵的策略不同，进入日本主岛后，“超级堡垒”轰炸机开始单独飞进该区域。

在东京外围，我们的飞机穿行于高空浓密的烟火。飞机里都充满了浓烟，闻起来就像是置身于长时间燃烧的建筑物中。

满目疮痍

突然云幕出现一个开口，穿过开口，东京就在眼前。

眼前遍地断壁残垣、满目疮痍的景象，是我从来没有看到过的，也是我从来没有体验过的。

大火吞噬着好几个街区群的区域，火光冲天，如同白昼。此外，在滨海地区有数以百计的“火堆”在肆虐，这个区域是世界上人口最为稠密的地方。

火势之猛可以从飞机飞抵东京上空时所遇到的强烈气流感受到。我们这架飞机名为“补丁”，在其鼻端画有一个半裸体人像。飞机瞬间就被气流往上推了2000英尺。机组成员都被弹离了座位，好几个人头部重重撞上飞机顶部，幸好有头盔保护才没有受伤。

来自犹他州奥格登市的沃尔特·托德少校，是我们这架飞机的行动长官和机长。他以为飞机是被防空炮弹击中了，但快速检查后发现飞机状况良好。

片刻之后，来自纽约州布法罗市的领航员李·赞密安斯基少尉高喊：“三、二、一、放！”话音刚落，来自伊利诺伊州奥罗拉市的投弹员托马斯·莫斯少尉就向目标区域投下了一枚枚炸“蛋”。

探照灯瞄准飞机

我不是战斗人员，所做的贡献仅仅是投下了一个布朗啤酒瓶，当然是空的。好几次，多盏探照灯射向飞机，但是我们没有看到拦截机，只看见了零星的防空炮弹爆炸。

我们确实目睹了这个城市被炸得粉碎，日本人需要非常高效的消防队才能把大火扑灭。

在这次夜晚飞行中，飞机几度穿越猛烈的风暴。穿过风暴后，空中到处都是其他轰炸机的灯光。

飞行途中我们一度非常接近硫黄列岛北面的母岛，日本人的探照灯扫射着天空。

子夜时分，来自芝加哥的飞行工程师李察·梅特卡夫少尉推出一个手推车，里面装着三明治、一些橙子和几罐柚子汁。

机舱的氛围变得热闹非凡。机组成员谈论着各种“美国本土”故事，描述着轰炸机上一种能给食物保温的设备，讲着美味佳肴的故事。“这在太平洋战斗中绝对不可能出现。”他们说。

汽油供应之忧

来自得克萨斯州休斯敦市的飞机指挥官列昂·巴拉德在21个月前晋升为少尉。来自爱达荷州布莱克富特镇的副驾驶梅尔文·巴尼斯少尉已经有15个月没有晋升。投弹员莫斯“冻结”在少尉这个军衔上长达 16 个月。飞行工程师梅特卡夫有 19 个月没有获得晋升，赞密安斯基少尉有 17 个月没有被提升。

其他机组成员包括：来自伊利诺伊州芝加哥市的弗兰克·吉什三级军士长、得克萨斯州史密斯维尔镇的埃尔莫·霍奇斯上士、出生地不详的约瑟夫·凯利中士，以及来自俄克拉何马州萨帕尔帕市的爱默生·伯克下士。

在空军基地里，他们与同伴睡在匡西特活动房屋和帐篷里的简陋小床上，吃着平淡无奇的食物，却毫无怨言地执行美国空军最艰巨的任务。他们已经驾驶着“超级堡垒”轰炸机执行了 12 次任务。

他们曾在恶劣的天气中飞行，没有战斗机护航，也没有完整的气象和导航设备。今天早上我目睹他们在完全陌生的环境下执行任务，但是他们依然保持着最佳状态。

轰炸目标的任务完成后，剩下的最大担心是，如何让汽油支撑到飞完 3300 英里以上的往返里程，哪怕遭遇多强的逆风或者风暴。

在飞行中，最困难的工作是领航员的任务。他需要每时每刻操纵着各种仪表，读各种图表。他的计算精确无误，我又可以看到塞班岛。东京之后，塞班岛显得格外美丽。

1945 年/3 月 17 日

三师把敌人彻底割裂

装甲部队切断敌方部队之间的联系——其他部队在萨尔攻击敌军的侧翼

德鲁·米德尔顿
通过无线电发回《纽约时报》的报道

【巴黎 3 月 16 日电】抢夺富饶的萨尔盆地的战斗还没有完全展开，美军就已经赢得胜利。根据来自前线的报道，乔治·巴顿中将指挥的美国第三集团军的第四装甲师从摩泽尔河迅速穿越西梅尔恩，此地距离莱茵河岸的宾根只有 16 英里。与此同时，第三集团军的其他部队已沿萨尔河转向德军的防御右翼，而正面作战的美国第七集团军在 60 英里的前线上，进攻德军的防御阵地，取得了相当可观的战果。

巴顿将军和美国第一集团军指挥官考特尼·霍奇斯中将所制定的向摩泽尔河北面推进的战略，被巴顿将军和美国第七集团军指挥官亚历山大·帕奇中将在该河南岸完美实施。盟军空军报告说，德军正从由科布伦茨、美因茨、卡尔斯鲁厄和梅尔齐希四地围成的大四边形区域向莱茵河东部撤离。

威廉恺撒的雕像被炸碎

科布伦茨位于摩泽尔河和莱茵河的交汇处，再有 1 小时就会被攻克。今日凌晨 3 点，巴顿将军率领大军从科布伦茨南面 6 英里处渡过摩泽尔河。向德国驻军播出直白的“要么投降，要么死亡”的最后通牒后，第三集团军的大炮向这座城市发射了 5000 枚炮弹。根据来自前线的报道，该城 75% 的区域被炸毁。其中一枚炮弹把著名的威廉一世雕像炸成碎片。这座雕像是德意志帝国军国主义的象征。

1945 年，德国科布伦茨，德军医务人员向美军投降。

然而与美军在整个区域取得的伟大胜利相比，科布伦茨仅仅是一个小小的奖励而已。德军可能还会采取一些激烈的防御行动，但巴顿将军的装甲部队已经制定了应对的战术。现在德军要么滚出萨尔河流域，向莱茵河东部撤退，要么被包围并被彻底摧毁。

在前线的其他区域，最重要的新闻是美国第一集团军的部队在雷玛根桥头堡向北插入。其左翼进入克尼格斯温特尔，在中心穿过高速公路，使后来的军队可以进入延伸至北部的广袤平原的边缘。目前霍奇斯将军的军队顶着德军的顽强抵抗，正在扩展桥头堡，以便发动真正具有毁灭性的进攻。

比奇被轻易攻占

比奇据点长期阻挡着美军迈向萨尔盆地东缘的进程。攻占比奇是今天第七集团军在战线上取得的杰出成就。根据来自前线的报道，第一百步兵师没有经过太多战斗就拿下了这个据点，在城中只发现了 58 名德国士兵。

显然，美军尚未出兵夺取萨尔布吕肯。在这一区域，美军的行动集中在费斯科根周围。在那里，第六十三步兵师扫清了萨尔布吕肯东南 4 英里处的小镇，并向北前进了几千码。

哈伯科沉被扫清，部队向北推进 2 英里，进入佩贝尔斯海姆。昨日第六十三步兵师的其他队伍进入恩斯海姆，扫清了奥摩尔斯海姆西南的森林区域。

现在，战线最前端距离萨尔布吕肯只有 2 英里。巡逻队已经向前推进，距离该镇不到 1000 码。

第三章

3
chapter

德军全线投降

1945 年 4—5 月

虽然并非出乎意料，欧洲战争的终结还是来得非常突然。富兰克林·罗斯福总统为了这一伟大的成就付出了巨大的努力，然而他却无法亲眼见证胜利最终来临的时刻。1945 年 4 月 12 日下午 3 点 30 分，总统在下榻的佐治亚州水疗温泉镇里，突发脑溢血去世，享年 63 岁。当时他正坐在椅子上，一名艺术家正在为他画一幅肖像画，才在打底子，他突然倒了下去。不久后，他失去了知觉，再也没有醒过来，直到去世。

这一消息震惊了全体同盟国家。《纽约时报》以庄重而简朴的语言报道了这个消息，引述了罗斯福总统的临终之言："我的头很疼。"哈里·S. 杜鲁门副总统在向首席大法官哈伦·斯通做就职宣誓时，使用的就是白宫里罗斯福总统的《圣经》。首席大法官背诵了誓词。世界各地也以各种形式进行悼念，莫斯科的苏联国旗被围上黑边，以示哀悼。

唯有柏林欢呼雀跃。隐匿在首都的希特勒和戈培尔认为这可能预示着德国命不该绝，现在有机会打破斯大林与西方列强的联盟了。然而，这只不过是幻想，因为盟军将在几天内攻克德国。

杜鲁门发表的第一个声明就是保证美国的外交政策保持不变。一周之后，噩耗再次传来，在太平洋伊江岛上的通讯记者厄尼·派尔不幸离世。当时派尔正在岛上对美军的行动进行采访，日本狙击手的机关枪扫射击中了他。杜鲁门只好又一次致悼词，这次他所要哀悼的是一名"用美军士兵所希望的方式"向世界报道美军士兵的事迹的人。

4 月 21 日，西部战线上，鲁尔包围圈内被困的德军投降。4 月 16 日苏军进攻柏林的战役打响。5 月 2 日，柏林的德军投降，苏军终于攻陷德国首都。4 月 25 日考特尼・霍奇斯上将率领美国第一集团军与科涅夫元帅率领的乌克兰第一方面军，在易北河畔的托尔高附近会师。接下来的两周，包围圈中仅存的德军的抵抗被瓦解。集中营被解放，盟军一直奋力要摧毁的可怕的德国集中营系统终于完全暴露在进攻军队面前。据报道，估计有 400 万人死于奥斯威辛集中营。在巴伐利亚的达豪集中营里，解放该集中营的美国部队因无法忍受集中营的惨景而克制不住杀死德军警卫。

亚平宁半岛上漫长而艰难的两军对垒，由于轴心国的突然崩溃而结束。意大利的盟军指挥官哈罗德・亚历山大将军重新集结部队，于 4 月 9 日发动了最后的进攻，在意大利游击队的帮助之下，在 3 周内击溃了轴心国部队残存的抵抗。抢在盟军部队推进前，意大利游击队想让世人看到，他们已经解放了自己的城市。5 月 2 日，所有轴心国部队投降。轴心国的最终崩溃使欧洲的法西斯独裁者暴毙而终。4 月 28 日，墨索里尼连同他的情妇克拉拉・佩塔西，以及其他法西斯领导人试图逃往瑞士，但途中被游击队抓获，经过简单的审判，就被即刻处决。他们的尸体被运到米兰的洛雷托广场，绑住双脚倒挂在广场上。《纽约时报》记者米尔顿・布拉克目睹当地民众用脚踢、用鞭子抽这些尸体。一个意大利摄影师还拍下了照片，寄到《纽约时报》驻瑞士的办事处。通过新发明的无线电传真，这些照片被从日内瓦发往纽约。它们马上被发表，成为战争结束期的重大独家新闻之一。

希特勒和他的情人爱娃・布劳恩在 4 月 28 日仓促成婚，4 月 30 日两人在希特勒的柏林地堡里自杀。5 月 4 日，虽然苏军官员宣称没有找到二人的尸体，但是盟军所掌握的证据对世界其他地区的民众来说已经是最好的消息了。《希特勒已死，美军深感欣慰》成为《纽约时报》的头条新闻。5 月 7 日，德军在法国兰斯市的一座校舍中向艾森豪威尔将军无条件投降。斯大林希望在柏林举行受降仪式，于是 5 月 8 日第二份投降文件在柏林签署。这一天，美国民众和英国民众热烈地庆祝欧洲战场的胜利。在纽约，《纽约时报》的电子布告牌上打出一条消息："欧洲的战争结束了。"

1945 年 4 月 1 日

美英两国断然拒绝莫斯科方面关于波兰卢布林政府的提议

伯特仑·D. 许伦
发回《纽约时报》的特别报道

【华盛顿 3 月 31 日电】苏联提出邀请其支持的在华沙的卢布林临时政府出席联合国家将在旧金山举行的全球安全会议，遭美英两国拒绝。

今日国务院透露，美国与英国一起拒绝了苏联的这项提议，坚持雅尔塔会议所决定的立场，要求华沙政府接纳更多的民主政治团体，成立新政府，扩大其根基。

被问及此事时，国务院发言人说，美国政府希望波兰根据克里米亚会议的决议，及时组建新的波兰民族团结临时政府，唯此方可派代表团参加旧金山会议。

然而，发言人补充说，根据当前组建波兰新政府的磋商情况，美国不同意向目前在华沙执政的临时政府发出邀请函。根据克里米亚的协定，新波兰政府应该在更广泛的民主的基础上组建，只有容纳波兰本土政府及海外流亡政府的民主领导人，新政府才能获得承认。

将我方立场告知苏联政府

我国政府在收到苏联的提议后，把基于这些原则的立场告知苏联政府。据了解，我国政府在向莫斯科方面发送此答复前，征求了英国政府的意见。

斯大林主席在雅尔塔会议上同意组建更广泛的、包容许多波兰政治团体的波兰新政府时，人们觉得他向美英政府及这些波兰政治团体做出了重大让步，而且是出于善意的。

正是基于此精神，克里米亚会议后，关于组建具有全面代表性的、民主的波兰新政府的讨论马上在莫斯科展开，然而谈判因所谓程序细节而陷入僵局，没有取得任何进展。

据称，正是在这些情况下，随着旧金山会议的召开一天天临近，斯大林才提议邀请卢布林政府出席旧金山会议。

此前美国就曾拒绝流亡于伦敦的波兰政府提出的出席旧金山会议的请求，虽然美国政府和英国政府仍旧承认该政府。

我们的立场是计划由波兰新政府出席此次会议。我们觉得接受目前的卢布林政府将意味着破坏雅尔塔会议上做出的关于波兰的协定。

1945 年 / 4 月 2 日

同盟国决定，纳粹国家元首必须因战争罪行受到惩罚
联合国家委员会将希特勒置于 5 份战犯名单中的第一份之首；将不接受以“执行上级命令”为由的免责请求

克利夫顿・丹尼尔
通过电报发回《纽约时报》的报道

【伦敦 4 月 1 日电】联合国家战争罪行委员会今天宣布，阿道夫・希特勒的名字位列 5 份战犯名单之首，而且轴心国政府领导人将不能免于战争罪的起诉。

另一份名单罗列的全部是日本战犯。重庆分委员会正在准备另一份日本战犯嫌疑人名单。

委员会报告称，随着盟军部队向前挺进，资讯沟通越来越流畅，来自各国战争罪行办公室送来的战争罪行案件的数量持续上升。委员会在宣布“诸如希特勒等战争要犯”的第一份名单时，以官方的身份公开驳斥了关于政治人物不会像其下属一样被视为罪犯的说法。

该声明提到：“在早先的工作中，委员会已经认定国家首脑不会拥有豁免权。并且已经决定，以‘执行上级命令’为由的免责请求不构成解除战争罪行的正当理由。”后一个问题一直是如何对待战争罪犯的争论的焦点。据报道，关

于国家首脑是否应被当作普通战犯送交审判的争论，导致委员会美国代表赫伯特·佩尔辞职。

委员会同时还指出，根据惩罚战争罪犯的《莫斯科宣言》，如何处置战争重犯将有待未来决定。罪行较轻的罪犯将被押至其实施犯罪的国家，由各国法院进行审判。

除希特勒以外，委员会并没有透露名单上的战犯的姓名，原因是宣布名单上的姓名会让被通缉者提前逃匿。但是他们的名字日后会被公之于众。

第一份名单是德国战犯名单；第二份是意大利战犯名单；第三份还是德国战犯名单；第四份是日本战犯名单；第五份包括阿尔巴尼亚、保加利亚、匈牙利和罗马尼亚等国的战犯的名单。委员会正在准备另一份名单，准备好的名单将发至委员会的 16 个成员国。

1945 年／4 月 6 日

日本的危机致小矶内阁下台

裕仁天皇委任著名的“温和派”海军大将铃木组建政府

美联社报道，据美国联邦通讯委员会记录的东京的电台的声明，由于饱受军事失败和国内不断加剧的批判风暴的打击，首相小矶国昭的内阁昨日集体辞职。裕仁天皇委派政界元老、海军大将铃木贯太郎男爵组建日本第三届战时政府。

东京方面声称，由于当前“严峻的形势”，小矶首相及其内阁成员被迫下台。日本求助于 77 岁高龄的退休公职人员、枢密院议长铃木。铃木在战前一直被视为“温和派”，而且一直被认为反对日本极端军事派的征服计划。

随后，日本同盟通讯社报道，周五早晨（日本时间），铃木在他的东京官邸成立了“内阁总部”，开始着手组建新内阁的工作。

同盟通讯社报道称，上午 8 点日本前首相、海军大将冈田启介到铃木官邸拜访。报道称，一个半小时后，即上午 9 点 40 分，军令部总长、海军大将及川古志郎与新首相会面。已辞去小矶内阁陆军大臣职务的陆军元帅杉山元呼吁铃木“就重大事项举行会商”。

自小矶在近 9 个月前从首相东条英机将军手里接管政府以来，一直如梦魇般地被日本遭受的陆地和海上的军事失败困扰，这些失败加速了他的政府的垮台。

“鉴于严峻的形势，内阁决定全体辞职，为更加强大的执政政府让路。”宣布内阁下台的东京方面的公报声称，“今日小矶首相已把内阁集体辞职函呈交天皇”。

密切关注日本动态的人士预测，下一届政府将会是一个“温和”的政府，可能会试探性地向美国及其盟国发出和平的信号。

1936 年，铃木在一次日本年轻军官的叛乱事件中受伤。自此之后，他一直处于退休状态。

小矶曾经承诺要组建一个新的“确保胜利”的政治派别，这个新派别将包括日本的所有领导人物。正是这一承诺一度使小矶政府免于垮台，而他的诺言上周才刚刚得以实现。小矶政府的垮台正值日本的战争形势最严峻的时刻。

美军已在火山列岛取得了稳固的立足点，距离东京仅有 750 英里，距琉球群岛的冲绳岛更近。由于美国的空袭，曾经极为强大的日本帝国舰队的残余力量现在被迫龟缩于本国的水域。

1945 年／4 月 7 日

联合国家善后救济总署称欧洲遭流行病威胁

报告称病患人数持续上升，伤寒“极其危险”

发回《纽约时报》的特别报道

【华盛顿 4 月 6 日电】联合国家善后救济总署卫生局发布的一份报告宣称，尽管到目前为止，这场战争还没有出现灾难性的流行病，然而欧洲的局势使其容易出现流行病。

这份由流行病学讯息服务主管克努德·司徒曼签署的报告称，没有发生真正的灾难性疾病，可能要归功于战前大部分疾病的流行水平比较低，以及预防医学的进步。

然而，这份报告警告说，由于许多国家的民众疲惫不堪、十分虚弱，且难民的流动增大，民事管理多变，所以爆发流行病的“可能性很大”。

报告说：“虱传斑疹伤寒就是欧洲面临的直接而严重的危险。”在一些地区，这一疾病已经发展成严重的流行病；在欧洲大陆，白喉也已成为“战争时期的主要疾病”，而且脊髓灰质炎、痢疾、肺结核、疟疾、梅毒等疾病的发病率，也在持续升高。

报告称这场战争的“新”疾病是流行性黄疸，并补充说：

“在马耳他的驻军及一些德军队伍中出现了这一流行病，但是并没有引起关注。据推测，由于偶然的原因，这一疾病通过军事行动蔓延开来，并向利比亚沙漠至北角地区的平民百姓传播。

“其实这一疾病并非新疾病，在第一次世界大战中就已为人所知，有时候人们会把它混同为威尔氏症。在许多国家的平民中也发现了这一疾病，但是人们从来不认为它会演变为真正的流行病。

“但是流行性黄疸的确具有非常高的传染性，而且可以大范围传播。由于其潜藏的危害尚不可知，而且目前尚无疗法应对它，因此我们需要对它高度重视。”

流行性黄疸的致死率为 1‰—1%，到目前为止还不是很高。

报告称：“在法国、比利时、荷兰、德国、奥地利、捷克斯洛伐克和匈牙利等国，肺结核发病人数激增，其中很多地区的发病率已经翻倍。在这些国家中，荷兰无疑是受这一疾病影响最严重的国家。意大利的情况可能会变得比以往任何时候都糟糕，而波兰则面临着前所未有的灾难。”

报告结尾时指出：“从某些方面来说，今后的疫情会比 1918 年严重。因为与第一次世界大战相比，在此次战争中，楼房被毁、民众被迁移的情况更为普遍。不过从另一面来讲，1939 年战争开始时，疾病的流行水平比 1914 年低，而且现在有更好的办法来应对许多重大传染病。”

伦敦地区，一辆给儿童接种白喉疫苗的医疗车。

1945 年／4 月 9 日

3 个师的军队攻陷德意志帝国的“死亡集中营”

4000 人在种族灭绝中心被杀害

【美联社随美国第三集团军 4 月 8 日电】第四装甲师攻陷了一个德国的可怕的灭绝中心。据在押犹太人介绍，过去 8 个月，在这个中心里，被德军饿死、用棍棒打死或烧死的欧洲战俘超过 4000 人。4 月 4 日，美军夺取了哥达南面 9 英里处的奥尔德鲁夫附近的集中营。

威廉·霍奇准将的坦克手发现了 77 具受害者的尸体。据在押犹太人称，这些受害者是在美军到来的前一天，即 4 月 2 日被杀害的。他们还说，在这些受害者中还有 1 名波兰裔美籍飞行员，他颈部中枪而亡。

距集中营 2 英里的一个简陋的林地火葬场里，还发现了其他受害者的骨灰和残肢。（路透社的一则电讯称，火葬场由多根铁轨搭成，铁轨下面是一个巨大的坑。有 10 具烧焦的尸体还堆在架子上，下面的大坑里火还没有熄。大坑里是厚厚的人骨灰。合众社报道，据幸存的在押犹太人说，约有 2000 名俘虏被埋在距集中营 1 英里的一个巨大的坑里。）

被解救的 80 名在押者说，看管这个集中营的德国党卫军部队杀害的人包括波兰人、捷克人、苏联人、比利时人、法国人、德国犹太人和德国政治犯。

镇长自杀

夺取奥尔德鲁夫镇的第四装甲师 A 战斗群指挥官，来自波士顿的海登·西尔斯上校带着该镇 28 名德国平民去察看集中营。所有人都称自己对集中营发生的一切毫不知情。昨天在类似的察看后，镇长和他的妻子被发现割腕而死——显然是自杀的。

美国士兵和幸存者察看奥尔德鲁夫集中营的最后一批受害者。

藏在树林里，后被解救的被囚者说，最后一批受害者有 150 人，是在第四装甲师抵达前 24 小时内被处决的，尸体被放在棚里或被遗弃在他们倒下的地方。

被控诉“不人道的待遇”

【美联社随美国第七集团军 4 月 8 日电】在德国可怕的格罗尔斯泰因和哈默尔堡战俘营，侥幸存活的两名美军中尉在第四次尝试越狱时成功逃脱，并于今日到达美因河东面的美军前线。他们表示，自己在俘获者手中遭受了“极为不人道的待遇”。

其中一人很年轻，是西点军校 1943 年的毕业生，另一位是来自弗吉尼亚州阿灵顿的年轻军官。由于美军逼近旧战俘营，他们被逼着向纽伦堡的新战俘营转移。在转移过程中，他们摆脱警卫，得以逃脱。

在他们逃往美军前线的途中，来自法国的奴隶劳工给了他们食物。西点军校毕业生在描述他的遭遇时，用严厉的言辞强调自己所遭受的是“极为不人道”的对待，而且他渴望回到前线，“去杀德国人，为我们同胞所遭受的一切报仇”。

以包裹作为贿赂

“德国人甚至企图用红十字包裹来收买我们开口——先让我们拿不到这些包裹，然后给我们提供部分包裹中的物品，来让我们开口。在我去过的所有监狱中，没有任何美国军官或者士兵向他们开口。

“德国人把我单独关了 13 天，要我告诉他们我的身份。他们想知道我父亲的身份，以及他所在的部队。他们有我父亲所在部队的全部消息，但我什么也不说。我的体重减少了 40 磅。”另外那名中尉说他的体重也减少了 30 磅。我们不能透露这两位中尉的姓名。

逃回的中尉说：“这是我一生中最快乐的一天，但我们永远也不会忘记在战俘营中的那段恐怖经历。格罗尔斯泰因战俘营是人类可耻的印迹，将会因此载入史册。”

另外那名中尉说：“我们身上所留下的烧伤疤痕正是躺在医院里的受伤的在押人员无法得到治疗的证据。”他俩说，伤口只用纸质绷带进行处理，没有使用抗脓素等任何药物。

1945 年/4 月 13 日

罗斯福总统与世长辞
最后的话：“我的头很疼。”

美联社

【佐治亚州水疗温泉镇 4 月 12 日电】富兰克林·罗斯福总统临终的最后一句话是：“我的头很疼。”

这句话是他对海军军医霍华德·布鲁恩中校说的。

罗斯福总统突发大面积脑溢血时，正坐在松山顶上小白宫里的壁炉前。

总统的黑人男仆阿瑟·普雷蒂曼和菲律宾裔勤务员把他扶到床上。在生命的尽头，他一直处于昏迷状态。他离开了我们，没有遭受任何痛苦。

布鲁恩医生说他今天早上 9 点 30 分看到总统时，他还精神极佳。

布鲁恩医生还说：“下午 1 点，他坐在椅子上，一名艺术家正在为他画素描。他突然说他的头枕部位感觉很疼。

“短短几分钟之后，他就失去了意识。15 分钟后，也就是下午 1 点 30 分，我给他做了诊察。

“他再也没有恢复意识，并于下午 3 点 35 分（佐治亚州时间）与世长辞。”

曾需要增加体重

3 月 30 日，罗斯福总统抵达水疗温泉镇。他一直体重过低。他的医生建议他多休息，希望能通过比较舒服的方式，让他增加一些体重。

在过去的几天内，一直有谣言传出，说总统总是不太遵守医嘱。

上星期四他还会见了记者，当时菲律宾自由邦总统塞尔吉奥·奥斯米纳也在场。他告诉记者，希望在秋天给予菲律宾完全的独立权。

罗斯福总统还介绍了他雄心勃勃的战后规划，称美国将参与西太平洋地区的管理，进一步预防日本的侵略。

他说，美国及其他联合国家必须接受对属于日本委任统治地的岛屿进行托管，建立新的海军和空军基地，在菲律宾自由邦成为独立国家后，帮助其重建经济。

报道被扣住

出于安全方面的考虑，此次新闻发布会的相关报道一直被扣而不发，要等到罗斯福总统回到华盛顿后才能被刊发。

总统原打算在此地再待上一个星期，然后返回首都。在首都只停留一天，就乘火车赶往旧金山，主持国际组织联合国家大会的开幕式。

4 个多月以来，这是罗斯福总统第二次在此地停留。1944 年 11 月至 12 月，他在这里待了 19 天。

近日，白宫的记者们已经注意到他脸色苍白，这曾在记者中引起了普遍的讨论。

在最近几个月里，罗斯福总统的声音也变得虚弱，并且答记者问时还经常要求记者重复一遍问题。

总统身边的人称，这是窦道破裂引起咽喉轻微收缩的结果。

总统去世的消息是在脊髓灰质炎治疗基地的中心宣布的。这个占地 2000 英亩的基地是总统在 20 多年前协助建立起来的，那时他的纽约州州长第一任期尚未开始。

1945 年 / 4 月 13 日

富兰克林·德拉诺·罗斯福在水疗温泉镇突然离世

亚瑟·克洛克
发回《纽约时报》的特别报道

【华盛顿 4 月 12 日电】美国战时总统富兰克林·德拉诺·罗斯福，也是美国历史上唯一连任超过两届的国家元首，于今天下午 4 点 35 分突然在佐治亚州水疗温泉镇去世，享年63岁。下午5点48分，白宫方面公布了总统辞世的消息。

因突发脑溢血，总统在其辉煌的第四任期的第八十三天零一小时后，先是不省人事，而后与世长辞。离世时，他作为最高统帅所领导的美国陆军和海军舰队已分别兵临柏林城下，驶入日本列岛的海岸，他肩负的重任和引领的事业正进入收官阶段。

官方消息发布不到 2 小时后，来自密苏里州的副总统哈里·S. 杜鲁门宣誓就任美国第 32 届总统。宣誓仪式在白宫举行，历时 1 分钟，由美国首席大法官哈伦·斯通主持。随后杜鲁门总统立即宣布，要求罗斯福总统的内阁留任，而且他已经授权国务卿小爱德华·斯特蒂纽斯继续执行在旧金山召开国际组织联合国家大会的计划。该大会计划于 4 月 25 日举行。有报道称，杜鲁门总统在某种程度上倾向于联合组阁，但这一消息未得到证实。

丧礼定于明天下午举行

据白宫透露，罗斯福总统的丧礼将于周六下午 4 点（东部战争时间）在白宫东厅举行。圣公会华盛顿教区的安格斯·邓恩主教、华盛顿圣多马教堂的霍华德·威尔金森牧师、华盛顿圣约翰教堂的约翰·麦基牧师将主持丧礼。

罗斯福总统的遗体将于周日在纽约州海德公园下葬，仪式将由圣雅各教堂的乔治·安东尼牧师主持。下葬仪式的具体时间尚未确定。

白宫新闻秘书乔纳森·丹尼尔斯说，将不安排公众瞻仰罗斯福总统的遗体。他补充说，考虑到东厅的空间有限，只能容纳约 200 人，出席丧礼的人只限于政府高级官员、参众议员的代表、外国使节以及亲朋好友。

杜鲁门总统在他的首份官方声明中承诺将继续作战，直至胜利。白宫新闻秘书乔纳森·丹尼尔斯在白宫宣读了总统的声明：

“各国人民可以放心，我们将继续在东西两条战线上继续战斗，全力以赴，直至胜利。”

总统逝世的消息震惊首都

总统逝世的消息对首都造成了巨大的影响。尽管谣言及罗斯福外表和举止的显著变化，使得许多民众为他的健康状况焦虑不已，而且关于总统去世对国家和全球形势的影响的猜测与日俱增，但这一事实还是让美国政府和民众极为震惊。

然而，总统逝世后不久，美国政府确定新的掌舵人前，已故总统的“首席内阁大臣”斯特蒂纽斯抵达白宫，并马上召集“内阁”成员开会。杜鲁门是除罗斯福家人及与罗斯福总统亲厚的官员外第一批被召集的人之一。他脸色灰白，憔悴而沮丧，接到通知后，从国会大厦匆匆赶来。

得知总统去世的消息，总统夫人经过初刻的震惊后，立刻鼓励整个美国政府振作起来。她给 4 个正在服役的儿子发去电报：

“他一直履行自己的职责，直到生命的尽头，他希望你们也能如此。愿上帝保佑你们及我们所爱的人。妈妈。”

那些曾在和平时代与战争时代和已故总统并肩为国家服务的人都会以此为己任，国会各成员的发言也都体现了这种精神。那些在总统漫长而又充满争议的任职期间支持或反对过他的人们对此也毫无异议。所有的人都赞誉他是其所在年代的最伟大的领袖。

国会大厦降半旗致哀

总统辞世的消息一经确认，白宫马上降半旗——这是自沃伦·盖玛利尔·哈定去世以来，白宫第一次为自己主人的逝世致哀。1923 年 8 月 2 日，沃伦·盖玛利尔·哈定因肺炎引发心力衰竭在旧金山的皇宫酒店去世。下午 6 点 30 分，国会大厦降半旗。这两次降半旗体现了总统辞世对整个国家乃至全世界所造成的冲击。在此期间，这个消息传遍了整个首都，对总统充满敬仰之情的人们聚集到拉法耶特广场通往白宫的人行道上。当然，并非来示威游行。人群中，男人们纷纷脱下了帽子，不仅女人们泪痕满面，男人们也在流泪。在华盛顿，有些总统只博得人们不温不火的爱戴，有些总统被国人厌恶，但是在华盛顿民众心里，罗斯福总统有着极高的地位。

与已故总统颇有龃龉的美国国会成员们发表了对总统充满颂扬的言辞，再次证明总统生前给人们留下的非比寻常的印象，以及总统在全世界范围内所取得的无与伦比的崇高地位。其中，典型的例子是俄亥俄州的罗伯特·塔夫脱参议员的评论，他在政策上一直是总统的敌手。他称总统为“我们这个时代最伟大的人物”，在“事业的巅峰”离世，作为“战争英雄”而死去，“因为他名副其实地为服务于美国人民而奋斗到生命的最后一刻”。另一个经常批评总统的共和党人、密歇根州参议员阿瑟·范登伯格说，已故总统将“在美国以及世界各国的历史上留下不朽的印记”。

并非虚情假意的言辞

这些话并不是为了遵循“人死不言过”的规则而发出的虚情假意的言辞。罗斯福总统的政治对手竭尽所能要让他彻底退出政治舞台，回归个人生活。他们对总统超长任职的担心是真实的，而且随着总统任期的增加，这种忧虑与日俱增。但自从1944年总统赢得第四任期的胜利后，他们真心诚意地认为国家赋予了他战争与和平的使命，如果他能够获准继续完成这一伟大使命，对这个国家将是最佳的安排。他们把他的离世称为国家与世界的悲剧时，是发自肺腑的。

罗斯福总统逝世不到2小时，哈里·杜鲁门在最高法院首席大法官哈伦·斯通的主持下，宣誓就任美国总统。

然而，尽管他们在哀悼离世的总统，表达忧虑之情，但是已故总统的反对者与支持者，以及官员与助手，再次把他们的心思转到国家所面临的任务上来。没有人会说："向柏林和东京进军！"因为美国人不会如此戏剧性地表达。然而，这正是全体美国人的心声，也是杜鲁门总统在简朴的就职仪式后的所有举措的精神主旨。

当高官政要们为了这个庄严的目的聚集在杜鲁门身边时，仪式稍微延迟了一会儿，直到他的妻子和女儿到达后才正式开始。首席大法官手持罗斯福总统办公室的《圣经》背诵了誓词，新总统跟着复诵了就职誓词。之后他和夫人拜访了罗斯福夫人，然后，正如总统所言，他"回家睡觉去了"。

他身穿灰西装和白衬衫，打着波尔卡圆点领带。神色严肃，但嘴唇厚实，声音响亮。他通过厄尔利说，他的努力将会是"履行他所相信的罗斯福总统会完成的事业"。他还安排了明天与陆军、海军的参谋长会面。如同今天晚上他向诸位所做的承诺一样，他将向参谋长们保证他的目的是全力以赴地继续进行战斗，以便尽快地取得最后胜利。

1945 年/4 月 13 日

英国人痛悼罗斯福总统逝世
人们觉得失去了一个好友

克利夫顿·丹尼尔
发回《纽约时报》的特别报道

【伦敦 4 月 13 日电】今日整个英国为罗斯福总统哀悼，如同失去了自己优秀的儿子般悲痛。

那些在午夜以及之后听到此消息的人们满脸震惊、悲伤和恐惧。

丘吉尔首相为此深受打击，他和英国的民众都觉得失去了一个勇敢的好友。在未来的日子里，这个国家会缅怀罗斯福总统，表达对他的感激之情。的确，民众对他深怀感激。他们认为，不管在精神上，还是在现实中，总统都是他们的英雄。

最近几周，盟军的胜利带给英国人的巨大荣耀感，随着罗斯福总统的离世而消失得无影无踪。自 1942 年夏季盟军扭转战局以来，还没有哪件事能对这个国家的触动如此之大。

对三巨头的信任

总统离世的消息给伦敦带来的悲痛并不亚于珍珠港事件。自从珍珠港的灾难以来，英国民众把自己的信仰和信任全都托付在三巨头身上，而罗斯福总统正是三巨头的一员。

雅尔塔会议曾使民众满怀希望。与彼时相比，在过去的几周内，英国民众和政治家们备受疑虑困扰——特别是联合国家是否有能力确保未来的和平。

和以往一样，人们的目光开始投向三巨头，希望他们可以引领人们走出困境。失去罗斯福总统，最起码就目前而言，只会让人们更加忧心忡忡。

罗斯福总统已经计划在旧金山的世界大会上致辞。这个国家的许多人曾经盼望罗斯福总统会在此次致辞中，为国际组织大会注入新的灵感。现在很多人对这个组织的价值疑问重重。

昨天午夜前罗斯福总统去世的消息传至伦敦时，丘吉尔首相刚刚参加完将赴旧金山参加会议的英联邦代表团的晚餐会，回到唐宁街 10 号不久，还没有歇息。

唐宁街 10 号并没有马上发表声明，原因是首相一贯从公众的角度发表声明，而罗斯福总统则是他的私交好友。

毫无疑问，首相的官邸笼罩着深切的哀伤。

罗斯福总统广受欢迎

作为战争领袖和政治家，他的受欢迎度仅次于丘吉尔。民众饱含兴趣地倾听他的演讲或阅读其演讲稿。英国人民对他充满信任，把他当作受压迫人民的保卫者、美国强大的军事力量的领头人、筑造未来的建筑师。

在英国，许多人都有一个朴实的共同愿望——希望战争结束时，能在英国看到这位美国总统。毋庸置疑，他会受到前所未有的热烈欢迎。

虽然在这场战争的进程中，英国人与他们的美国盟友曾经发生小口角，然而英国人民始终坚信，美国总统一直是他们的朋友。

今夜，他们回忆起1940年夏季，英国面临德军大举进犯而毫无准备的关头，正是他为英国士兵和英国国民军成员送去武器以保卫英伦三岛。

美国出台《租借法案》，使得总统受到英国民众最崇高的爱戴。英国苦苦挣扎着恢复力量的最黑暗时期，美国实施的《租借法案》让英国不再忍饥挨饿，得到庇护。

斗志衰减

总统逝世的消息不仅使英国的斗志衰减，而且也影响到英国对未来的期望。人们严重依赖罗斯福总统，依赖他作为国际谈判高手的技巧。这种技巧经常在他与丘吉尔和斯大林的会面中得到体现。人们希望他能够帮助全世界度过重建秩序的痛苦过程。

回想这个奇迹——一个和平的国家几乎在一夜之间被他变成一个伟大的“民主国家的兵工厂”，英国人民希望这个天才也能够帮助饱受战争蹂躏的世界走出混乱，为未来的世界和平带来秩序和保证。

英国民众不了解杜鲁门总统。而罗斯福总统他们不仅了解，还通过对罗斯福总统直呼其名的丘吉尔首相，觉得自己与他之间还存在一份私人友谊。

1945年/4月13日

消息震惊前线将士

【理查德·约翰斯顿《纽约时报》随美国第七集团军4月13日电】今天早些时候，罗斯福总统逝世的消息传到战争前线，将士们感到无比震惊，同时也产生了深切的忧虑。前线的美国部队表示，对美国在和平谈判桌上的实力感到担忧。有些将士通过无线电收音机得知总统辞世的惊人消息，然后口口相传，消息传遍了整个部队。得知这个消息的将士都觉得难以置信。

“这真是一个巨大的悲剧，它会让和平会议的力量平衡产生新倾斜。”来自加利福尼亚圣安娜的乔治·马克尔中士说。

来自圣路易斯的伊萨瑞尔·高尔德博格下士表示难以置信：“我真的无法相信。国内的人对此有所准备吗？有人告诉过他们这件事吗？”

“我们已经胜利在望了，这个时候发生这样的事情真是太糟糕了。”来自南达科他州的罗伯特·威德特下士说。

来自布鲁克林的一等兵约翰·林奇称：“我真是无法相信会发生这样的事情。罗斯福总统对于我们来说是何等重要，我对他的离世感到难以置信。”

在伦敦的美国士兵读到罗斯福总统的死讯。

【《纽约时报》关岛 4 月 13 日电】总统在水疗温泉镇突然离世的消息传到太平洋舰队位于关岛的前线指挥部，将士们沉浸在深深的哀伤中。

舰队将士们知道自己失去的不仅是最高统帅，更是一位好朋友——因为富兰克林·罗斯福从年轻时起，就一直对海军极为关切。

当海军军官从通讯记者那里听到这个消息时，几乎都不敢相信。通讯记者是在收听收音机里的陆军简明新闻时听到这个消息的。

几乎所有人听到消息一刹那的反应都是：“天呐！”除此之外，他们说不出任何话来。

本来预计 1945 年夏天总统将到太平洋战区进行视察，这是总统的定期战况视察中的一站。

1945 年
4 月 14 日

命令外交政策"保持不变"

总统承诺政策的连续性不会中断

詹姆斯・B. 赖斯顿
发回《纽约时报》的特别报道

【华盛顿4月13日电】今天，杜鲁门总统授权国务卿斯特蒂纽斯发布声明："美国政府的目标保持不变，外交政策的连续性也不会中断。"

罗斯福总统去世后不到24小时，美国收到了从欧洲发回来的报告，对美国外交政策的走势表示担忧。仅几个小时后，国务院就发表了此官方声明。在声明中，国务卿斯特蒂纽斯宣布：

"我们将与其他联合国家携手走向胜利，剥夺德国和日本再次发动侵略的一切手段。我们将一起建立一个世界组织，赋予它世代维护和平，为全人类提供安全保障和更广泛的机会的能力。"

获得非比寻常的支持

那些密切关注外交事务的参议员承认，罗斯福总统的去世无疑会使丘吉尔首相和斯大林元帅心中对杜鲁门总统将遵循何种政策产生一些疑问。然而，首先，政府已经表达了总体意见，新总统将遵循罗斯福总统的国际政策，这不仅是出于责任感，还因为新总统确信这些政策是正确的；第二，通过这个方针，他可以在国会山获得非比寻常的支持。

总统将不出席旧金山会议。他今天向同僚表示，可能通过无线电广播向大会致辞。因此，可以认定他将会在制定国家政策方面给予与会代表相当大的自由空间。

杜鲁门总统希望看到美国不仅参与这个世界安全组织，更要成为它的领导者。如果说对此会出现一些疑虑，这些疑虑无疑会出现在一些参议员中。这些参议员一直为此政策而奋斗，并曾经与杜鲁门总统就该政策进行长时间的讨论。

参议员的反应

但是这些参议员的反应是，总统不仅会保持罗斯福的外交政策的连续性，还将比已故总统“在某些方面走得更远”。

例如，据回忆，杜鲁门总统曾与参议员波尔、伯顿、哈奇及希尔一起，参加了围绕如何迫使政府在这个国际安全组织中取得领导权的运动。

事实上，此项运动就是在杜鲁门总统发起的一次午餐会上策划的。杜鲁门总统在许多场合与哈奇参议员一起讨论这个问题，并在他力所能及的任何时候支持这场运动。

然而，与此同时，杜鲁门总统从来不会与这个团体走得太近，以免招致其他不喜欢这种先进的政治立场的团体的批评。

大家都认为，他所拥有的、使其被提名为副总统的品质，以及他保持与国会山中几乎所有团体都不发生严重冲突的能力，对于他来说是非常宝贵的。正是这种品质和能力使他在批准由美国代表团审核、由旧金山会议提议的条约方面获得了必要的支持。

今天总统决定赴国会山，与一些昔日的同事共进午餐。这个决定表明，总统承认国会山的支持是他的主要力量源泉之一，他打算尽己所能缩小美国立法机构与行政部门之间的鸿沟。

他在国会山时，一直对朋友说：“我们必须团结一致；我们必须共同努力以完成使命。”

这种凝聚白宫和国会山的坦诚而友好的努力是新政府与一些参议员首先明确的主题。这些参议员一直极为热切地寻求美国在世界事务中的领导地位，认为这是使他们所推崇的政策能够获得成功的良好而重要的预兆。

1945 年/4 月 14 日

纳粹从罗斯福总统的逝世看到希望

通过无线电发回《纽约时报》的报道

【巴黎 4 月 13 日电】最高指挥部的一名高级官员称，罗斯福总统是德国纳粹最不共戴天的敌人之一，他的逝世无疑给德军的撤军战略带来希望。撤离的军队正进入德意志帝国南北方的两个国家级军事区。数周之前，德国的这一撤军战略已经十分明显了。

德国战略家们曾下赌注，希望 3 个处于领导地位的同盟国之间产生分歧。据此，我们相信希特勒的政治和军事战略家会认为罗斯福总统的逝世将一方面弱化美国和英国之间的纽带，另一方面也将弱化美国与苏联之间的纽带。

过去，敌人对罗斯福总统“恭维有加”，称他为激励西方世界对抗法西斯的人。柏林方面则认为在西线冲突的最后阶段，罗斯福强大的个人魅力是紧密连接苏联和西线的战略的重要因素。

毫无疑问，德军将加倍努力，在德国北部建立一个强大的防御阵地。这一阵地可能东起吕贝克，西至埃姆登，并以德国舰队的前指挥部所在地基尔为“核心”。

北部最激烈的抵抗

在哈尔茨山区北部，即英国第二集团军的前线，盟军遇到激烈的抵抗。昨日，第七步兵师和第二十一伞兵师向北转攻不来梅。第七步兵师中的精锐部队留下来与德军周旋。

德军战线的西端显然打算从不来梅向西延伸，直到埃姆斯河的河口，而东端的战线将从不来梅向东延展，越过汉堡以南的易北河，然后向东北延伸到吕贝克东面的波罗的海。

今天，英国第二战术空军的飞行员们观察到德军大规模的转移。大量的德国部队、大炮和卡车涌入易北河以东地区和汉堡东南部地区。其他转移部队则进入德国海军基地——北海边上的库克斯港和威廉斯港。

北部军事区有一个目标，并有一个优势。这个目标是通过艰苦的防御行动，阻止盟军使用德意志帝国北部的各大港口，从而推迟盟军集中全部兵力直接攻击德国东南部军事区的时间。它的优势在于，德国有两个地区可以从外部获得增援，而北部军事区正是其中之一，部队可以从丹麦或挪威的港口抵达这里。由于盟军拥有海上和空中的强大力量，德军要成功做到这一点是很困难的，但是考虑到党卫军近乎疯狂的勇气，也不是没有可能。

与此同时，德军将朝东南方向转移部队和物资，进入位于康斯坦茨湖东面的山区的更大的军事区。在这个区域，纳粹领导人希望军队可以坚持数月，等待西方同盟国与苏联之间出现分裂。他们相信分裂是不可避免的。

这一地区也可以从外部进行增援。目前已有迹象表明，一些德军精锐部队正从意大利向北朝阿尔卑斯山及该地区的南缘移动。

德军自诩从意大利赶来的军队是坚不可摧的，它们可能会在南部军事区的防御部队中占相当大的比例。而对于任何指导德国无线电广播向德国民众播报该军事区战况的人来说，它们具有很高的宣传价值，因为宣传者无疑会提及这里的军队仍旧坚若磐石。

德军为保护通往南部军事区的路线付出了极大的努力。在由亚历山大·帕奇中将指挥的美国第七集团军位于巴伐利亚西部的前线上，敌军的抵抗极为激烈。德军全力以赴增援这一区域的战斗。如果不是必须防守从捷克斯洛伐克西部通往这个军事区的高速公路和铁路，德军无疑会在此处的中部前线配置更为有效的增援力量。

在布拉格地区的斯柯达厂区及其他工厂的厂房的熔炉里，敌人正在为军事区所需的武器弹药储备而生产。

据瑞士的报道，一些小工厂已经搬到军事区内。1944 年夏末以来，大量的食品源源不断地运往该区域作为储备。

简单地说，这就是德国的战略概要：计划依靠同盟国的分裂让纳粹团伙逃生，甚至保住一些徒有虚名的权力。虽然敌人根本无法说服其他任何人，但还是说服自己去相信同盟国的分裂是不可避免的，而且由于罗斯福总统的去世会很快出现。

他们打算坚持到这个分裂出现，首先在北方坚守，最后在南方坚守。

1945 年 / 4 月 15 日

苏联国旗镶上黑边，以示哀悼

从来没有外国人获得这样的敬意，罗斯福被誉为和平的朋友

C.L. 索尔兹伯格
通过无线电发回《纽约时报》的报道

【莫斯科 4 月 14 日电】今日清晨，象征着举国哀悼的围上黑边的苏联国旗在克里姆林宫升起，苏联民众和政府为他们的朋友富兰克林·罗斯福的离世而悲痛哀伤，并以在苏联历史上外国人从未获得的礼遇向他致敬。

有人会斗胆提出：在这里和在美国一样，人们对总统的逝世感到极为悲痛。有些政府领导人曾经有幸与他会面，而平民大众则只知道他是苏联与和平的真正朋友，是法西斯主义和战争的死敌，是一个富于冒险精神的、面带微笑的自由主义者。他的笑脸出现在许多新闻短片中，为他赢得了大众的同情和喜爱。不管是对于那些曾与他会面的领导人，还是对于平民大众来说，在这场战争结束的前夕，罗斯福的逝世都是沉重的打击。

人们可以在各个层面感受到这种情感。斯大林主席昨晚接见了美国大使威廉·埃夫里尔·哈里曼，表达了对总统的哀悼。还有许许多多的苏联人，上至官员，下至百姓，向美国大使馆致电，表达他们的同情与慰问，为此，大使馆不得不安排额外的接线员。庞大的人群在影剧院前排着长长的队伍，仅为一睹已故总统在雅尔塔会议的新闻短片中的风采，这部新闻短片已经持续上映多日。

把红旗围上黑边是苏维埃社会主义共和国联盟在自己的伟大领袖逝世时，向其致敬和表示哀悼的礼节。而此时，在这个料峭的春日，围着黑边的红旗不仅在斯大林元帅的府邸升起，还飘扬于所有政府部门所在地和许多私人住宅。那些在地铁里为他们的事务奔波的人们仍在谈论着罗斯福总统的重要意义。

许多苏联民众为失去罗斯福总统而哭泣

对于美国人来说，这可能很奇怪——在这个国家，许多甚至从来没有亲眼见过罗斯福的民众认为，总统的离世是他们的灾难，他们甚至还在为此而哭泣。此时此刻，这个消息激起的丧失亲人般的悲痛，显然让苏联民众与美国民众在心理上比任何其他时刻更加贴近。

伴随着这种感伤的场景的，是人们对美国政治、对与杜鲁门总统相关的一切讯息，包括他的过去、现在和未来，所表现出来的热切而理智的兴趣。上至国家最高领导人，下至社会的各个阶层，均表现出了这种挚诚的好奇心。

不管怎样，政府还是通过各种方式鼓励民众纪念他们的朋友。正是他首先给予苏联外交承认，然后又在苏联最黑暗的时刻和它站在一起，给予支持。在列宁格勒，一个专为纪念罗斯福的展览在公共图书馆举行。在为铁托元帅召开的全斯拉夫招待会上，人们为故去的总统默哀 1 分钟。

铁托发去唁电

铁托元帅向杜鲁门总统发去唁电。在唁电中，他认为这是“全体联合国家的极大损失”。

苏联派驻华盛顿的首任大使亚历山大·特罗扬诺夫斯基在军报《红星报》上为罗斯福总统撰写了悼词。他写道：罗斯福先生的战前生涯是“为他在第二次世界大战中承担的、作为保卫世界安全的杰出领导人角色而做准备”，总统经常与身边的人意见相左，而其后的事实往往证明，总统的判断是正确的。这位前大使称罗斯福为杰出的政治家，说如果 12 年前这两个国家没有建立外交关系，现在的伟大联盟就不可能实现。

特罗扬诺夫斯基先生说，罗斯福先生为杜鲁门总统“留下了丰厚的遗产——从热爱自由的人民组成的富有战斗精神的联邦，大规模的武装部队，所有战线上成功的军事行动，到目前为消灭法西斯分子而联合在一起的联合国家的辉煌”。

联邦通信委员会发给战争讯息办公室的报告称，昨日，苏联承认的波兰临时政府在莫斯科的电台广播中宣布：

“罗斯福总统辞世了。

“这个悲痛的消息让全体波兰人震惊无比。我们仿佛听到历史篇章在沙沙作响。作为最伟大的美国人之一，他进入了先贤祠。

“在美国历史上，这位个性无比强大的人物将媲美华盛顿、富兰克林和林肯。我们活在罗斯福时代，所以我们活在了一个伟大的时代。”

1945 年／4 月 19 日

厄尼·派尔在伊江岛上被杀害
所有人觉得安全时，敌人开了枪

【《纽约时报》关岛 4 月 18 日电】今日厄尼·派尔在冲绳岛西面的伊江岛去世了，如同他曾经描写的许多美国士兵一样。这位全国闻名的战地通讯记者被日军机枪击中，当场身亡。

这位身材瘦小、头发灰白的新闻记者是普通美国士兵的日常生活的记录者，经常在许多战区的散兵坑出入。今日清晨，他在赶去观察第二十四军某著名师团的行军时，永远离开了人世。

他在伊江岛主镇——天蚕蛾镇外围与指挥部的队伍会合。我们的部队似乎已经平息了此处的小规模抵抗。派尔先生走过去与一名团指挥官交谈。突然，敌人的机枪开火了，此时大约为上午 10 点 15 分（东部战争时间星期二晚上 9 点 15 分）。在机枪发出第一通扫射后，这名战地通讯记者就倒地不起。

岛上的部队指挥官向总指挥部报告了派尔先生身亡的消息：“我很遗憾地报告，曾为鼓舞我军步兵的士气而做出巨大贡献的战地通讯记者厄尼·派尔今天在伊江岛战斗中遇袭身亡。”

【美联社琉球群岛伊江岛指挥所 4 月 18 日电】曾报道从非洲到冲绳各次战争的著名专栏作家厄尼·派尔在离伊江岛指挥所约 1 英里处遇害。当时，派尔先生刚与总指挥部的陆军人员，以及步兵团主任参谋詹姆斯·兰德拉姆中校谈完话。他随后与步兵团指挥官、来自阿肯色州海伦娜城的约瑟夫·库利奇中校一起乘坐吉普车赶赴前方的指挥所，去观察前线作战。

派尔先生遇害时，库利奇中校正在他的身边。“我们坐在吉普车上，正沿着这条路往前开，”库利奇中校说，“厄尼和我正要去我的新指挥所。10点的时候，日本人架在山上的那挺机枪向我们射击。我们都跳出吉普车，滚进路边的沟渠里。”

可能会安葬在牺牲的地方

“过了一会儿我和派尔起身，看看四周。又一阵子弹射来，打在我们头顶的路面上，我又缩回沟里。我看了一眼派尔，发现他中弹了。

“子弹从他的头盔下部射进左太阳穴，他几乎马上就停止了呼吸。

“我爬回去报告这个悲剧，留下一个人照看他的尸体。派尔的尸体将被运回军墓登记办事处。如果没有接到其他通知，我们会将他安葬在伊江岛上。

“我非常赞赏派尔的沉着、冷静和他对士兵的关爱。士兵们失去了一个最好的朋友。”

库利奇中校描述这位专栏作家的遇害情形时，显得非常震惊。他几乎是满含泪水来讲述这个悲剧的。他说自己知道这个消息会迅速传遍整座海岛。

害怕人们会不喜欢自己

厄尼·派尔毕生饱受一个执念的困扰。他一遍又一遍地说：“每次我遇到别人，总是害怕他们会不喜欢我。这种预感一直让我很痛苦。”

事实上，像他这样的人根本不应被这种担忧困扰。从白宫到贫民区，派尔去世的消息让这个国家数百万人泪水盈眶。

无论是杜鲁门总统和安娜·埃莉诺·罗斯福，还是每位有儿子在部队服役的农妇，或者居住在城市里的士兵母亲，都曾热切地阅读他的专栏文章。

罗斯福夫人曾在她的专栏里写道：“我读过他从海外发回的所有报道。”并向所有美国人推荐他的作品。

这3年来，这些报道如同来自前线的家书，进入1400万个家庭。士兵的亲人们就像为自己的儿子祷告一样，为厄尼·派尔祈祷。

昨天在第八大道的地铁里，一名白发苍苍的老太太读到头条新闻《厄尼·派尔阵亡》时抬起头，热泪盈眶，喃喃说道：“愿上帝保佑他的灵魂。”她周围的

1944年3月18日，意大利安齐奥滩头，美国士兵的记录者厄尼·派尔在记录一个故事。

男男女女也跟着她说了同样的话。这只是其中一个有代表性的场景。

相当奇怪的是，一个国家可以如此喜爱一个羞怯而且身材瘦小的人，而他最害怕的事情居然是“也许人们会不喜欢我”。

他曾用简单而深入的笔触描写自己在莫洛凯岛上与麻风病人一起度过的5天，他的真情实感跃然纸上。他离开那里时告诉他的读者：“我为自己的健全和清洁感到惭愧。”

他曾乘飞机亲临魔鬼岛及整个南美洲，一一描绘各地风情。他曾在西半球行驶了约15万英里，开坏了3辆汽车，用坏了3部打字机；他曾35次穿越美国。

伦敦深深吸引着他

1940年秋天，他动身去了一片愁云惨雾的伦敦。他是这样解释这一决定的：“夜里，一个微弱的声音对我说：去吧！”他对纳粹轰炸下的伦敦的描述，让无数读者揪心。

在爱尔兰，他与美国士兵住在一起。他对士兵们日常生活点滴的描述吸引了更多的读者。他跟随美国军队到非洲战斗时，“派尔传奇”就开始广为传播。

他在散兵坑里写就的专栏文章深刻反映了全体士兵的伤痛、恐惧、孤独和思乡之情，这些作品是士兵家书的完美补充。

虽然他描写的是自己看到士兵受伤、看到伤员死去时的感觉和情感，但它们正是士兵们在战场的真实感受。

他让国内的人们得以了解前线的生活："战争生活已经演变为一张情绪化的挂饰，上面只有一种乏味的名叫'死亡'的图案。明天会跟昨天一样，特罗亚诺如同兰达佐，每个地方都一样。上帝啊，我好累！"

在他的笔下，战争从来都不是迷人的。他憎恨战争，害怕战争。他曾在爆炸中被甩出意大利安齐奥的新闻指挥部，在法国圣洛差点被我们自己的飞机炸死。他描绘过死亡、自己的痛心和煎熬，并总是在文章中提及周围的年轻士兵的名字，还标明他们的家乡。

1944 年 9 月，他看上去身材消瘦，眼神哀伤，两鬓灰白，满脸皱纹，红色的头发日渐稀疏。他向数百万读者吐露心声："也许再继续下去，我就要疯了。"

卑微的道歉后，他动身回家。美国士兵们已经爱上了他。成千上万名军人，从星级将军到普通步兵，一眼就能认出他。当他走过时，他们都会与他打招呼："嗨，派尔！"

他写道："我离开战场的原因只有一个……因为我必须要停下来了。这段时间我已经受够了。"士兵们都理解他，给他写信，真挚地向他道别，并祝他好运。

太平洋散兵坑的召唤

厄尼的专栏文章集结为《这是你的战争》和《勇敢的人》出版。两书在畅销书排行榜上名列前茅，并被好莱坞拍摄成电影。每次他公开露面时，都会受到人们的欢呼。

他在自己位于新墨西哥州阿尔伯克基市的那栋用白隔板搭成的简陋小木屋中清闲了一段时间。他会和"那个她"一起坐在那里，一连数小时盯着孤独的平顶山，然而前线依然如梦魇般萦绕着他。他不得不回去。

他还去了好莱坞，去观看由他的书改编成的电影。扮演他的是演员布吉斯·梅迪斯。1945 年 1 月，他动身前往旧金山，从那里再次前往战区，而这次是去太平洋战场。

他时常预感到死亡。他说："你开始觉得，自己不可能永远不中弹。我觉得自己所有的好运都用完了，真叫我痛恨。我不想死。”

厄尼·派尔积聚了大量的财富。过去的两年，他的收入远超过 50 万美元，他的名字家喻户晓。其实他可以就此停下脚步。

“但我停不下来。”他写道，“我再赴战场，仅仅是因为战争仍在继续，而我是它的一部分，我一直都知道我肯定会回去。我再赴战场，仅仅是因为我必须这样做——我痛恨这一点。”

于是他动身来到战区。在太平洋的漫长时光里，他在大型军用飞机里用柔和的笔触描写太平洋上壮观的黎明与日落景观，描绘那些翠绿的岛屿和广阔无垠的海洋。

分享士兵的战后愿望

他乘坐一艘小型航空母舰来到硫黄岛。他描写了舰上的船员。然后他来到冲绳，与海军陆战队一起，并写了一些关于那里的平常事物的文章。

他为自己制订了战后计划。他觉得自己会和“那个她”一起再次踏上那些白色的干净的道路，在荒野里平静的池塘边、蓝色的群山上、乡间的小路上，在恢复了和平与宁静的世界里写作。这些都是他的梦想，也是那些身处散兵坑的美军士兵的梦想。

但他知道死神随时会来临。他在写给他的雇主，联合特稿通讯社社长乔治·卡林的最后一封信中，写道：

“我惊讶地发现，如同在欧洲战场一样，这里也有很多人认识我。他们依赖我，所以我必须努力，在这里坚持一段时间。

“如果我的心脏没有停止跳动，如果我没有生病或受伤，我希望自己能坚持一年。如果我能幸运地坚持到 1946 年的春天，从那以后，我会一直待在家里。我不相信我还有力气又一次离开家乡，回到战场。”

然而，昨日厄尼·派尔在小小的伊江岛上走到了生命的尽头，离他的白房子和“那个她”大约有 1 万英里。

在他从非洲发回的首批专栏文章中，有一篇讲述了他与一名吓坏了的美国士兵在“斯图卡”轰炸机俯冲扫射时，如何在沟渠中寻求庇护。“斯图卡”轰炸机离开后，他拍着那个士兵的肩膀说：“哎呀，好险啊，嗯？”然而这名士兵没有回应——他已经死了。

昨天在伊江岛上，一名脸色苍白而神情紧张的美军步兵抬起头，看着身边那个脸颊消瘦、满头白发、正伏案写作的人。那就是厄尼·派尔，他刚写完最后一封家书。

1945 年
4 月 19 日

两军向博洛尼亚挺进中均有所斩获

英军占领阿尔琴塔并赶赴费拉拉作战
波兰军队向西推进

米尔顿·布拉克
通过无线电发回《纽约时报》的报道

【在意大利的第十五集团军群总指挥部 4 月 18 日电】第八集团军下属的英国军队挥师从博洛尼亚的东北方向朝德军的主要逃生路线进击，攻占了阿尔琴塔，并一路打过洪水冲击而成的豁口，向费拉拉和波河挺进。此时部队离费拉拉不到 15 英里，而波河在费拉拉北面 3 英里处，沿 16 号高速公路向前奔流。

最新报道强调，博洛尼亚南面及西南面群山围绕，第五集团军的主力部队不得不减缓前进的步伐。然而，9 号高速公路上的波兰军队越过圣彼得洛城堡，往前推进 2 英里，抵达距离博洛尼亚 9 英里的地点。美军勉强获胜后，从南面抵达皮亚诺罗的郊区，现在正沿 65 号高速公路线上的峡谷穿行。

它们距离利弗加诺只有 2 英里了。即使在意大利前线战斗最艰苦的区域，盟军部队仍然在执行战术任务的重型轰炸机不间断的空中支援下继续前进。

德军的伊迪切河防线

所有迹象表明，德军的关键防线位于伊迪切河沿岸。这条河流在博洛尼亚城外 4 英里处穿过 9 号高速公路，然后向上拐流向阿尔琴塔。德军沿着这条河流建立了所谓“成吉思汗防线”。相信德军是把最后的赌注押在这条防线上，而放弃了在博洛尼亚以及通往波河的防守最薄弱地点的防御。在这一天中，新西兰、印度、波兰和意大利等国的军队在向这个区域挺进的过程中，取得了令人瞩目的战果。这些部队跨越了盖亚那运河，使这一突破自塞尼奥河的多个渡口向前延伸了几乎 20 英里。

然而，依然没有迹象表明盟军取得了突破性进展。虽然第八集团军俘获了 1000 多名俘虏，但是德国人继续在满怀愤怒地反击，他们的怒气已经压抑很长时间了。

盟军距离博洛尼亚 8 英里

第五集团军从中部沿“主线”向博洛尼亚的挺进缩短了与这个重要目标之间的距离，进入盟军有史以来最接近这座城市的距离。皮亚诺罗与博洛尼亚的距离不过七八英里，而美军已经穿过环绕高速公路的群山，抵达距离皮亚诺罗只有 1000 码的地点。坦克可以从祖拉驶上 65 号高速公路。祖拉位于利弗加诺和皮亚诺罗之间。一支美国部队在攻打祖拉的最前沿区域作战时，无意中遭遇己方炮火的轰击。这糟糕的一天过去后，祖拉被攻陷。

盟军从两面夹击博洛尼亚：第八集团军下属的英国军队①攻下拉阿尔琴塔，并沿 16 号高速公路进攻；与此同时，波兰军队②越过圣彼得洛城堡，抵达距离博洛尼亚只有 9 英里的地点。在中部区域③的第五集团军的美国部队到达皮亚诺罗的郊区，同时第五集团军的其他部队占领了特拉曼托山以及圣普罗斯佩罗。在利古里亚海海岸④上，美军向奥尔托诺沃的西北方向推进了 1 英里，离拉斯佩齐亚军港 10 英里。

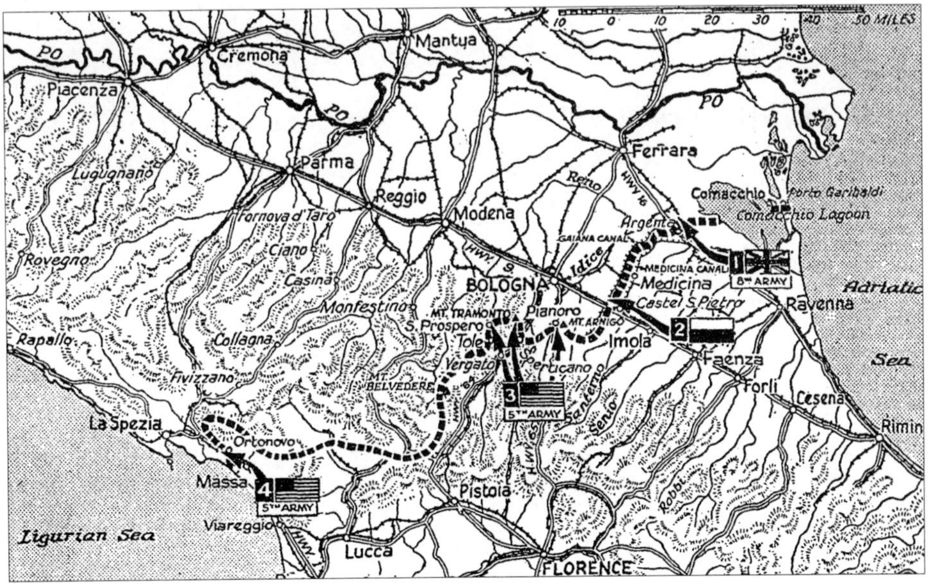

1945 年／4 月 22 日

国会与新闻界人士即将前往集中营目睹惨状

艾森豪威尔要求国会与新闻界代表团察看德国集中营

【威廉·怀特《纽约时报》华盛顿 4 月 21 日电】依照德怀特·戴维·艾森豪威尔将军的要求，12 人的国会代表团及由 17 名编辑和出版人组成的小组昨晚已确立，他们将乘飞机赴欧洲察看德国关押政治犯的集中营。艾森豪威尔将军本人称，集中营的条件极其可怕，难以言表。

这两个代表团会将看到的情形公之于众，并递交给在旧金山召开的国际组织联合国家大会。这个特殊的使命将会对最终给予德国何种形式的和平产生重大影响。而多数党领袖，来自肯塔基州的艾尔本·巴克利参议员因参加该国会代表团，必须暂缓一些悬而未决的重要的立法事务。由此也可以看出这个任务的重要意义。

国会代表团由两党成员组成

国会代表团的成员来自两个党派，包括多名参众两院的军事委员会、海军委员会和外交事务委员会的成员。其名单如下：

参议员：巴克利，民主党人，来自肯塔基州；肯尼斯·威利，共和党人，来自内布拉斯加州；沃尔特·乔治，民主党人，来自佐治亚州；韦兰·布鲁克斯，共和党人，来自伊利诺伊州；阿尔伯特·托马斯，民主党人，来自犹他州；莱弗里特·索顿斯托尔，共和党人，来自马萨诸塞州。众议员：尤文·托马森，民主党人，来自得克萨斯州；詹姆斯·理查兹，民主党人，来自南卡罗来纳州；爱德华·伊扎克，民主党人，来自加利福尼亚州；詹姆斯·莫特，共和党人，来自俄勒冈州；杜威·索特，共和党人，来自密苏里州；约翰·沃里斯，共和党人，来自俄亥俄州。

布鲁克斯、沃里斯和索特这三位先生一直是国会中反对国际主义最活跃的人。

新闻界人士

编辑和出版人代表团包括：

尤利乌斯·奥克斯·艾德勒准将，《纽约时报》副总裁兼总经理。

马尔科姆·宾盖，底特律自由出版社主编。

诺尔曼·钱德勒，《洛杉矶时报》总经理。

威廉·L. 钱纳里，《科利尔杂志》出版人。

E.Z. 迪米特曼，《芝加哥太阳报》执行主编。

本·希布斯，《星期六晚邮报》主编。

斯坦利·海，《读者文摘》副主编。

本·麦凯尔韦，《华盛顿星报》主编。

格伦·内维尔，《纽约每日镜报》执行主编。

威廉·尼克尔斯，《一周》主编。

L.K. 尼克尔森，新奥尔良《皮卡尤恩时报》总裁兼主编。

约瑟夫·普利策，《圣路易斯邮报》主编及出版人。

基甸·西摩，明尼阿波利斯《星报》执行编辑。

杜克·苏普，堪萨斯城《星报》驻华盛顿通讯记者。

贝弗利·史密斯，《美国杂志》副主编。

沃克·斯通，斯克里普斯—霍华德报业联盟编辑。

M.E. 沃尔特，《休斯敦纪事报》总编。

国会议员察看布痕瓦尔德集中营

【美联社魏玛4月21日电】今天，共和党众议员，来自康涅狄格州的克莱尔·布思·卢斯、来自宾夕法尼亚州的约翰·孔克尔和来自纽约州的伦纳德·霍尔，察看了布痕瓦尔德集中营。

卢斯夫人全程目睹了那些可怕的场景。她说，希望美国的人们能看到在这里拍摄的录像。她还去看了地下火葬场。在那里的一个墙壁洁白的房间里，数千人曾被铁钩子吊起来绞死。

给她带路的前在押人员，向她描述刽子手是如何用形状如同捣马铃薯器的工具打死那些没有马上被勒死的受害者。她看到了那部将尸体载至楼上焚化炉的电梯。在火葬场外，她看到一辆货车，上面堆满了干瘪的尸体。她在这里没有停留太长时间。她不停地说："这太可怕了。"

在军营里，她看到前在押人员躺在一层叠一层的架子上，他们因非常虚弱而无法移动。6 个人被迫躺在一个只够容纳 3 个人的架子上。这家医院曾经是家妓院。她与其中的很多病人交谈，以获得关于布痕瓦尔德集中营暴行的第一手资料。

在这些衰弱的前在押人员中，有一个六岁半的男孩，被监禁了两年半。"他是在巴黎被抓的，理由是宵禁后外出。"卢斯夫人说，"没有人愿意相信这些事情是事实，但重要的是，人们知道它们是真实的。"

她问了一些前囚犯，应该如何做才能让德国人为暴行负责，他们回答说："就像他们对待我们一样。"

"不能那样。"卢斯夫人说，但她没有详细说明。

孔克尔先生宣布："如果不是亲眼所见，谁也不可能想象这些场面有多恐怖。很难相信这种暴行竟然存在于这个世界上，但它的确在这里发生了。令人难以置信的是，竟有人能在如此可怕的折磨下幸存。这样的场景我希望永远不再看到。"

经过半小时的察看后，霍尔先生说："要了解德国人是何等恶劣的野兽，你就必须去布痕瓦尔德看看。这里除了残暴什么也没有，货车上堆满尸体。必须指出的问题是，战后应该如何处理德国。"

1945 年 / 4 月 23 日

进入城市 7 英里
从三面打垮敌军的抵抗——敌军的抵抗越发凶狠

C.L. 索尔兹伯格
通过无线电发回《纽约时报》的报道

【莫斯科 4 月 23 日电】尽管德军在柏林和德累斯顿等地进行顽固抵抗，苏联军队昨日再度向前推进，占领了希特勒垂死挣扎的首都大柏林的 16 个郊区城镇，并在连接柏林与萨克森大本营德累斯顿的主要高速公路上形成了一个突出部，从而有效地缩小了德军南逃的缺口。苏军最高指挥部宣布，除了郊区外，在向柏林进军的过程中，苏军还占领了 5 个镇。（据美联社报道，红军已经控制柏林 1/6 的区域，深入柏林市界 7 英里。斯德哥尔摩的一则来自柏林的报道称，苏联的坦克已经插入距离城市中心 1 英里的范围，抵达菩提树下街和弗里德里希街相交的十字路口。）

苏联官方今日清晨以一份措辞谨慎的公报发布了苏军取得的战果，指出格奥尔基·朱可夫元帅正从东北、东及东南 3 个方向朝柏林发动猛烈的攻击。其部队占领了孤立的小镇比森塔尔和菲尔斯滕瓦尔德，以巩固苏军的阵地，然后再插入柏林外围层层叠叠的郊区。

科涅夫元帅挥师德累斯顿

在切断德累斯顿与柏林的连接后，伊凡·科涅夫元帅似乎要绕开德累斯顿，向更远的南部进军。今天早上，他的部队正努力向易北河和德绍挺进，而美军正在德绍与德军激战，竭力想控制住柏林被困德军的最后逃生通道的侧翼区域。

这场惊天动地的战斗绝对没有松懈，仅柏林地区就有 1.3 万名德军被俘，500 门大炮被缴获。可以确认，朱可夫元帅已经控制了更多的机场，因为有声明称，他缴获了德军的 60 架飞机。

科涅夫元帅也占领了一些德国空军基地，俘获了 1 万名德军。两位元帅率领的两个集团军缴获了 250 辆坦克，还摧毁了 156 辆坦克。

犹如插进城市心脏的势不可当的巨型机器，喀秋莎火箭炮和一排排大炮——76 毫米大炮、85 毫米大炮、122 毫米大炮、152 毫米大炮、203 毫米大炮——形成了一个炮火同心环，向这个摇摇欲坠的堡垒发起一轮又一轮的轰击，把它炸得粉碎。此情此景就如第三帝国的末日，深深刻印在每个德国人的心里。

苏联飞行员发现美军

在城市上空，德意志帝国元帅戈林召集德国空军仅剩的战斗机，发动最后一轮疯狂的反击。起先苏联飞机还环绕、转向阻击德军飞机，最终完全无视它们。成百上千架的苏联轰炸机、战斗机和“斯图莫维克”对地攻击机，向这座“日耳曼城堡”的核心地带狂轰滥炸。

纳粹政权的政治和军事要塞在此番攻击下土崩瓦解时，其他苏联军队蜂拥穿过德累斯顿北部的丛林，越过莱比锡东部地区，朝德怀特·艾森豪威尔将军统领的盟军部队赶来。

在南部的苏军飞行员报告称，在多处发现美军。一些飞行员估计，正在推进的两军相距不超过 15 英里。

这个激动人心的会师就在眼前，它象征着莫斯科、伦敦和华盛顿共同部署的战略计划最终完成，柏林的厄运终于降临。

撰写这篇报道时，激烈的战斗依然进行，但德国正规军的猛烈抵抗已经被死死压制到一个比之前任何时候都小的区域内。敌军的抵抗力量主要是纳粹冲锋队、人民冲锋队和由退役军人与平民组成的紧急动员队伍。它们用大型坦克及坦克歼击车进行联合抵抗，且打且退，躲向正在燃烧的城市隐蔽处。苏军还要面对大量的大炮，包括德军匆忙之中重新部署的、用来对付正在推进的苏联装甲部队的高射炮。

苏军周六已经从所占领的郊区地带向柏林东部、东北部和东南部顽强挺进，在柏林周边的环形大道上撕开多处口子。

苏联坦克手从收音机里截到德军疯狂的讯息——“他们向我们发动地狱般的轰炸”，以及德军最后时刻的命令——“不惜一切代价阻止他们”。但是苏军继续向前挺进。战斗小分队、坦克、步兵和哥萨克骑兵纷纷涌入柏林城，与此同时，苏军的炮火对威廉恺撒街发起了地毯式的致命轰击。

上一次俄国军队进入柏林是 1760 年

在东南方向，苏军已经在利希滕贝格火车站附近的施普雷河上搭起了浮桥。成千上万的苏军不断涌过施普雷河，一边用河水清洗沾满污垢的脸，一边喊道：“战争就要结束了！”其他苏联部队则向西挺进，朝柏林、易北河和其友军前进。

在南方，苏军向滕珀尔霍夫机场推进。就是在这个机场，德国元首希特勒在其职业生涯的顶峰时，号召欧洲多国政治家听从他的命令。如今，这个巨大的机场已满地弹坑、废墟，被炮弹、炸弹和“斯图莫维克”对地攻击机的火箭弹炸得面目全非。

1760 年 10 月 9 日以后，俄国军队再也没有踏入过柏林。1760 年 10 月 9 日那一天，托特莱本将军代表伊丽莎白女王接受了柏林的投降，取走了所有的城门钥匙，钥匙至今仍存放在克里姆林宫。

当时，另一位德国征服者弗里德里希大帝曾在日记中写下对希特勒来说极为贴切的话语："我再也不能掌控军队了。在这些绝望的日子，为自己的安全考虑，军队会在柏林做得很好。这真是残酷的不幸啊！……我已经没有任何资源可以利用，而且说实在话，我所期待的一切都消失得无影无踪了。"

当时俄军的进攻前锋是来自顿河流域和广阔的库班河流域的哥萨克骑兵。虽然只有 19 门大炮，但是当时柏林已经在劫难逃。托特莱本将军率领部队彻底摧毁了柏林的大炮铸造厂、火药厂，以及波茨坦和施潘道的弹药厂。现在，历史正在重演。

1945 年盟军进攻柏林期间，一个投降的德国士兵。

1945 年 / 4 月 26 日

狼人计划的威胁仅仅是宣传

格拉德温·希尔
通过无线电发回《纽约时报》的报道

【巴黎 4 月 25 日电】近日从盟军高级军官处获悉，盟军征服了德国大片领土以后，证实到目前为止，德国的狼人计划仅仅是宣传。然而，不可忽视的是，在不久的将来，有可能出现来自德国非军方人士的麻烦，盟军正在为此做准备。

盟军第一时间应对抵抗的效果，相当程度上可能会决定盟军对战后德国的整体管理是否成功。在德国非战区，已经出现了许多小规模的抵抗，如美国士兵被暗中射杀，军事通信缆线被割断，轮胎被刺穿，甚至某些地方埋有炸药。

他们一直活跃在我们的阵地后方大约 30 英里的区域，进行战斗和狙击。但是，如果这些事例追溯到源头，也不过是个人的冲动行为，其实很难有所作为。在这些战斗和狙击事例中，值得注意的事例一般已被证明是落单的德军正规部队所为。

占领数千平方英里领土的某集团军没有发现任何一起狼人计划行动。很多指挥官认为，德国的狼人计划基本上是最后时刻向黑暗发出的又一个闪光宣传而已，尽管就其本性而言，它最终几乎不避免地会产生一些效果。

到目前为止，德国平民总的来说还是比较顺从的，但这种顺从并不是出自对盟军的征服的尊重和理解，而是那种被麻痹的、被威胁的人们的顺从。他们习惯于服从命令而很少考虑自身，生怕会被盖世太保快速而彻底地处理掉。等德国人意识到盖世太保不再是他们身后的控制者，而他们正面对一个完全不同的当权者时，他们会很自然地试图逃脱惩罚。这一点，我们必须意识到。

1945 年／4 月 27 日

纳粹瓦解，戈林“辞职”

悉尼·格鲁森
通过无线电发回《纽约时报》的报道

【伦敦 4 月 26 日电】德意志帝国元帅赫尔曼·戈林，这位德国空军的创始人和总司令，已经被解除指挥权，成为纳粹统治集团中第一个被失败前景压倒的人。在阿道夫·希特勒的领导层里，他是仅次于马丁·鲍曼的二号人物。

他麾下的空军部队几乎全军覆没，这位曾夸口说敌军的飞机绝不会飞入德国领空的又矮又胖的元帅的职位已经被空军一级上将罗伯特·里特尔·冯·格莱姆接任。53 岁的冯·格莱姆自战争开始以来一直担任德国空军的高级军官。接任空军总司令一职的同时，冯·格莱姆被晋升为元帅。

今晚，汉堡的电台在宣布戈林“退休”的消息时说，戈林请求希特勒解除自己的职务，希特勒批准了这个请求，因为戈林患有心脏病，而且病情已经加重。戈林现年 52 岁，在过去的几个月里，一直没有出现在德国的电台新闻里。在那些宣称希特勒和宣传部部长约瑟夫·戈培尔仍然留在被围攻的柏林城内的德国广播节目中，没有任何一个节目提起过他的下落，人们相信，由于德国空军大势已去，他也随之失宠。

戈林曾是第一次世界大战中的德国王牌飞行员，是纳粹主义资格最老的拥护者之一，曾与希特勒一起参加以失败告终的慕尼黑暴动。纳粹上台后，希特勒委任他重振德国空军的工作。作为建设德国空军的第一步，他创立了成千上万个滑翔机俱乐部，并最终统领德国空军把华沙夷为平地，把鹿特丹炸得千疮百孔，还试图通过轰炸迫使英国向纳粹国防军投降。

1940 年德国闪电战的高峰期，德国人说戈林亲自指挥了一次对伦敦的轰炸行动。他突然决定不去摧毁英国皇家空军的机场，而改为轰炸伦敦。人们认为，这个决定在很大程度上拯救了英国。伦敦没有被打垮，而戈林没有攻击的机场由英国皇家空军使用，给德军造成极为严重的损失，迫使戈林取消白天的轰炸行动。

自德国空军无法阻止盟军对德国的轰炸以来，戈林的声望已经日渐衰落，而且不管从哪个方面来说，他的声誉在两周前彻底消亡，因为美国第八航空军在 10 天之内摧毁了 1700 多架还在地面的德军飞机。自此之后，德国空军在德国的天空上几乎销声匿迹了。

虽然戈林因为腰身粗大，喜爱勋章和漂亮制服，成为漫画家熟悉的对象，然而在战前，对于外国人来说，戈林是纳粹主义最得力的干将之一。

1945 年／4 月 28 日

本周三，4 名美军巡逻兵首与苏军取得联系

哈罗德·丹尼
通过无线电发回《纽约时报》的报道

【易北河苏联红军哨所 4 月 27 日电】美军与苏军在易北河上会师，东西两条战线终于会合，德国被分割成两部分。两军首次联系发生在两天前，即 4 月 25 日下午 4 点 40 分，当时第六十九步兵师 273D 步兵团的一个 4 人巡逻队与位于托尔高镇的苏军前哨取得联系。托尔高镇东距我军先锋部队所在之处 20 英里。

美军方面，这个历史性的会师归功于考特尼·霍奇斯上将指挥的美国第一集团军。这支军队在 1944 年 6 月强登诺曼底海滩，推进 700 英里，穿越法国、比利时和德国后，最终抵达当前的位置。苏军方面，此荣誉归属于伊凡·科涅夫元帅指挥的乌克兰第一方面军。这支军队从斯大林格勒一路与激烈抵抗的敌军作战，跋涉了 1400 英里，这是历史上最伟大的行军之一。

会师场面充满欢乐

美军士兵、苏军士兵及他们在当地的指挥官全都喜气洋洋，映衬这个伟大时刻的气氛。

苏军士兵敞开胸怀热情款待我们的队伍，我们的士兵也做出同样的回应。第

1945 年 4 月 25 日，苏联近卫第五集团军的士兵和美国第一集团军的士兵在德国易北河畔的托尔高镇会师。

一支美国巡逻队被带到苏军前线指挥所后，欢乐的派对几乎马上就开始了。

那些第一次接触的两军士兵一直在相互握着手、拍着背。

苏联士兵拿出食物和伏特加，举办宴会。美国士兵拿来了从德军仓库“解放”的白兰地和香槟。士兵们祝酒干杯，欢声歌唱，祝愿在未来美国、苏联和英国将携手共同维护和平。

苏联士兵满怀真诚和不羁热忱，我们在过去的 3 天遇到的苏联士兵都是这样的，所有的美国士兵则怀着全心全意的友善，大家亲如家人。此时我们的士兵和苏联士兵相处得非常和谐。我方一名吉普司机曾说过一句话，可以总结前线美军的态度：“这些苏联男孩相当好。”

布朗克斯士兵在该巡逻队

我们的部队和苏联部队的会师，很大程度上是种巧合——实际上，双方在相遇时，还相互朝对方进行零星的射击，直到确认对方是盟友，而不是德军。

现在美国陆军方面已经确认，与苏军首次成功接洽的是来自加利福尼亚州洛杉矶市的年轻少尉威廉·罗伯森率领的风尘仆仆的美军巡逻队。罗伯森少尉身材相当矮小，但是体格强壮，样貌英俊。参军前，他是加州大学洛杉矶分校的医学院预科生。与他乘坐同一辆吉普车巡逻的有来自马萨诸塞州皮博迪的詹姆斯·麦克唐纳下士、来自纽约市布朗克斯的一等兵保罗·斯托布，以及来自弗吉尼亚州华盛顿镇的一等兵弗兰克·赫夫。

争取首次联系的荣誉的竞赛结束了。据非官方的报道，本周三下午 3 点来自得克萨斯州休斯敦市的艾伯特·科策布中尉首先与雷萨河附近的苏军成功接洽，当时他正带着分坐在 6 辆吉普车上的 26 人的侦察巡逻队，随后一直与苏军待在一起。但是不管谁是第一个与苏军取得联系的人，罗伯森少尉和他的 3 位队员与苏军的巧遇最有冒险色彩。

周三，罗伯森少尉和他的队员坐在一辆吉普车上，在武尔岑一带执勤。德军已经放弃战斗，然而，大量逃难的德国平民、被释放的战俘及奴隶劳工在这一区域四处乱闯，以致道路堵塞。罗伯森的头儿要他把平民拦在武尔岑镇外，不让他们进入城镇。

于是，周三上午 10 点罗伯森少尉出发去清理道路，其后一直没停。在武尔岑北面 15 英里处，这个巡逻队碰到了 30 名被释放的英国战俘，说前方道路上还有更多的英国战俘和一些美国战俘。罗伯森少尉率队动身去寻找，一路前行，抵达易北河边上的重镇托尔高。罗伯森少尉解放了镇上许多人，包括一些本来要被枪决的犯人。有人告诉他说，这些人所“犯”的不过是莫须有的间谍罪名。这些被解放的人中，有 30 人是在德国兵营被发现的。

罗伯森少尉与他们交谈时，听到附近传来小型武器射击的声音。这个城镇之前曾被苏军猛烈轰炸。百姓们告诉罗伯森少尉，苏军就在河对岸，而此处河宽大约只有 150 码。

罗伯森少尉不确定自己会得到何种礼遇，草草做了面旗帜，砍了一段树干，把旗帜挂在上面，然后再把树干绑在吉普车上。他下了吉普车，准备去与苏军联络，这时他想到了一个妙招。他闯进了一家德国药店，找了些染料，在旗帜上粗略地画上红色条纹和一片蓝色块。河边有一栋城堡式的建筑，顶部有一个塔。罗伯森少尉和他的队员爬上塔顶，挥动旗帜。罗伯森少尉一边挥舞旗帜，一边用俄语大声喊“同志”——这是他唯一会说的俄语单词。

罗伯森少尉看到对面树林里有苏联士兵坐在一辆装甲车上。他们喊着一些他听不懂的话，打了几颗彩色信号弹。这是苏联与美国事前安排好的识别信号。本来美军也应该发射信号弹作为回应，但是罗伯森少尉忘了带。

他试图用英文向苏军做出解释，同时再次挥舞自制的旗帜。随后苏军向塔身发射了两轮反坦克炮。看来最近德军没少利用美国旗帜来欺骗苏军，苏军对他们有怀疑。罗伯森少尉丢下旗帜，让它继续飘扬，和队员们赶忙离开这座塔。回到镇里，他找到一个会讲英语的被解救的苏联人，把他带回塔上，向苏联士兵解释自己是朋友。

这个方法成功了。苏联士兵从树林里走出来，跑下河岸，跑过一座被炸毁的桥梁，桥的中段已沉入河水。罗伯特少尉和他的队员也跑过桥梁，滑下倾斜的大梁，成为首先与苏军取得实际接触的人。苏军方面，列兵尼古拉·伊万诺维奇·安得列夫是最先下来的人，随后是少尉亚历山大·施瓦奇科。

双方相遇时，互相拍打着对方的后背，以庆祝美苏两军会合，同时相互朝对方大声喊着“你好”。周四两军会师时，场景更是热闹。

罗伯森少尉和他的队员被带到易北河东岸，在那里他们与瓦西里·彼得罗维奇·涅尔多夫上尉见了面，几分钟之后，他们见到了这个河流哨所的指挥官阿诺分·拉里诺夫少校。

苏军举办派对

苏联人马上举办派对，拿出从德军手中缴获的葡萄酒、沙丁鱼、饼干和巧克力，向所有人敬酒，每次都是一饮而尽。美军士兵和苏联士兵都满脸笑容。

约 1 小时后，罗伯森少尉和他的队员才动身返回，还带着 8 名苏联士兵，大家都挤在一辆吉普车上。车子开了很久，一行人才到达位于特雷布森的美军 273D 步兵团的指挥部，向亚当斯上校进行汇报。

亚当斯上校把这群人都带到了穆尔德河对岸的师指挥部，并把苏军士兵介绍给莱因哈特将军。他们一直谈到深夜，相互交换各自军队的部署情况，还安排莱因哈特将军周四下午拜访苏军的师长。同时，他们不停地相互祝酒干杯，向斯大林主席及美国总统致敬，向红军和美军致敬，向美苏两国的友好关系致敬，为法西斯主义早日毁灭，全世界实现持久的和平而干杯。

与此同时，已安排美国记者去访问苏军前线——周三晚上我们大多没怎么睡觉，而且这些天我们一直在翘首以盼美军与苏联红军会师，很少休息。周四早晨不到 8 点钟，我们离开团指挥部，排成长长的队伍，在一辆架有机关枪的吉普车的护卫下，开始跨越这片无人区。

我们发现了一座被炸成废墟的小镇，其中一些建筑物仍在燃烧，但没有看到苏军的身影。我们小心翼翼地围着小镇转了一圈，然后走进去，途中路过一个奴隶劳动营，里面的囚犯向我们挥手。

歌唱却为联谊的盛会

我们穿过广场，经过一尊弗里德里希大帝的雕像，在另一个大广场上停下来。然后有人大喊，我们看到一名高大的苏联年轻军人庄重地穿过建筑物的拱门走过来。后来我们才知道，他就是该镇前哨的指挥官、来自基洛沃格勒市的伊凡·费奥多罗维奇·库兹明斯基中尉。他的部下跟随着他。陪在我们身边的美国士兵向他们涌过去，不一会儿，苏军与美军紧紧握手，相互交换姓名，努力表达对彼此的感激之情。

大约有 20 名苏联士兵走上前来，马上与美国士兵交上了朋友。他们拿出从德军仓库“解放”的一瓶瓶干邑和香槟，还推出了一桶德国啤酒，款待美国士兵。一些苏联士兵拿出手风琴，和美国士兵一起开起民谣歌唱大会来——与其说这是歌唱的盛会，不如说是大联谊会，美国士兵高唱《故乡的亲人》，苏联士兵则高歌苏联爱国歌曲《如果明天还有战争》。

红军“陆军妇女队”的一名女兵从大街上走过来加入我们的盛会，她是来自哈尔科夫的安娜·尤金娜中士。她唱了另一首爱国歌曲，并代表苏联人民向英国人民和美国人民致以问候。

1945 年／5 月 1 日

美军杀死卫兵，解放达豪集中营，解救 3.2 万名被囚者

美联社

【德国达豪 4 月 30 日电】愤怒的美军经过激烈的战斗，消灭或俘虏了那些极其残酷的守军后，攻陷了德国最可怕的灭绝集中营——达豪集中营，释放了其中幸存的饱受折磨的 3.2 万名囚犯。

昨日午餐时间过后不久，第四十二师和第四十五师的将士们驾驶坦克、推土机、自行推进火炮等一切有轮子的东西冲向集中营，向慕尼黑西北部这座臭名昭著的监狱发动猛攻。数十名德国卫兵在令人畏缩的步枪和卡宾枪的扫射下，纷纷倒地。集中营里的士兵一看到这种恐怖的情况，马上在营房里开始快速清理被囚者。

那些在集中营铁丝网罩外劳作的囚犯加入了美军的战斗。他们当中的法国人和苏联人拿起被杀卫兵的武器，迅速行动起来，向那些曾残酷折磨他们的人发起全面报复。

今天，对被解放囚犯的分类工作仍然在进行，但是美军通过集中营官员获悉，一些更重要的俘虏在此不久前已被转移到另一处藏匿地点，可能是蒂罗尔。据说这批人里有斯大林主席的儿子雅可夫，他是 1941 年被俘的；奥地利前总理库尔特·舒施尼格和他的妻子（美方最近解放的另一处集中营有囚犯报告称，本月早些时候舒施尼格博士已被看管卫兵处决）；普鲁士王国的弗里德里希·利奥波德王子；波旁—帕尔马的沙维尔王子；因违抗德国政府布道禁令而被捕的德国路德宗牧师马丁·尼莫拉。此处的一名俘虏自称是法国前总理列昂·布鲁姆的儿子。

那些能看到记录的囚犯说，在过去的 3 个月中，有 9000 人死于饥饿和疾病，或者被枪决。另外，在冬季有 1.4 万人死亡。斑疹伤寒在集中营流行，报道称这个城市的供水已经被这座监狱附近的 6000 座坟墓渗出的水污染。

39 节装满尸体的车厢

战斗结束后不久，铁路旁轨上发现一列有 39 节运煤车厢的火车。车厢里堆满了成百上千具尸体，从中竟然找到一个一息尚存的可怜的活人。这些死难者大多数是波兰人，他们大部分是被饿死的，因为这辆火车已经被闲置在此数日。在一条繁忙的道路两边，躺着许多试图逃走时被杀害的囚犯的尸体。

巴伐利亚农民每天都从这条道路上走过，对路边的尸体和集中营中的恐怖场面视而不见，而把美军攻占这座城市的时机变为抢劫狂欢节，甚至有些德国孩子拿着偷来的衣服，骑车通过这条道路，看也不看一眼地上的尸体。

在美军一番猛攻之后，穿着整齐的德军卫兵的尸体如被撞倒的保龄球瓶般横七竖八地躺在地上，他们都是四处逃窜时被射杀的。集中营的最高军官挥舞着白旗投降，但据红十字会代表称，集中营的真正刽子手在前一天晚上已经逃跑。

这个集中营里关押着 3.2 万名瘦弱憔悴、满脸胡须的男性囚犯以及 350 名女性囚犯，他们被迫挤在木制的营房里。有多名囚犯说，在过去的几天里，有 7000 人被迫步行转移。美军打开他们的囚室时，这些幸存的囚犯全都欣喜若狂，紧紧地拥抱他们的解放者，抱得那么用力，让美国士兵觉得都快窒息了。

很多地方都发现了尸体，还发现了毒气室和火化炉，毒气室被伪装成“淋浴室”，以洗澡的名义将囚犯聚集在室内。堆积如山的衣服默默地见证主人的命运。

据囚犯们报告，上周一位法国将军被屠杀，当时他正向一辆卡车走去，以为自己要被转移，党卫军从背后射杀了他。

美军龙卷风般地猛力攻向集中营。离那列装满尸体的火车不到一箭之遥的地方躺着 16 具血淋淋的德军卫兵尸体，他们是在逃跑时被打死的。

在卫兵营房的食堂里，食物还在厨房里煮着。一个德国军官倒在一盘豆子上，子弹射穿了他的头，他旁边是一个掉下来的电话听筒，听筒内忙音仍然嗡嗡作响。动力室外面躺着两具德军尸体，是被在引擎间工作的一名捷克人和一名波兰人杀死的。

集中营的主体由一条 15 英尺宽的壕沟围绕着，壕沟里流淌着循环的水。在壕沟上，有一道 10 英尺高的栅栏，栅栏上缠着带电的铁丝网。

来自堪萨斯州莱文沃思县的威尔・考林中校把大门上的锁打开时，这个区域依然没有看到人迹。他环顾四周几秒钟，然后听到有人发出巨大的喊声。人群如潮水般拥到平坦的院子里——这个院子的面积相当于6个棒球场——考林中校几乎被团团围住。

被士兵们营救

他被这群沸腾的、摇曳的人群举到肩膀上。人群里有苏联人、波兰人、捷克人和奥地利人，纷纷用母语向美国士兵欢呼。这个美军中校被士兵们夺了回来，但热闹的场景仍旧继续。

许多旗帜出现在营房上。它们高高飘扬，其中甚至还有一面美国国旗，虽然这里只关押着一个美国囚犯。他是来自芝加哥的一名少校，在为战略情报局执行特殊任务时，在德军后方被捕获。

欢乐的人群把自己虚弱的身体压在铁丝网上，铁丝网在一处断开了，如同大坝上出现一个缺口，囚犯们全蜂拥而出，虽然还是被壕沟围着。有3个人想翻越栅栏，但被顶部的铁丝网电死，因为铁丝网目前依然通着电。

两名卫兵从一座塔上向人群扫射，暴露了自己的藏身之处。美国步兵立即把这两个德国兵打成了马蜂窝。随着一声怒吼，他们的尸体被抛到壕沟里。这声巨吼根本不像是从人类的喉咙里发出来的。

在营房里，发现了1000多具尸体——其中有些是昨夜被卫兵枪杀的，其他受害者死于疾病和饥饿。

1945年，美军解放德国达豪集中营，发现大批囚犯尸体。

1945 年/5 月 1 日

独裁者可耻的下场

通过无线电发回《纽约时报》的报道

【米兰 4 月 29 日电（延时报道）】今天上午，人们对墨索里尼和他的情妇克拉拉·佩塔西，以及他的法西斯党徒们的尸体所进行的羞辱并没有在泥沟里结束。

上午 10 点后不久，6 具尸体，其中包括墨索里尼和佩塔西的，被用电线缠着脚倒挂在外露的横梁上。这里原来是一个加油站，离之前的弃尸点只有几码远。他们的身上贴着白色的指示牌，上面用黑色的字母写着名字。后来电线被砍断了，尸体放下来，运到太平间，人群又聚了过来，男人、妇女和孩子们爬上围栏，来看尸体最后一眼。

对尸体进行检查时，发现佩塔西佩戴着一个精致的圆形黄金盒式吊坠，在吊坠的外侧右下角刻有字母，题词是："克拉拉，我是你的，你是我的。"落款是"本"，日期为 1939 年 4 月 4 日和 1941 年 4 月 4 日——大概分别是墨索里尼首次遇到佩塔西的日子和送她吊坠的日子。

贝尼托·墨索里尼及情妇克拉拉·佩塔西（中）的尸首被挂在米兰一个加油站的屋顶上，他们是在逃往瑞士的途中被反法西斯军队士兵枪杀的。

今晚尚无下葬的计划。有人认为应该对独裁者尸首所剩部分进行解剖检查，但是坦率地说，他的尸首已经惨不忍睹，脸被群众踢得完全变形。

1945 年
5 月 2 日

希特勒死于总理府，纳粹称由海军元帅接任

悉尼·格鲁森
通过电报发回《纽约时报》的报道

【伦敦 5 月 1 日电】今晚，汉堡的电台宣布，下午阿道夫·希特勒死亡，海军元帅卡尔·邓尼茨宣称自己被希特勒任命为新元首，说战争还会继续。

关于希特勒的健康状况及他的下落，这几天有了盖棺定论的说法。汉堡的电台称，希特勒已在柏林之战中死于他在总理府的指挥所，就在独裁者贝尼托·墨索里尼被意大利游击队杀死 3 天后。广播员宣布希特勒死亡的消息后，54 岁的德国潜水艇专家邓尼茨马上通过广播向德国民众及尚存的武装部队发表讲话。

邓尼茨首先向德国民众致辞，说他们只有继续战斗，才能从苏联军队手中拯救自己，但是只要西方同盟国依然帮助苏联，他们就会与西方同盟国对抗。在今天给军队的一道命令中，他半遮半掩地重复了想要分裂同盟国的企图。

电台让德国民众准备收听广播

今晚早些时候，德国民众被告知今晚将播报各项重要声明，但没有说内容是什么。晚上 9 点 10 分电台再次重复让大家准备收听的通知，然后播放了一段瓦格纳的《诸神的黄昏》。

几分钟后，播音员说："注意！注意！过一会儿，你将收听到向德国人民播报的严肃而重要的消息。"在播放了布鲁克纳的《第七交响曲》中为纪念瓦格纳而作的慢乐章后，就向德国民众和全世界公布了这则新闻。

呼吁团结

邓尼茨呼吁德国人民自相救助、遵守秩序、遵守纪律。邓尼茨讴歌希特勒是终生服务于祖国的英雄："他与布尔什维克洪水猛兽所做的斗争不仅关系到欧洲，而且关系到整个文明世界……"邓尼茨还补充说："我的首要任务是打退布尔什维克，把德国从毁灭中拯救出来。这是我们的军事战斗继续进行的唯一目的。"

据称，邓尼茨坚持了德国最近所有的宣传方针，这些宣传方针体现在海因里希·希姆莱向西方同盟国投降而不向苏联投降的提议中。邓尼茨说，英国人和美国人现在并不是为了自己的利益而战斗，而是为布尔什维克主义的蔓延而战斗。他要求武装部队对自己如同对希特勒一样忠诚。他保证，自己成为最高统帅，是要"坚决继续与布尔什维克进行战斗，直到把所有的战士，直到把成千上万的德国东部的家庭从奴役和屠杀中拯救出来"。他对武装部队说，希特勒是"德国历史上最伟大的英雄之一"，"如同英雄般献出了自己的生命"。

1945 年 5 月 3 日

驻意德军投降，美军进入米兰
两名德国军官签署投降协议

通过无线电发回《纽约时报》的报道

【意大利盟军前线指挥部 5 月 3 日电】有 6 位记者通过抽签选中前往意大利记录德国投降仪式，其中包括《星条旗报》的霍华德·陶布曼中尉，他曾是《纽约时报》的乐评人。他对仪式的描述刊登在军报上，内容如下：

投降协议签署仪式正好花了 12 分钟。数十万敌军，以及他们控制的数千平方英里土地在一个 18 英尺宽、25 英尺长的房间里被移交给美军。仪式遵循严格的简单程序，像军事行动一般迅速而准确。

德国陆军一级上将冯·菲廷霍夫·谢尔的代表是一名中校。此人高高的个子，一头金色头发已变得稀疏，还长着一缕胡子。他的眼神空洞，看起来他正在努力掩盖所有感情。他看起来就像好莱坞电影里的普鲁士军官。

德国党卫军上将卡尔·沃尔夫的使者是一名少校。此人身材矮小，皮肤黝黑，看起来很紧张。他的脸色很红，似乎是一个很容易暴躁的人。他的表现与其说是冷静得体，不如说是压抑紧张。好几次当摄影师靠近他的时候，他都用愤怒的手势挥了挥手，但马上又克制住自己。他也很清楚自己的角色——整个德国纳粹党卫军的代言人。

两人均穿着得体

这两位德国军官穿着平民服饰，很得体，就像走在邦德街的行人或穿着布克兄弟服饰的人们，但即使穿着这身和平的服饰，他们看起来也不像是能轻易赢得朋友或者影响他人的人——不管他们手中有没有权力。

站在会议桌一端椅子后的摩根中将启动了仪式，他说："我知道你们准备就绪，而且已经被授权签署投降协议了，对吗？"

那名高大的普鲁士中校回答："是的。"

摩根将军向少校重复了一遍这个问题，少校听不懂英文。翻译把问题翻译成德语，少校说："是的。"

摩根将军继续说："经授权，我代表盟军最高指挥官签署这份协议——协议条款将于5月2日格林尼治时间正午开始生效。现在我要求你们签字，随后我会签字。"

普鲁士中校坐下来，在5份协议上迅速地签上了自己的名字。少校紧随其后签了字。他们花了2分钟就代表各自的指挥官完成投降仪式。桌子另一端的摩根将军坐下来，签署了协议，盟军其他军官在他身旁看着。他花了1分钟签完。

1945年
5月3日

副手称戈培尔和元首自杀身亡

通过电报发回《纽约时报》的报道

【伦敦5月3日电】今日早些时候，红军在占领了风雨飘摇的德意志帝国的首都后，向全世界出示了一份由约瑟夫·戈培尔的首席助手提供的关于德国宣传部部长和阿道夫·希特勒在柏林自杀的证词。苏军公告引用了戈培尔的代理人汉斯·弗里切的证词，还称克莱勃斯将军也已自杀。据消息透露，克莱勃斯曾接替陆军元帅威廉·凯特尔的位置，被任命为德军总参谋部的长官。最近有说法认为，他支持海因里希·希姆莱向西方列强提出的和平请求。

阿道夫·希特勒在柏林，此时距他在苏军占领柏林前几个小时自杀身亡大约10天。

弗里切及一大批抵抗部队的头目们是在柏林被捕的，他的证词提供了元首死亡的新版本。此前已经有两个版本，其中一个是元首在战斗中死去，另一个是他死于脑溢血。

自杀似乎更符合戈培尔的性格，他聪明的大脑就像他畸形的脚一样扭曲。作为柏林防御总管及国民教育与宣传部部长，他曾宣布，宁愿留在柏林自杀，也不愿意生活在由“布尔什维克的恐怖”所统治的德国。

作为纳粹党内颇有头脑的愤世嫉俗的宣传家，他毫无顾忌地扭曲了整个国家的思想。他出生于莱茵兰的一个天主教家庭，受过大学教育。自 1922 年第一次听到希特勒演说后，就加入了纳粹党，主要负责该党向德国民众实施愚民政策的工作。在最近的德国宣传广播中，已经听不到他的巧舌如簧和言之凿凿的保证。

今天，美国总统杜鲁门在新闻发布会上宣布，阿道夫·希特勒已死亡。

杜鲁门表示，关于此事，政府已收到权威讯息。他补充说，他确信此事确切无误。

总统的声明来得很突然，出乎人们意料。有人要求他先对墨索里尼之死发表看法，然后再对希特勒死亡进行评论。

他答复说，当然，这意味着这两个战争主犯不需要再受审判。现在这已成事实。

他被问道："这是否意味着官方确认希特勒已死？"

就在这个时候，总统宣称自己很高兴。然后有人问总统，自称为希特勒继承人的海军元帅卡尔·邓尼茨是否会被列入战争罪犯的名单。总统说不会，但没有多说。

1945 年5 月3 日

杰克逊出任战争罪行法律顾问小组组长

路易斯·伍德
发回《纽约时报》的特别报道

【华盛顿 5 月 2 日电】最高法院大法官罗伯特·杰克逊被杜鲁门总统任命为美国首席法律顾问，负责起诉轴心国主要战争罪犯的工作。在宣布这一任命时，杜鲁门总统说，杰克逊大法官已经组建了一个小组，成员来自战争部、海军部及其他几个部门，小组的准备工作正在进行，虽然这些战争罪犯送交军事法庭审判的很多细节尚未安排。

大法官将参加的审判，将在由各同盟国共同组建的一个国际军事法庭进行。

杰克逊大法官发布声明，表示接受这个任务，并承诺美国方面"绝不拖延"

起诉那些“曾以为发动侵略和残酷的战争不会被追责的人”。不过他补充称，他会“像审理其他案件一样，秉承公正的精神”来履行职责。

总统表示，将要出庭受审的人是那些对暴行和战争罪行负主要责任的人，而不是那些亲自执行命令的低级别军官。

总统说，根据1943年11月1日签署的《莫斯科宣言》，有足够证据证明其具体暴行的所有战争罪犯将会在实施暴行的国家被审判。被带到国际军事法庭受审的人将是“重大战争犯罪及其主要代理人和辅助人”，这些罪犯的罪行并没有具体的地域范围。

总统的声明指出，本国政府期望法庭能在1945年5月28日——预计的最高法院休庭日到10月复庭日之间完成审判工作。

1945年/5月3日

陆军少尉抓获伦德施泰特

曾被艾森豪威尔称为敌军最有才干的元帅，劝德意志帝国投降

通过无线电发回《纽约时报》的报道

【巴黎5月2日电】今天官方正式报道，德国的“战略大祭司”陆军元帅卡尔·冯·伦德施泰特在慕尼黑南面23英里处的巴特特尔茨小镇被美国第七集团军抓获，德怀特·艾森豪威尔将军认为伦德施泰特元帅是他遇到的最有才干的德军统帅。（美联社报道称，美军抓获了德国空军西线前指挥官、空军元帅胡戈·施佩勒，他被控亲自指挥了对伦敦的闪电战。还抓获了陆军元帅马克西米利安·冯·魏克斯，他是在巴尔干半岛的德国陆军的指挥官。）

身为军官已有53个年头的伦德施泰特被坦克指挥官约瑟夫·伯克少尉抓获。这是伯克少尉首次上战场，3周前他刚收到前往战场的委任状。一同被捕的还有伦德施泰特的儿子兼副官汉斯·戈尔德·冯·伦德施泰特中尉。

昨晚第三十六步兵师一四一团攻克巴特特尔茨时，伦德施泰特正在该镇接受治疗。当时元帅和他的妻子，以及他们的儿子已经用餐完毕，预计盟军将在第二天上午到达。这位退休的德军领导人已经在巴特特尔茨疗养了一段时间。他现年70岁。

“准备投降”

押解伦德施泰特的美军二等兵赫尔曼·乔布报告说——初步的报告并没有给出他的目的地——他“似乎已经准备好投降”。在经历了现代最卓越的军事生涯后，伦德施泰特于1945年3月13日退休，在那天，他最后一次见到阿道夫·希特勒。在军事意义上，伦德施泰特的年龄使他不再适合回到部队，并且1939年战争爆发时他已经退休，但他还是重新穿上戎装，统领德国陆军集团军在波兰、法国和苏联取得了胜利。

即使在最后，仍无法对他掉以轻心。不到5个月前，他指挥的两支军队突破了阿登地区的美军防线，向默兹河猛冲。虽然在与美军猛烈交战后进攻停了下来，但冯·伦德施泰特已经成功迫使艾森豪威尔将军把在萨尔地区进行攻击的美国第三集团军调到阿登突出部的侧翼，并终止了对科隆平原的进攻行动。

冯·伦德施泰特身材高大、修长挺拔、英姿飒爽，正是好莱坞导演们梦寐以求的贵族将军形象。

1945年

5月4日

闪电进攻拿下仰光

攻陷首府预示缅甸将早早地解放

合众社

【加尔各答5月3日电】今天英国第十四集团军攻下缅甸首府仰光，持续3年的从日军手中解放缅甸的战争几近结束。

今日一早发布的特别公报宣布，自印度边境进入、在炎热的丛林和崎岖的峻岭中跋涉战斗数百英里的英军从两面拥入这座古老的城市，几个小时后，就宣布拿下了它。

日军抵抗部队——曾估计有3万人——据信已经逃往仰光周围的三角洲的乡村地区，或跨越狭窄的马达班海湾向印度支那逃窜。最近几天，在缅甸南部的据点的日军已经溃败，英军以闪电般的速度攻下仰光。

伞兵部队于仰光和海岸之间的区域降落，英军突击部队在仰光市南面20英里处如潮水般涌上仰光河西岸。在伞兵部队和突击部队的支援下，各装甲纵队向南挺进。这是本战区规模最大的一次两栖作战行动，有40万名军人参战。

据信，海军上将路易斯·蒙巴顿勋爵在仰光集结部队，并利用位于新加坡的大型海军基地，准备马上向东进攻泰国、法属印度支那和马来亚等地。据报道，一些追击逃跑日军的部队距离泰国边境只有几英里。

光复缅甸之战——持续3年，其中一些是为世界所知的最艰苦的战争，现在几乎完成——所穿越的原野是如此荒芜而艰难，以至于整个第十四集团军都是靠空中补给。在战役中，很多师整个都是由飞机运输的，形成了一种新型的空战打法。

仰光是1942年3月8日星期日沦陷于日军之手的。夺回这座城市，就切断

1945年，缅甸，一辆行进中的英军坦克。

了缅甸南部的已经零散了的日军的所有补给。这场战役已基本结束，只需剿灭被困在包围圈内进行无望抵抗的日军。

夺回缅甸全部领土的战争，除了与泰国平行的一条从南到东的细长区域外，几乎全部于 1944 年展开。

一年前在英帕尔的敌军

一年前，日军展开了一轮对新德里的攻击，抵达印度边境的英帕尔和科希马，同时其他部队从高山峻岭遍布的阿拉干地区沿孟加拉湾向加尔各答进军。日军两个方向的挺进都被迫停止，英国、美国和中国的军队开始向南挺进。

攻势几乎完全由第十四集团军发起。美国和中国的部队在早期阶段参与，开通了通往中国的史迪威公路。与此同时，印度第十五军打死或者围住留在阿拉干地区的数千名日军，并为同盟国军队的空中补给提供额外的机场。

与此同时，此地的英国官员透露，缅甸国民军正与英国第十四集团军合作，切断敌军的逃离路线，对日军的集中营地展开狙击和伏击。这是忠诚的缅甸军发布的第一份与日军战斗的声明。

1945 年/5 月 4 日

莫斯科报纸称，苏军在柏林找不到希特勒的踪迹

通过无线电发回《纽约时报》的报道

【莫斯科 5 月 3 日电】今日苏联安全部队和军事警察在柏林的废墟中努力抓捕通缉战犯，一再竭力搜寻阿道夫·希特勒的尸首的下落，目前尚无任何方法能证明希特勒、宣传部部长约瑟夫·戈培尔及其他纳粹高层成员的确实施了自杀。

这种怀疑态度在苏联军界极为盛行，军界决意不给这些头号敌人留下丝毫蒙混过关的机会。《真理报》著名的作者尼古拉·吉洪诺夫表达了这种怀疑，他在文章中说，在这座已被占领的满地残垣断壁的德国首都，“没有发现希特勒

本人”。

在这件事情上，吉洪诺夫不可能获得官方尚未公布的特殊讯息，所以可以假定他的意思是今天没有活着的元首掌控柏林。而他以承诺的方式明确指出，希特勒最终命运之谜会大白于天下。

“不管他是已经逃到地狱，还是已经落入恶魔的手掌，或者被守护在一些法西斯保护者的怀抱中，他已经回天无力。”这位苏联作家说，“我们会目睹他的结局。即便他逃走了，不管他在何处，我们都会找到他。”

史汀生相信希特勒已死的消息

今日，战争部部长亨利·史汀生继杜鲁门总统之后，表达了希特勒已死的意见。他在新闻发布会上提到墨索里尼被处决和希特勒“被报告死亡”。他评论道：

“因为有讯息表明，纳粹领袖实际上已经死亡，这两人都逃脱了对其战争罪的审判。但是在人们的心里，他们都会被判处有罪。在历史的记忆中，他们永远是手上沾满数百万无辜死难者鲜血的人。”

他被问及是否可以把他的评论理解为已有证据表明希特勒确信无疑已经死亡。

“我手头的证据并不比通过公共渠道获取的证据更多，但这是我的结论。”史汀生先生回答说。

日方吊唁

因通信故障而无法联系上垂死的欧洲轴心国伙伴，日本已决定接受希特勒死亡的消息。日本外相东乡茂德前往纳粹大使海因里希·斯达门尔的官邸，表达日本政府的吊唁和慰问。

据联邦通信委员会所记录的一系列广播消息，日本同盟通讯社报道了东乡茂德的拜访，并称斯达门尔发表了声明，后者宣称“元首已离世，但他的斗争会继续”。

1945 年/5 月 8 日

德军全线投降

美国、苏联和法国的将军们在艾森豪威尔将军的总指挥部接受德军投降，地点在兰斯的一所学校里

爱德华·肯尼迪
美联社

【法国兰斯 5 月 7 日电】法国时间今天凌晨 2 点 41 分（东部战争时间星期日晚上 8 点 41 分），德国无条件向西方同盟国和苏联投降。

投降仪式在一间红色校舍进行，这里是德怀特·艾森豪威尔将军的总指挥部。

这个投降仪式正式终结了长达 5 年 8 个月又 6 天的欧洲战争。在这场战争中，血流成河，四处残垣颓瓦。代表德国签署投降书的是德国新任陆军参谋长、一级上将约德尔。

沃尔特·比德尔·史密斯中将代表盟军最高指挥部签署了投降书。史密斯将军是艾森豪威尔将军的参谋长。

同时，伊凡·苏斯洛帕罗夫将军代表苏联、斯瓦兹将军代表法国，分别在投降书上签字。（盟军的正式公告将在星期二早上 9 点发布。与此同时，杜鲁门总统将在广播中发表声明，而丘吉尔首相将签发胜利日公告。同一时间，夏尔·戴高乐将军也将向法国发表讲话。）

艾森豪威尔将军没有出席签字仪式，但签字仪式刚一结束，他以最高指挥官的身份接见了约德尔将军和德军另一名代表，海军上将汉斯－格奥尔格·弗雷德堡。

德国人称理解投降条件

他们被厉声问道：“是否明白对德国施加的投降条件？这些条件是否将在德国实施？”

他们回答:“是的。”

德国以对波兰发动无情进攻发起了这场战争,随后连续入侵多个国家,并在集中营施行各种残暴行为,现在它投降了,同时向胜利者提出宽恕德国民众和武装部队的请求。

在签署全面投降书后,约德尔将军提出有话想说,并获得发言许可。

“随着这个签字,”他用德语轻声说,“无论是好是坏,德国人民和军队就交到胜利者手中了。

“在这场持续了5年多的战争中,他们可能比世界上其他任何国家的人民所做到的要更多,所遭受的苦难也更多。”

1945年

5月8日

德国投降:纽约市民聚在自由标志之下

昨日数千人自发举行庆祝活动,人群聚集在时代广场

法兰克·亚当斯

昨日,纽约市数百万市民对于德国军队无条件投降的消息表现出了两种截然不同的反应方式。一群热闹而拥挤的民众以犹如新年夜和选举夜合而为一的汹涌热情迎接这个消息,而这座城市的大部分民众以安静的感恩和祈祷回应这个消息,感谢同盟国在欧洲的战争取得了胜利。太平洋地区正进行着严峻而艰苦的战斗,以及这个国家依然在哀悼去世的总统兼最高统帅,这些现实使人们颇为克制。

自昨日上午9点起,时代广场、金融区和服装区挤满了狂欢的庆祝者。他们吹着响亮的喇叭,举行即兴的游行,飞舞的纸屑填满摩天大楼之间峡谷般的街道。然而在这个大都市的其他地区,兵工厂继续嗡嗡地运转,学校、办公室和工厂也继续着正常的活动,而住宅区内则充满着平静的快乐气氛。

挫败人们庆祝热情的一个因素是大部分民众感到困惑,因为没有官方公告证

实新闻头条和电台广播热切报道的消息。10 天前出现的谣言让人们记忆深刻，而数百万人依然对 1918 年的假停战记忆犹新，所以人们对于这个新闻的真实性普遍存有怀疑。

到了下午 3 点，娱乐区的扩音器响起，消息传进千万名狂喜的人的耳中。消息称，杜鲁门总统的公告发布必须与伦敦和莫斯科方面的声明统一步调，而对期待已久的欧洲胜利日的正式庆祝活动推迟到了今天。这一消息迅速传遍了这些地区，几乎如它在城市商业中心的传播速度一样迅速，然而引起的反应却大不一样。居民们愉快地笑着，但他们也敏锐地意识到在 3 年多的战争中，许多家庭都遭受了丧亲之痛，而且正与日军作战的数百万士兵仍然面临危险，所以他们无法过分地展现内心的热情。

郊外居民区的人们似乎深有同感。在新泽西北部，一些大型兵工厂关闭，但

1945 年 5 月 7 日，纽约时代广场，人们庆祝欧洲胜利日。

是大部分工厂响应政府号召继续开工。政府的呼吁强调，太平洋战区迫切需要飞机、大炮和坦克。在新泽西、韦斯特切斯特和长岛，学校和商业机构依旧有条不紊地继续自己的工作。

成千上万名男女老少聚集到这座城市的各处教堂和犹太会堂，为德国投降的消息进行庄严的感恩祈祷。许多教堂举行特别仪式，其中包括圣约翰大教堂和圣帕特里克教堂。昨日下午早些时候，在圣帕特里克教堂的大厅里，举行了两场特别仪式。得知官方要等到今天才正式宣布欧洲胜利日的消息后，一些原本计划当天晚些时候举行的仪式取消了。许多教堂宣布，将在今天重新举行特别仪式。

上午 9 点 35 分，美联社向世界率先发布德国投降的新闻。6 小时里，时代广场被人群完全封住，任何车辆都无法通行。警方估计，中午 12 点至下午 1 点，广场上聚集了约 50 万人。但到了下午 4 点 30 分，警察已经把街道清理一空，汽车和公交车可以通行。

欢腾的人群还在其他区域聚集，如以华尔街和百老街为中心的区域，布鲁克林市政厅周围的区域，联合广场、麦迪逊广场、先驱广场，在西 30 街的服装制造中心，情况也几乎是如出一辙。而另一方面，在第五大道上，人们兴奋的情形从来没有达到如其他区域一般的高潮。

消息迅速传开

和平常一样，当时只有少数早间闲人在观看时报塔上的《纽约时报》的新闻公告。这些电子新闻公告所引起的反应并不显著，但是人们用口口相传的方式，以惊人的速度传播着这个消息。与此同时，办公室内和高楼大厦内，成千上万从收音机中听到这个消息的人都涌到了街头，人群越聚越多。最终，警察估计，时代广场上大约聚集了 50 万人。

在几个街区以南的服装区，人们的热情达到更加狂热的程度。从街边高层建筑的阁楼窗户上，工人向风中撒着五颜六色的各种碎屑，然后放下工作，乱哄哄地冲到阳光中与大家一起庆祝。

纽约证券交易所的交易依旧在继续，而在交易所外面，人群已经密集。到上午 10 点 20 分，警方不得不封锁了华尔街从百老街路口到百老汇大街路口这一段的车辆交通，还封闭了百老街从华尔街路口到交易所这一段。更多警察被派往该地区处理拥塞。

1945 年 / 5 月 8 日

奥斯威辛集中营被害人数估计有 400 万

苏联委员会报告称，波兰的死亡集中营为希姆莱创建

C.L. 索尔兹伯格
通过无线电发回《纽约时报》的报道

【莫斯科 5 月 7 日电】1939 年到 1944 年间，超过 400 万人在位于波兰克拉科夫附近的奥斯威辛的德国集中营被屠杀。德国人高效地完成了有史以来规模最大的屠杀事件。

这场屠杀的野蛮目的和所使用的方式不仅盖过了许多臭名昭著的征服者所实施的最野蛮的暴行，而且也超过德国人自己先前在迈登涅克集中营、达豪集中营和布痕瓦尔德集中营所创下的暴虐“纪录”。

就在欧洲战争正式结束的前夕，在奥斯威辛灭绝中心进行调查的苏联特殊国家委员会把这个惨绝人寰的故事公布于众。一段时间以来，苏联有许多人，尤其是那些正在编写德国暴行黑皮书的人，对奥斯威辛深不可测的恐怖故事已经有所了解，但此次公布的数据是关于这个恐怖集中营的首批统计数据。

据苏联委员会的报告，有“超过 400 万平民”，来自苏联、波兰、法国、比利时、荷兰、捷克斯洛伐克、南斯拉夫和其他国家，包括匈牙利和罗马尼亚等非同盟国，在奥斯威辛被灭绝。所采用的手段包括“射杀、饿死、毒死和可怕的折磨而死”。

报告称，奥斯威辛到处布满毒气室、火葬场、外科病房、实验室和诊所，以完成这种大规模的暴行。

对于美国读者来说，这份报告似乎不可置信，除非他们已经受到布痕瓦尔德集中营的恐怖场景的“调适”，而布痕瓦尔德集中营的情况已经被充分地调查。

据苏联对 2819 名从奥斯威辛集中营解放的囚犯的采访得出的报告，德国教授和医生对健康人实施各种各样的实验，包括阉割，对妇女施行绝育手术，人工

感染癌症、斑疹伤寒和疟疾等，毒药效果试验，向儿童的心脏注射苯酚致死，或用更简单的方法——把孩子直接推进焚化炉中。

报告称，这座集中营由海因里希・希姆莱所组建。根据希姆莱的命令，1939年开始在奥斯威辛郊区建起一系列房子，足够同时容纳18万到25万名囚犯。

报告称，第一个火葬场建于1941年，然而到了第二年，希姆莱视察集中营，决定必须“改进”，于是由德国的托普弗—森斯公司建造了新的焚化炉。

所建的公共浴室是为了对囚犯按批释放氰化物毒素，而且因为这些“浴室”的致死人数超出了火葬场的容量，所以挖出了深坑，多出来的尸体就在坑中直接用大火焚烧。

报告指出，1943年节俭的德国人决定向舒特姆公司出售尚未焚烧的人骨，用于磷酸钙生产，并付诸实施。除了为此售出的113吨支离破碎的人骨外，还有大量的女性头发被售出，用于工业。

据对波兰、匈牙利、法国、捷克斯洛伐克、荷兰、南斯拉夫、意大利、希腊、罗马尼亚和比利时等国幸存者的采访形成的报告，每24小时，每个火葬场可以焚烧超过1万具的尸体。

1945年1月，亚历山大・沃伦策瓦在奥斯威辛集中营获释后，拍摄了一部相关的纪录片。图为其中一个场景。

1945 年／5 月 10 日

凯特尔在柏林投降仪式上摆出藐视姿态
苏联在柏林批准德国的无条件投降

合众社通讯记者小约瑟夫·格里格为盟军联合通讯社所做的报道

【在柏林的朱可夫元帅总指挥部 5 月 9 日电】今天凌晨，在彻底打败德意志国防军后，在被彻底摧毁的德国首都，一度趾高气扬的德国国防军最高统帅部的名义首领、陆军元帅威廉·凯特尔被带到格奥尔基·朱可夫元帅的总指挥部，在德国无条件投降的正式批准书上签字，全世界见证了德国的这个耻辱时刻。至此，战争终于画上句号。

作为苏联占领柏林后最先被正式批准进入柏林的两名美国记者中的一个，我亲眼见证了这个签字仪式。签字仪式在卡尔斯霍斯特区东郊的居民区内的一所军事技术学院的大厅里举行，大厅被粉刷一新。这所军事技术学院现在是朱可夫元帅的总指挥部。

这份文件与周一凌晨在兰斯签署的投降书的条款几乎一模一样，只根据苏军的要求添加了对投降的德国部队的人数和武器装备情况的更为详尽的规定。

凯特尔从头到尾神情傲慢

盟军方面，朱可夫元帅代表苏联签字，空军上将亚瑟·泰德爵士作为德怀特·艾森豪威尔将军的代表签字，并由美国战略空军司令卡尔·斯帕茨将军和法国第一集团军指挥官塔西尼将军作为见证人。德国方面，凯特尔代表德国国防军最高统帅部签字，同时德国海军司令汉斯－格奥尔格·弗雷德堡上将，以及德国空军司令、一级上将保罗·施通普夫也在文件上签字。

德国武装部队所有首领均在文件上签完字后，这份历史性文件将让德国人在未来的日子里，无法宣称德军是在尚未被打败的情况下结束战争的。

凯特尔个子很高，神情高傲，头发花白，身穿德国元帅礼服，自始至终保持着普鲁士式的傲慢。

凯特尔签署文件后，当盟军首领签字时，他做了最后的努力，企图拖延时间。他把苏联翻译叫到身边，向其长篇大论地提出抗议，说投降文件上有数处小改动，没有给他足够的时间通知部队，因而要求协议生效前再给24小时缓冲期。

大家可以清楚地听到他向翻译不断重复："我坚持认为你应该去问问将军——我指的是朱可夫元帅——告诉他，我要求另外24小时的缓冲期。"

翻译犹豫了一下，显然不知道该如何是好，最后他咨询了朱可夫元帅的参谋部的人。然而，凯特尔没有得到答复，显然苏联人对他的要求置之不理。朱可夫元帅中等个子，身材结实，头发剪得很短，头顶的头发稀疏，身穿苏联元帅礼服，在整个仪式过程中，一直保持着军人的姿态。他只说俄语，所有与盟军远征军最高指挥部人员的对话必须通过翻译进行。

凯特尔和其他德国将领被护送到附近一所别墅等待签署投降书的时候，朱可夫元帅请泰德上将留下来，要与他单独会谈。两人密谈了约半小时，泰德上将向朱可夫元帅提交了投降条款的草案，其中包含了苏军所希望做出的一些修改。下午5点30分，他们走出会议室，朱可夫元帅要求泰德上将给他时间考虑文件的措辞，到下午7点答复。

漫长的等待开始。下午8点，朱可夫将军和盟军远征军最高指挥部的专家还没有就最终文本达成协议。这期间，泰德上将又一次被叫去与朱可夫元帅会谈。直到子夜快到的时候，文件最终定稿，打印并交给德国人。

午夜时分，朱可夫元帅通知代表团成员，请他们进入签署文件的大厅。

在粉刷一新的宽敞大厅里，灯火通明，聚光灯照在紧挨着各主要同盟国代表团后面的苏联、美国、英国、法国的国旗上。长长的会议桌被排成E字形，朱可夫将军神情严峻，坐在中间。他的右边依次坐着泰德上将、苏联副外交人民委员安德烈·维辛斯基和海军上将、盟军海军最高指挥官哈罗德·巴勒斯爵士，以及斯帕茨将军，然后是塔西尼将军，他是从法国第一集团军独自赶来的。

盟军代表团的其他成员包括盟军远征军最高指挥部作战部主管、美国少将哈罗德·布尔，盟军最高指挥部情报部主管、英国少将斯特朗。记者们由负责盟军远征军最高指挥部公共关系的海军上校哈利·布彻、特纳准将和厄内斯特·迪普伊上校陪同。

苏联摄影师挤满整座大厅，代表们花了几分钟时间摆姿势让他们拍照。凌晨

0点7分，朱可夫元帅站起来，阅读了投降文件，然后下令把德国代表团带进来。

0点10分，凯特尔走了进来，紧随其后的是弗雷德堡和施通普夫。凯特尔态度傲慢而冷静，脸稍微有些红。他把元帅的权杖摔到桌上，坐了下来，直直地看着前方，对摄影师视若无睹。曾有一两次，他用手指整了整衣领，紧张地抿着嘴唇。

德国人坐在靠门的一张单独的桌子旁，后面站着4名穿制服的副官和两名盟军翻译。

凯特尔坐下来后，泰德上将站起来，用英语冷冰冰地说道：

“我问你：你是否已经读过这份无条件投降文件？你准备好签字了吗？”

问题被翻译给凯特尔后，凯特尔从桌上拿起一份文件，操着普鲁士腔的刺耳的德语回答：“是的，我准备好了。”

于是朱可夫元帅示意他走到桌前。凯特尔拿起帽子、元帅权杖和手套，慢慢地、小心地把单片眼镜放在右眼前，走过去，坐下来，用很潦草的笔迹签下名字“Keitel”。

第一个签字签署于欧洲中部时间凌晨0点15分。需要签署的文件共9份——俄文、英文和德文版各3份。其中，俄文版和英文版是官方文本。

签字仪式完成后，朱可夫元帅站起来，冷冷地用俄语说道：“我现在要求德国代表团离开房间。”

凯特尔站起来，啪地合上夹着文件的文件夹，傲慢地大踏步走了出去，其他德国人跟着他走了出去。

1945年5月10日，柏林，陆军元帅威廉·凯特尔，第二次世界大战中希特勒的首席军事顾问，签署向西方同盟国和苏联无条件投降的文件。

1945年/5月13日

大部队转移很棘手

西德尼·沙莱特

【华盛顿5月12日电】随着重新部署的日期临近，在未来12个月内，美军将上演人类军事史上最大规模的人员转移行动。它的规模甚至超过了在欧洲的诺曼底登陆，而且诺曼底登陆的规模虽然也很大，但却是逐渐积聚起来的。

根据自欧洲战场取得胜利以来军方公开的讯息，保守估计也将有500万人——也许还要加上50万人——在接下来的一年里需要渡过公海，从欧洲回到美国，还有小规模的部队将从太平洋地区回到美国。然后，部队还要从美国本土回到太平洋地区，最终的目的地是东京。

人数众多的美国陆军后勤部队的总指挥布雷恩·萨默维尔将军透露，要在“不到一年”的时间里从欧洲撤回310万名士兵。有些人员会直接前往太平洋战区，很多士兵已经从意大利坐船奔赴只剩一条前线的战场，但“绝大多数”将返回美国本土休整，然后接受新的任务，符合规定的则会退役。

除了要从欧洲撤出310万人，太平洋战区还有数十万名老兵要返回美国退役。这些人员转移行动正在进行，对太平洋战区的增援也在同时进行。包括驻守欧洲的老兵在内的部队在休整后，将前往东方战场。

“全速前进”

军方没有透露要以多快的速度把全体部队转移到太平洋战区，然而我方军队领导人已经表示，这一天到来时，所下的命令将是“全速前进”，唯一的限制只有航运设施和远东基地是否跟得上。他们严肃地强调，希望尽快打败日本，而要做到这一点，就要遵循福雷斯特定律，也就是“速战速决”。

自欧洲胜利日以来，战争部领导人在一系列会议中透露了重新部署和退役的总安排，具体情况如下：

重新部署——从欧洲转移310万人（留下40万人作为占领军）。这个转移行动将按照以下最低限度的进度表安排进行：

1945年5月、6月、7月，约转移84.5万人，即每月转移28万多人。

1945年8月、9月、10月，约转移118.5万人，即每月约转移39.5万人。

1945年11月、12月和1946年1月，约转移80.7万人，即每月约转移26.9万人。

1945年/5月18日

日本对和平的试探遭摒弃

【美联社华盛顿5月17日电】今日据悉，尽管在中立国的个别日本人正在捕捉无条件投降之外的和平信号，但是到目前为止，没有收到任何来自日本官方的和平提议。

尤其是自马尼拉被攻占以来，许多日本人敦促中立国去打听“美国的真实态度”，但这些日本人只明确表示无条件投降对于日本来说是不可能的，没有具体说明投降的条件。

有报道称，战略情报局曾收到日本一份具体的和平提议。熟悉日本事务的官员被问及此事时，说对此事一无所知。他们强调任何非正式的、来自个人的对和平的试探都是无用的，就像他们无权对掌控日本命运的军国主义者发号施令一样。

日本真正的统治者未参与

美国掌握的所有证据都表明，日本真正的统治者根本无意面对无条件投降的前景，可能要等到日本的军事傲气被显著压制，才会面对它。新任首相、海军大将铃木贯太郎的内阁是一个强硬的政府，由日本帝国的最佳生产专家组成，特别强调开发朝鲜和满洲的战争潜力。

根据目前情形来看，除非和平提议确切无误地盖上日本真正的统治者的印章，它才具有意义，否则只可能表明日本部分人士和少数派的趋向而已。

一个对和平的询问可能来源于日本的富裕阶层，另一个和平试探在某个阶段与日本皇室有所联系，然而这两起试探均以失败告终，因为没有任何迹象表明它们代表着在东京掌权的军国主义者的意图。

据悉，美国的政策是基于这样的想法：如果给予如此非官方的试探不当的关注，会使日本军国主义者以为美国会接受无条件投降之外的和平。

第四章

4
chapter

新时代来临

1945 年 6—9 月

德国被打败后的数月内，全世界陷入一种不稳定的状态，一方面希望在历史上最具破坏性的战争废墟中建立世界新秩序，另一方面仍在等待冲突肆虐的亚洲和太平洋地区的战事终结。1945 年 5 月在旧金山举行联合国成立大会之后，参会国家陆续进入对《联合国宪章》进行全面批准的阶段。在华盛顿，美国国会于 7 月 28 日通过了新世界格局，这个新世界格局是在三大同盟国的最后一次战时峰会上商定的。此次峰会于 1945 年 7 月 17 日至 8 月 2 日在柏林城外的波茨坦举行。如同前几次战时峰会一样，波茨坦会议是在完全保密的情况下进行的，没有记者在场。

《纽约时报》曾经对当时的不确定因素进行揣测，这些不确定因素使先前的战时同盟在欧洲与亚洲的未来安排上产生了分歧。《纽约时报》曾声称有一个因素是确定的，那就是随着英国大选投票在即，丘吉尔即将连任，英国的大选结果是“毫无疑问”的。当丘吉尔被克莱门特・艾德礼的工党所击败时，《纽约时报》迫不得已承认，丘吉尔下台背后隐藏着一些“深层次的力量”。再加上 1945 年 4 月罗斯福去世，斯大林成了在波茨坦会议上唯一一个带领自己的国家走完这场战争全程的领袖。

波茨坦会议的首要关注点是结束这场战争。尽管日本方面曾向莫斯科进行了对和平的试探（苏联方面对此予以否认），倾向于投降的日本人士却无法违抗顽固的军国主义者，他们为天皇的未来忧心忡忡。

8 月 6 日美国向日本广岛投下第一颗原子弹。《纽约时报》破例获得对原子弹开发的最后阶段进行采访的机会。1945 年 4 月，《纽约时报》科学通讯记者威廉·劳伦斯受到“曼哈顿计划”（开发原子弹的超级秘密项目）的主管莱斯利·格罗夫斯准将的邀请，成为该项目的历史记录人。劳伦斯撰写了大量的新闻稿件，但是都被锁在田纳西州橡树岭空军机构的保险柜内，劳伦斯本人也待在这个空军机构里。他目睹了7月在新墨西哥州阿拉莫戈多空军基地进行的第一次原子弹试验。8月4日，格罗夫斯告诉《纽约时报》高层，一件特殊的、现在仍属机密的事件发生时，《纽约时报》将获得独家报道此事件的机会。于是，第一颗原子弹被投下时，《纽约时报》战争部记者西德尼·沙莱特的报道独占鳌头，他在8月7日发表一篇标题为《新时代来临》的报道。两天后，劳伦斯坐上了那架向长崎投放第二颗原子弹的B-29轰炸机。

随后，日本投降，虽然投降的原因不仅仅是原子弹。9月2日，日本代表登上“密苏里”号战列舰签署了投降文件，其中一些人眼含热泪。就在这一天，时代广场的电子布告牌上现出这样的消息：“官方公告——杜鲁门宣布：日本投降。”后来《纽约时报》曾这样写道：“这是所有自由的人们向往的时刻，他们为此刻的到来尽心竭力，流血牺牲。”

原子武器改变了力量的平衡，一夜之间，战争的优势倒向美国一边。8月18日《纽约时报》宣称，现在的问题是如何在全世界使用这种力量。世界的许多地方还处于战后废墟的混沌状态。德国发起了“去纳粹化”的运动，但进展缓慢。法国在夏尔·戴高乐的临时领导下走向新的民主宪政。

但是，在欧洲以外的地区，由于战争而被压制的很多问题在1945年后爆发出来。中东的阿拉伯国家寻求全面独立，并且限制犹太人移民；在印度，甘地呼吁英国信守战时承诺，赋予这个国家独立地位；在印度支那，民族主义者和共产党人反对法国统治的回归；日军被遣返后，中国的内战一触即发。

苏联和西方的关系仍不明朗，而斯大林已经下令立即加速实施苏联的原子弹计划。9月17日，《纽约时报》报道一架B-29轰炸机在朝鲜境内被苏联飞机迫降。两天以后，苏联意图控制北非的勃勃野心被公开。虽然还没有进入冷战，然而一个被不信任和危机气氛所笼罩的和平新时代开始了。

1945 年／6 月 27 日

20 国承诺在 1945 年内批准国际宪章

【美联社旧金山 6 月 26 日电】如果美国参议院能率先快速批准国际宪章，相当多的联合国家就可以及时批准国际宪章，使其在 1945 年年底前生效。

这是今日美联社在安全会议上进行的一项调查所显示的前景。首批答复问卷的 26 国中，有 20 个国家预测其政府可以在年底前批准宪章，没有任何一个国家对批准宪章提出异议，有 6 个国家拒绝给出可能的批准日期。

参加旧金山会议的美国代表团表示，假定参议院批准国际宪章，将会有一大批小国跟随美国的脚步，向该宪章投下赞成票。而参议员们在为美联社在华盛顿做的一个调查作答时，曾指出将批准国际宪章。

国际宪章必须获得所有的大国，即美国、英国、苏联、法国和中国，以及联合国家其他 45 个成员中的 23 个国家的批准，方能生效。

美国、英国和中国，连同另外 18 个小国回答了这一调查问卷，均表示将可能在 1946 年 1 月 1 日之前签字。

如果苏联和法国能快速加入，完成五大国阵容，那么这个新的世界组织几乎可以确定会在 1945 年内成立。

对于批准程序所需时间，各国不一，有的预计要“数周”，例如中国，有的是“可行时间内的最早日期”，例如菲律宾。

有一些国家的代表团，例如英国、挪威、比利时和希腊，则表示即将举行的大选会决定宪章获得批准的日期，但即使是这些代表团也基本给出了 1945 年的某个日期。

澳大利亚代表团给出了一个“非官方”的估计——10 周。秘鲁代表团的预测是“可能在 8 月”；古巴与巴拉圭则称宪章会“快速”获得批准；挪威认为将在 11 月；比利时表示是 12 月；洪都拉斯表示将在 12 月，南非也做出同样表示，但是补充说最终的签署可能要等到 1946 年；玻利维亚说在“8 月或 9 月”；海地则称“在未来的 3 个月内”；卢森堡表示在“秋天”，而多米尼加共和国则宣称“不会有任何延迟”。

1945 年／7 月 2 日

4000 吨炸弹让日本 4 座城市灰飞烟灭

沃伦·莫斯科
通过无线电发回《纽约时报》的报道

【关岛 7 月 2 日电】在黎明前的黑暗中，今天清晨，美国 B-29“超级堡垒”轰炸机遍布日本上空，新对日本 4 座城市进行狂轰滥炸，带给它们破坏与毁灭。这是 B-29 轰炸机有史以来执行的最大规模的空袭行动，执行任务的飞机共有 550—600 架，向本州岛的三座城市及九州岛的一座城市的工业设施总共投放了约 4000 吨燃烧弹。

此次袭击的目标是本州岛的吴港、下关和宇部等三市及九州岛的熊本市。B-29 轰炸机最高指挥部下令一座又一座城市、一个又一个工厂地彻底摧毁日本的工业机构。这些城市的人们第一次体会到燃烧弹不可思议的灼热。昨晚，轰炸机从关岛、天宁岛、塞班岛的基地起飞，数量远远超出参与 1945 年 5 月 24 日东京大轰炸的飞机的数量。那次大轰炸后，东京所剩只有断壁残垣，而今天早晨遭受更为猛烈的轰炸的 4 座二级城市也难逃相同的厄运。

参与空袭行动的飞机编队的规模不断上升。几个月前，有 200 架轰炸机参与的行动创下纪录，然后是 300 架、400 架、500 架轰炸机的袭击纪录。我们已经发誓要同时出动 1000 架轰炸机空袭日本，一旦冲绳的新基地建成使用，我们的誓言将成为现实。

今天早晨的空袭使遭受燃烧弹袭击的日本城市增加到 22 座。至此，燃烧弹轰炸任务累计达 33 个，此外还有若干次定点轰炸和矿区轰炸。在这 22 座被燃烧弹轰炸的城市中，15 座位于本州岛，其他位于九州岛。

美国士兵在东京银座的街区查验 1945 年 7 月 B-29“超级堡垒”轰炸机轰炸东京的轰炸航路的效果。

1945 年 / 7 月 17 日

社论：波茨坦会议的保密性

如同之前所有的战时峰会，三巨头在波茨坦召开的会议也是充满讳莫如深和严格审查的氛围。新闻机构被拒于门外，而新闻机构的代表所获悉的任何与会议沾边的讯息都要被严格审查。杜鲁门总统表示，自己喜欢对会议简单而概括性的报道。但显然这些报道都需要得到共通的许可后才能发表，而且极少提及会议谈判的实际内容。由于会议预计将持续3周，全世界的耐心将经受前所未有的考验。

然而，尽管全世界特别是新闻界，对于这样的讳莫如深是何等怨声载道，机密性被视为此类会议成功举行的必要因素。因为此次会议非同于旧金山会议，旧金山会议的召开是为了对已经拟好的宏伟蓝图做最终的修饰。虽然有普遍接受的原则作为其坚实的基础，此次会议将涉及一些基本决定，而新的世界蓝图将由此呈现。这些决定将事关和平。

这些决定将关系到战争，显然，与日本的战争是本次会议的主要议题之一。杜鲁门总统和丘吉尔首相的陆军、海军和空军最高顾问出席会议就是最好的证明。任何关于战争的决定将自然而然地成为军事机密，只有在未来的军事行动中才能显明。除了敌人，没有人会希望此类决定提前宣布。

但是，现阶段对涉及未来的和平的决定进行保密，在很大程度上是合情合理的。这些决定，即使不过是事先约定的原则落到实处，还是会涉及所有让欧洲多个世纪以来一直战事不断的诸多难题。这些决定将关系到每个国家都会全力以赴争取的边界问题，关系到让人心碎的修复和重建问题，关系到数百万流离失所者和新的驱逐计划，关系到防止必然导致混乱和无政府状态的饥饿与疾病。无可避免，这三个国家对这些问题的许多方面将持不同意见。但同样显而易见的是，势必要对这些不同意见进行调和，那么首先推心置腹进行秘密交谈，相互交换意见，远比在公开会议上直陈问题要妥当。在公开会议上，一旦任何国家宣布了自己的立场，即使可以令其改变，也将面对很大的困难。由于此次会议的讨论内容很可能影响许多其他国家的利益，任何过早的讯息公开将引发风暴式的反施压宣传，而这些宣传可能导致会议一无所获。

对于有些人来说，这似乎颇有“秘密外交”的意味，与威尔逊前总统所倡导的“坦率而不拘形式的外交”及其至理名言“公开的契约应公开缔结”截然相反。但即便威尔逊前总统也未曾设想过这样的情形——每次会议中每个阶段的每一动态都立即向世界宣扬，而他自己在凡尔赛会议中的做法证明了这一点。真正的秘密外交是指秘密地达成协议，并对整个世界秘而不宣。三巨头举行会谈、达成协议这个事实并非秘密，而且杜鲁门总统已经特别声明他不会做出任何秘密的承诺，回国后将马上向国会进行汇报。对此，美国深感满意。

1945 年 7 月 19 日

东京方面通过斯大林传递和平提议一事被否认

发回《纽约时报》的特别报道

【华盛顿 7 月 18 日电】关于日本的和平提议的最新报道遭到否认。今日美国国务院发言人宣布，从来没有收到来自日本政府提出的和平条件。

此前有报道称，斯大林元帅怀揣日本准备接受的终结太平洋战争的条件来参加波茨坦会议。发言人被问及对此事的看法时表示，国务院对这类提议一无所知。

这一声明是由代理国务卿约瑟夫·格鲁于 7 月 10 日做出。在声明中，他表示从来没有直接或间接收到来自日本政府的和平建议，只是说“情况依旧”。在此次发言中，格鲁先生宣布美国只会接受日方的无条件投降。

来自德国的报道称，杜鲁门总统打算在波茨坦会议结束后立即返回本国，放弃原定访问欧洲包括地中海各国的安排。格鲁先生在之前的声明中曾提及，有报道称日本有关方面做出了对和平的试探，但消息未经证实。此番，杜鲁门总统又要早于预计的时间回国。因而，人们认为对日本的战争将有可能提早结束。

1945 年 7 月 22 日

在波茨坦的美国代表团报告，三巨头在欧洲和平协议问题上取得显著进展

雷蒙德·丹尼尔

通过无线电发回《纽约时报》的报道

【柏林 7 月 21 日电】三方会谈中的美国代表团今天宣布，斯大林主席、丘吉

尔首相和杜鲁门总统就如何维护欧洲和平的协议取得了十足的进展。欧洲的和平来之不易，三大同盟国为之付出了极为高昂的代价，其他许多国家同样也付出了代价。

自从周二召开第一次正式会议以来，三大同盟国的领导人每天都举行面谈，今天也不例外，虽然丘吉尔今天早晨在蒂尔加滕的夏洛滕堡大道边的一处观礼台上，观看了英国的胜利游行。

与首相一起站在观礼台上的是工党主席克莱门特·艾德礼、外交大臣安东尼·艾登，以及英国大部分现役元帅。乔治·马歇尔将军、海军五星上将欧内斯特·金和亨利·阿诺德将军等美国客人出席了此次英国的游行活动。

提及雅尔塔会议的决议

据信，在此次会议中，三巨头耗时相当多的问题之一是如何从经济上整合被分割的德国。苏联没有等待其他同盟国澄清或执行雅尔塔会议所达成的决议，就把位于波兰西侧的、从德国夺取的一部分领土划给波兰，补偿其在东部沼泽地带失去的领土。

据报道，在还没有形成任何人口转移措施前，在波美拉尼亚地区及奥得河以东地区，成千上万名德国人被波兰驱逐，向西迁移。据说大约有 900 万德国人受到影响。

今日美国代表团解释说，会议的大部分工作是由专家小组及分委员会完成的，这些小组和分委员会的成员们辛勤工作至深夜，次日向每日召开的外交首脑会议汇报进展详情。与会的 3 名外交首脑分别是苏联外交人员委员维亚切斯拉夫·莫洛托夫、英国外交大臣安东尼·艾登和美国国务卿詹姆斯·伯恩斯。在听完汇报后，他们会决定哪些议题可以提交三巨头讨论，然后为其领导人准备下一次会议的议程。这种安排可以节省许多时间，首相、主席和总统也可以省却耗时的讨论过程，而且这些讨论如果缺乏相关事实作为支持，往往一事无成。

观察家们曾推测英国选举对会议时间的影响。

此间的英国政治观察家认为丘吉尔所领导的保守党在下议院选举中获得多数席位是毫无疑问的。然而，丘吉尔是否能够根据英国宪法要求，在大选结果公布当天保证人在英国或之后立刻返回英国，有观察家表示怀疑。

当然，如果工党赢得大选，丘吉尔和艾德礼可能都必须返回英国，因为丘吉尔作为国王的首相需要移交印玺，而艾德礼则需要组建内阁。有些人认为，无论大选结果如何，首相都得返回伦敦参加重新组阁的仪式。为此，今日的声明显得饶有趣味，因为会议的许多重要工作已经完成。

1945 年 7 月，波茨坦会议上的英国首相温斯顿·丘吉尔、美国总统哈里·杜鲁门和苏联人民委员会主席约瑟夫·斯大林。

1945 年 / 7 月 27 日

英国选举结果公布，丘吉尔落选，最初的三巨头仅剩斯大林

【美联社波茨坦 7 月 27 日电】今日，英国工党在选举中胜出的消息在身处波茨坦的三大同盟国代表团中引起了本年度的政治性的情绪震动。

丘吉尔首相领导的政府在大选中失利，显然再次对原先的三巨头组合产生冲击，斯大林主席成为当年的三巨头中唯一还在位的国家领导人。

第一个冲击是 1945 年 4 月 12 日罗斯福总统离世，他的位置由杜鲁门总统接替。

克莱门特・艾德礼一直跟随丘吉尔在波茨坦开会，所以对会议的讨论知之甚详。

今天下午，在波茨坦的人们的第一反应就是，出于礼貌，艾德礼应当邀请丘吉尔作为代表团成员回到波茨坦。但这只是一种猜测，而且从英国选民的最终选举结果来看，丘吉尔似乎不太可能接受这样的邀请。

艾德礼何时能回到波茨坦，目前尚无权威讯息做出说明，但大部分人认为艾德礼的回归应该是在两天，最多 3 天之后，否则波茨坦会议的临时休会将变为正式休会。

对此，杜鲁门总统和斯大林主席没有做出任何评论。

现在的假设是艾德礼会回到波茨坦，会议将继续进行。

1945 年／7 月 27 日

工党选举大胜，丘吉尔败北
英国左翼党派上台
工党在 640 个议会席位中赢得 390 席，战时政权下台
丘吉尔告别政坛

赫伯特·马修斯
通过电报发回《纽约时报》的报道

【伦敦 7 月 26 日电】今日公布的英国选举结果表明，左翼党派工党彻底压倒保守党，在选举中赢得多数票，上台执政。这是民主史上最令人目瞪口呆的选举结果。

温斯顿·丘吉尔已辞去首相职务，克莱门特·艾德礼接受国王的邀请，开始组建工党内阁。自由党在大选中的失利也同样出乎意料。全世界一直在关注英国政局的走向，现在答案来了，让人意外。从今往后的数月甚至数年，左翼党派将掌控全球政治主导权。

晚上 10 点 30 分，大选最终结果从霍恩彻奇选区传出，工党令人难以置信地赢得了 640 个议会席位中的 390 席，而且议会席位中有 13 个席位的人选要等到 8 月上旬才能确定。

在上届议会选举中，工党只占据了 163 个席位，该党之前的最佳选举结果是在 1929 年，当时它获得了 288 个席位。

保守党席位下降到 195 席

保守党在议会中所占的席位从原先的 358 席下降到 195 席。自由党也失去了 7 个席位，现在议会中只有 11 名自由党议员。

如果算上自由国家党的 14 个席位和国家党的 1 个席位，上届政府在议会中一共仅占 210 席。如果把自由党的所有席位、独立工党的 3 个席位、大众财富党的 1 个席位、共产党的 2 个席位，以及无党派议员的 10 个席位都划归工党，工

党一共获得 417 个席位。

在议会占据如此显著的多数席位，意味着工党可以自信满满地期待一个完整的 5 年执政期，因为工党内阁绝不会因任何不信任案而被迫请辞。

在近 2500 万张选票中，仅工党一党就赢得将近 1200 万张选票。保守党赢得的票数为 900 万略多一点。工党原先拥有的席位一个也没有被保守党夺去，但它从保守党手中抢走了 130 个席位。

此次大选的结果是英国民众从个人角度，否定了丘吉尔出任和平时期领导人的资格。丘吉尔本人也曾为自己拉选票，呼吁人们投他的票，让他再次执政。然而，答案不仅是他所领导的党派被压倒性地打败，而且就在他本人的选区——只有汤姆·汉考克一个人与他竞争，他称其为“愚蠢的汤姆”——3.8 万名选民中有 1.05 万人把票投给了他的对手。他的儿子伦道夫·丘吉尔少校和他的女婿邓肯·桑迪斯都在各自的议员选举中受挫。

1945 年 7 月 26 日，唐宁街街尾，温斯顿·丘吉尔在向乔治六世递交辞呈的途中。

1945 年/7 月 29 日

英国的投票结果揭示深层次的力量

克利夫顿·丹尼尔
通过无线电发回《纽约时报》的报道

【伦敦 7 月 28 日电】英国选民在丘吉尔和改变之间做出了选择。本周，投票箱被打开时，他们选择了改变，英国加入欧洲，转向“左倾”。很长时间以来，英国一直摇摆不定，但因为英国已经 10 年没有举行大选，所以没人可以衡量这一选择的影响会有多大。

如果美国人现在想弄清楚为什么英国人会看似忘恩负义地把温斯顿·丘吉尔赶下台，他们首先必须尊重英国人对观念改变、政府功能改变及政府执政能力改变的殷切渴望。这种强烈的渴望压倒了其他一切因素。

与过去划清界限

保守党失败的原因是低估了平民大众的力量。漠不关心的观察家们，包括笔者，因为陶醉于丘吉尔的个人魅力，同时也被选民外表的无动于衷所蒙蔽，未能感受到英国民众内心这种不可抗拒的力量。

然而，现在让工党内阁进驻威斯敏斯特充分表明，英国民众准备坚决与过去告别，与失业和救济、绥靖和毫无准备、战争和痛苦、承诺无法兑现和国家受挫等彻底告别。

无论他们以其投票是否将有所获，有一点是清楚的，大多数英国民众正在寻求某种未来的保障，以确保实现对战后的希冀和规划，摆脱战争带来的不确定性。

会信守同盟承诺

毫无疑问，艾德礼的新政府不会否定丘吉尔在当政的 5 年间所承诺的任何广泛的国际协议，因为工党领导人也一直参与其中，正如他们也参加了旧金山会议和波茨坦会议。

工党的对手曾经试图用“社会主义者”的标签对其进行攻击，然而获胜的工党绝不是一个工人阶级革命的政党。这个政党的国内政策和国际政策，并不像保守党向选民灌输的那样与英国近代思想不相容。

但英国选择工党的确代表着英国政治趋势深刻而根本的改变，因为选举的结果不仅让一个党派下台，而且也让一个阶级退场。

1945 年/8 月 2 日

社论：波茨坦会议闭幕

经过 3 周的充分磋商，举足轻重的波茨坦会议闭幕。这个会议旨在清理希特勒遗留的可怕问题，并为未来的新世界奠定基石。此时三巨头所肩负的责任也许比之前任何时候都要重大，因为欧洲的胜利给了他们更大的选择自由度，而且他们必须把所做的决定带回自己的国家，并使之生效。

现在，欧洲胜利日已过去近 3 个月。随着冬天的临近，心慌意乱、满目疮痍的欧洲显得越发惶惶不安。这将是欧洲历史上最艰难的冬季。然而在和平战胜战争之前，人们对此无能为力。自欧洲击退来自亚洲和非洲的入侵以来，和平第一次落在欧洲大陆之外的在波茨坦召开会议的三大强国之一美国之手。由于时间紧迫，杜鲁门总统理所当然地回绝了众多国家的邀请，而选择短暂拜访身处普利茅斯一艘战列巡洋舰上的英国国王。此次拜访不仅以得体和优雅的姿态回应了英国国王在战前对美国的访问，同时也表明了英美两国的友谊地久天长，超越任何国家和国际政治的变迁。

必须等到最终的会议公报发表，人们才能了解波茨坦会议做出了什么样的决定。揣测是毫无用处的，可是人们有理由根据会议期间不断重复的关于会议已经取得重大进展的报道而满怀希望。事实上，如果会议没有成功达成协议，前景将会十分严峻，让人无法想象。同时，自先前的会议以来及本次会议期间，三巨头的人员变动已经证明这并非三人之间的会议，而是三国之间的会议。这是三个在特殊问题和利益上需要进行调和的国家。美国不仅在战争取得胜利的进程中扮演决定性的角色，而且由美国总统主持本次会议以收获其果实，这赋予美国特别重大的责任。

从某种意义上说，波茨坦会议是一次和平预备会议，会议期间三巨头力求就世界和平框架达成一致，将来此框架离不开他们的鼎力支持。如果这个预备会想要终有所成，保密性是无可避免的。对于这一点，即使是最热心的公开外交的支持者也不会有所挑剔。会议一旦结束，所有结果就可以公之于众。这些决定在所难免的对世界和平框架的影响需要很长的时间才能显现。但是要记住，据最新的分析，即便是波茨坦会议所做的决定也只是临时的，而且依照程序，此次会议的决定并非世界其他国家必须盲从的命令，还需要经过各国批准才能生效。首先，需要举行一次或者多次和平会议，听取所有受到影响的国家的心声；此外，需要经过三巨头各自国家的政府审批，最后，还需要经受全世界良知的审查。不经历这一系列审批和审查程序，这些决定就无法长存。《联合国宪章》孕育于《大西洋宪章》，经过敦巴顿橡树园会议的磋议，再通过旧金山会议的商榷，并获得美国参议院的批准，才得以成形。这一发展历程及其不断加强宣传、讨论和改进的连续性各阶段，为即将到来的和平条约的缔结程序树立了先例，定下了基调。

1945 年/8 月 7 日

第一颗原子弹投向日本

西德尼·沙莱特
发回《纽约时报》的特别报道

【华盛顿 8 月 6 日电】白宫方面和战争部今日宣布，美军向日本投放了一枚原子弹。这枚原子弹的威力超过 2 万吨 TNT，破坏力相当于 2000 架 B-29 轰炸机所携带的弹药，爆炸力为此前全球最具破坏性的炸弹的 2000 多倍。

这个首先由杜鲁门总统以无比庄严的语气向世界宣读的公告，表明 20 世纪科学的一个新里程碑树立起来，“原子能时代”——原子能是一种既可以推动文明的发展也可以毁灭它的惊人力量——即将来临。

今天上午 10 点 45 分，总统在白宫发表声明：16 小时前——就在美国东部沿海地区的民众享用美味的周日晚餐时——一架美国飞机向日本重要军事中心广岛投下了这单独一枚原子弹。

郑重警告日本

广岛发生了什么现在还不得而知。战争部表示“现在还无法做出准确的报告”，因为整个目标区域为“一片无法看透的云状尘埃与烟雾”笼罩，侦察飞机无法观察到其状况。“一旦得知轰炸结果的准确详情”，战争部部长即会发布。

1945 年 8 月 6 日，日本广岛原子弹爆炸，上空升起高达 1640 英尺的蘑菇云。

然而，在一份生动描写在新墨西哥州进行的第一次原子弹爆炸试验的结果的声明中，战争部描述了巨大的铁塔如何在惊人的爆炸中“蒸发”，如何形成高达 4 万英尺的云状物并冲向天空，以及站在 1 万码外的两名观察员如何被冲击而倒。杜鲁门总统郑重警告称：

“7 月 26 日波茨坦会议向日本下了最后通牒，要求日本无条件投降，以免日本民众遭受毁灭性打击，遭日本领导人立刻拒绝。如果日本方面现在还不接受我们的条件，等待它的就是前所未闻的从天而降的灾难。”

讳莫如深的秘密

总统指出，美国、英国、中国三方政府共同发表的一份联合声明中，已经提出了日本的投降条件，并给出警告，如果日本拒绝接受，盟军将会彻底摧毁日本发动战争的能力。

这种被战争部称为“宇宙炸弹”的恐怖新武器到底是什么？它利用了原子的能量，原子能是宇宙的基本动力。正如杜鲁门总统所说：“我们向那些在远东地区发动战争的人群身上施用的是一种连太阳都要从中汲取能量的力量。”“原子裂变”——换句话说，科学家长期梦想的对原子进行分裂——正是原子弹的秘密。铀这种稀有重金属元素，与镭元素相似，具有放射性，是原子弹生产必不可少的材料。总统发布声明后不久，战争部部长亨利・史汀生在一份声明中承诺：“我们已经采取措施，也会继续采取措施，来确保该矿石的供应充足。”

利用原子能进行让人无法想象的实验一直是这场战争中讳莫如深的秘密。美国迄今已花费近 20 亿美元推进该项研究。自 1939 年以来，美国、英国和加拿大等国的科学家对它展开研究工作。这些实验都是在美国进行的，原因一方面是通过集中攻关提高效率，另一方面也是为了安全起见，万一英国被德军成功占领，原料也不至于落入敌人之手，否则后果相当可怕，是盟军难以承受的。

一直以来，这都是与敌人之间的一场竞赛。极具讽刺意味的是，德国首先开始进行实验，但最终是我们率先完成。德国犯了一个错误，把一名伟大的女科学家驱逐出境，说她是一个“非雅利安人”。而正是这位女科学家掌握着打开原子能秘密大门的钥匙之一，她把所掌握的原子能知识提供给其他人，让人把它们带到美国。德国从未掌握其中奥秘，而正如史汀生部长所称：“美国确信日本在这场战争中毫无使用原子弹的机会。”

对这种能量的清醒认识

无论是官方公告的措辞，还是对外公布这些消息的政府官员们的态度，均无一丝一毫的自吹自擂。一旦意识到我们已经完善了这种毁灭性的武器，并可用于对付那些发动战争并告诉我们宁愿毁灭也不投降的敌人，我们的确感到了些许得意，但这是一个让人高兴不起来的得意，我们清醒地认识到随之而来的艰巨而可怕的责任。

史汀生部长称，这种新型武器“应该会大幅度地加速对日战争的终结”，然而其他一些负责该项目的官员私下认为，这是一个非常保守的说法，在原子弹的攻击之下，日本可能根本无法幸存。

关于原子弹的第一条消息发自杜鲁门总统办公室。记者们被传唤到这里，收取总统这一具有历史意义的声明，而此时总统仍身处公海。

“这枚炸弹拥有 2 万多吨 TNT 的威力，”杜鲁门说，“是英国‘大满贯’炸弹的威力的 2000 倍还多，而‘大满贯’曾是战争史上最具威力的炸弹，所使用的炸药量为 22000 磅。”

炸药量很小

在官方声明中，并没有关于携带炸弹的飞机的详情，也没有说明炸弹的大小。然而，总统说，这枚炸弹的炸药量“极小”。据悉，用于制造炸弹的元素只需微小之量就蕴含巨大的能量。科学家期待和平时期应用原子能，设想未来小小几磅的此类元素，就可以满足潜艇、海轮和飞机周游全世界。可是，如果考虑到各种各样的原因，用于对付日本的原子弹也有可能大得不得了。

地球上第一个遭受“宇宙炸弹”轰炸的目标城市广岛，是一座拥有 31.8 万人的城市，它是——或者说，曾经是——日本的大军需仓库和装载港。除了大型军事补给仓库以外，它还制造军械，主要生产大型火炮和坦克，以及机床和机载武器部件。

杜鲁门总统冷冰冰地告诉日本：“尚未结束。”

“我们正在生产这个型号的炸弹，”他说，“并在开发威力更大的型号。”

总统简述了已故总统罗斯福和丘吉尔首相是如何一致认为在美国进行集中研究是明智的选择的，还提到在美国有许多秘密城市悄悄兴起，曾有多达 12.5 万名的男男女女在这些秘密城市艰苦钻研原子能的应用，这样的场景何等雄伟。即使在今天，仍有超过 6.5 万的工作人员在这些城市工作。

总统说："我们所做到的是历史上有组织的科学研究方面的最伟大的成就。

"我们现在准备更迅速、更彻底地毁灭日本每座城市的所有地面上的生产性企业。我们将摧毁其码头、工厂和通信设施。我们绝不漏过任何一处，我们将完全地、彻底地摧毁日本发动战争的能力。"

1945 年 / 8 月 10 日

杜鲁门警告日本：要么停止战争，要么被彻底毁灭
第二轮大规模空中打击
日本长崎港成为新一轮毁灭性正午攻击的目标

【W.H. 劳伦斯《纽约时报》关岛 8 月 9 日电】卡尔·斯帕茨将军今天宣布，第二枚原子弹已经投向长崎市，轰炸机机组成员汇报"结果良好"。

这种新型的恐怖的秘密武器的第二轮使用发生在日本当地晌午时分。据日本的电台报道，这种炸弹把广岛市 60% 的区域夷为平地，几乎让全体居民丧命。今天的攻击目标是重要的工业和航运区，当地人口约 25.3 万。

这种利用宇宙能量，通过冲击波、爆炸和燃烧摧毁敌人的巨型炸弹第二次投向了日本城市。爆炸发生在日本收到苏联宣战书 7 小时后，这份宣战书是从政治层面对日本发动的"后院攻击"。

轰炸目标是举足轻重的航运港

【美联社关岛 9 月 8 日电】长崎是一座举足轻重的航运港，军用物资从这里装船，部队在这里起航，前往中国大陆、中国台湾、东南亚和西南太平洋地区，增援日军在这些区域的军事行动。同时，长崎也是主要的海军和商业造船及船舶修理的中心。

这座城市还包括位于海港西侧的市郊的两个工业区和浦上地区。这些区域的面积合起来将近广岛的两倍。

虽然长崎的人口只有广岛的 2/3，但它的工业地位更加重要。长崎目前人口估计有 25.3 万，城市中心 12 平方英里的区域建筑拥挤不堪，所以得名“屋顶的海洋”。

斯帕茨将军所发布的关于此次轰炸的公告并没有说明是投放了一枚还是多枚“威力无穷的原子弹”。

广岛变成“死亡之城”

昨日，东京的电台把广岛描述为废墟和死者“不计其数的”城市，并宣称使用原子弹违反国际法。

广播是本周一用法语直接向欧洲播报的。几个小时前，东京已经向西半球的美国听众广播，声称这枚炸弹投放到本州岛南部这座城市时，“几乎一切生物，包括人和动物，全被活生生烤焦致死”。

这两段被联邦通信委员会记录下来的广播，强调了炸弹对生命和财产所造成的骇人影响。

欧洲听众被告知：“8 月 6 日向广岛投放新型炸弹后，该城镇绝大部分区域被夷为平地，居民死伤不计其数。”（美国战略空军昨日报告称，这座城市 60% 的地区被摧毁。）

“炸弹的破坏力难以形容，”广播继续说，“此次攻击所导致的残酷景象令人难以忘怀，大批民众被烧死，尸体数不胜数，根本无法分辨是男人还是女人。”

“这种新型炸弹的破坏力祸害甚广。在爆炸发生时身处户外的人们被高温活活烧死，而室内的人们则都被倒塌的建筑物压死。”

当局至今仍“无法查清伤亡人数”，“在这种情形下，当局正忙着向任何有需要的人提供尽可能的救援，实在分身乏术。”广播接着说。

东京的广播称，建筑物悉数被摧毁，甚至紧急医疗设施也被彻底烧毁，来自周边地区的救援小分队被迅速派往这一区域。

东京的电台还报道说，《朝日新闻》向日本民众发出“强烈的社论呼吁”，号召人们在面对美国的新型炸弹时，要保持冷静，并再次承诺会继续战斗。（据合众社报道，铃木贯太郎首相召集日本内阁在首相府邸召开特别会议，听取关于广岛的损失的初步报告。）

1945 年
8 月 15 日

总统宣布日本已投降
投降方式不合乎规范，杜鲁门称应由麦克阿瑟接受日本投降

亚瑟·克洛克
发回《纽约时报》的特别报道

【华盛顿 8 月 14 日电】今天，日本无条件投降。这个国家通过武力夺取了一个“半球帝国”，在与崛起的美国及其盟国的对抗中，几乎有整整两年丝毫无损。

日本向四大国递交的一纸文书，宣告日本军事阶级的血腥梦想破灭了。在文书中，日本接受了 1945 年 7 月 26 日的《波茨坦公告》中所确定的条款，这些条款是 1943 年的《开罗宣言》的内容的扩展。

依照之前交换投降文件的类似渠道，今天日本的投降文书被发往位于伯尔尼的瑞士外交办公室及位于华盛顿的瑞士公使馆。东京度过了第三个最为煎熬的日子后，于今天下午 6 点 10 分，把这份全面投降文书经由公使馆转交美国国务院。在此期间，曾有多起过早或虚假的关于二战终结的报道，让东京方面更为焦虑。

对日本下达投降令

国务院通过同样的渠道将一份文书发给日本，命令日本即刻停止敌对状态，要求日本方面把下达停战命令的日期和钟点，告知由杜鲁门总统任命的盟军最高司令官道格拉斯·麦克阿瑟将军，并指示日本马上派遣使者与后者见面，向其汇报对日本军队和指挥官的处理的全面而完整的讯息，见面时间和地点由盟军最高司令官决定。

杜鲁门总统召集记者于今天下午 7 点在总统行政办公室举行特别新闻发布会，向记者们提供了 3 份文件。

第一份文件称，他已经收到日本的投降书，并认为该文书全面接受了《波茨

坦公告》的条款，且不含任何限制条件，将“尽早”安排与日本正式签署和平协议，日本将向盟军最高司令官麦克阿瑟将军投降。盟军指挥官已经接到指令，停止作战行动，但正式宣布胜利日必须等到和平协议正式签署之日。它是总统在发布会上唯一宣读的文件。

文件的末尾附上了日本的投降书。在投降书中，日本正式通知四大国（美国、英国、中国和苏联），称日本天皇已经颁布投降诏书，已做好准备按照同盟国提出的条款在文书上签字，而且已经向其指挥官下令停止正在进行的行动，在他们的权力及可控范围内，交出全部武器，解散所有军队。

总统向民众致辞

新闻发布会后，平常沉闷无比的华盛顿市民开始举行喧闹嘈杂的胜利游行。杜鲁门总统在夫人的陪同下，走到白宫广场中间面对宾夕法尼亚大道的喷泉前，向欢呼的人群打出“V”字形的胜利手势。

但不断壮大的人群和总统本人都感到意犹未尽，故而总统听到人群发出的强烈呼声后，便返回白宫，站在北门廊中发表讲话。在讲话中，他说目前的事态如同珍珠港受袭一样紧急，我们必须以同样的精神应对。晚上，他再次出现在人群当中发表讲话。

然后，他回到官邸，立刻开始为和平问题埋头工作，包括影响经济复苏、失业、工时工资标准和工业规模缩减等国内问题。这些问题比他之前遇到的任何问题都更复杂、更难解决，必须重启相关计划和措施，它们曾因处于战时状态而不得不被搁置。

但为了应对这些问题，恢复和平时期的状况，总统还是采取或者宣布了一些即时措施，内容包括：

1. 战时人力委员会废除一切控制。这是 3 年来首次创造一个自由的劳动力市场。该委员会还设立了一个计划来帮助失业工人和退伍军人找到工作。此条即刻生效。

2. 海军取消近 60 亿美元的一级合约。

今天通过瑞士收到的文书确认了日本的投降提议。这个提议是继美国空军史上首次动用原子弹以摧毁广岛及苏联对日宣战后一周左右送到美国的。华盛顿方面收到这份文书时，苏联军队正在击退位于亚洲包括萨哈林岛上的日军。在英军的支援下，美国陆军、海军正出动各自的航空兵部队奋力轰炸日本列岛。

今晚，总统宣读这个公告时，珍珠港受袭之日已经过去三年零二百五十天。珍珠港受袭事件揭开了美国对日战争的序幕。紧随其后，美国向其他轴心国德国和意大利宣战，从此卷入全球冲突，而现在，就军事阶段而言，美国已经完胜敌人。

如果今日美国没有收到日本的投降文书，总统再不情愿也会下令让日本所有民众知晓原子弹所造成的骇人听闻的人员伤亡和破坏。

以收到东京方面的投降文书而于今日宣告为结束的这场前所未有的战争中，存在着一些极为残暴的场面。因为总统和政府高级官员们对这些场景永志不忘，所以他们像每一个有儿子或者丈夫在太平洋作战的母亲、父亲及妻子一样，心急如焚地等待着宣告这场战争结束的话语。

如果日本选择不投降，毫无疑问，那将是国家式的自杀。但在华盛顿方面，还有许多人，譬如这个奇怪民族的学生或者受到东方元素蛊惑的人，预测日本军事领导人将做出另一种选择，而日本民众会服从其决定。他们争辩说，日本人不会让自己的神，即天皇，屈服于一个外国敌人，而会集体自杀。

但是，现如今这个神降身为普通人，代表其他被征服的人并与他们一道，听

1945年8月15日，哈里·杜鲁门总统向白宫记者团宣布日本投降。

令于一个凡人，尤其是这个凡人竟为外敌精神之化身，这个最致命的打击彻底粉碎了至高无上的神话，摧毁了这个帝国的梦想。天皇以及他的大臣和将领们，不得不接受这个事实。事实反驳了日本军国主义者一直倡导的疯狂理念，即毫不置疑地服从以天皇的名义发布的命令，然而或多或少地，天皇本人也难辞其咎。

1945 年
8 月 19 日

社论：18 个生死攸关的日子

1945 年 8 月的前 18 天可谓近段历史上最惊心动魄的日子。这段日子是否可以成为最吉祥的时光，取决于我们如何应对这些日子以来所发展而成的结果。在这段日子里，各个事件疾速更替，高潮迭起，以至于 3 周前的情况现在看来如同遥远而古老的历史。首先，8 月 2 日，《波茨坦协定》发布，满怀希望地承诺在欧洲恢复民主和公民自由，并提出切实可行的政治经济建议。这个文件无疑会获得人们毫无保留的接纳。

其次，8 月 6 日，第一枚原子弹投向日本的消息发布。这种骇人听闻的武器人们可以接受，是因为它会缩短这场血腥的战争，是因为终有一天这种武器承载的科学知识会减轻全人类的负担。但是，它所带来的无区别屠杀绝不会轻易被美国民众的良知所接受，并且未来如何控制它，始终会让人胆战心惊。

第三个事件，8 月 8 日，苏联终于对日本宣战，并立即进兵满洲。苏军的快速挺进再次证明了日本的弱点，所以 8 月 10 日日本发出投降提议也就不足为奇了。令人啧啧称奇同时也让人紧张的是，大日本帝国近日里的傲慢自大、挑衅性的宣传和不负责任的延误。

民众在上周二和上周三为和平的到来欢呼雀跃地进行了庆祝，在一些城市，庆祝甚至有了狂欢的味道，这些场景将会长期地留存在人们的记忆里。可能在全国还有一些好静的人没有这般大张旗鼓地庆祝，他们只是走出房子，来到前门廊，再次呼吸和平的空气，或留在家里或待在教堂里祷告，或如千千万万的妻子和父母所做的那样，默默把感恩放在心底。自 1861—1865 年的美国内战终结以来，这个国家首次体验到如此感人的遭遇。

然而，无论是在喧闹的庆祝中，抑或是随之而来的静谧中，都明显地透露着一丝对未来的担忧。自由，人们为之长久奋斗的目标，为之付出高昂代价的目标终于实现，但是这个目标实现后，人们也意识到这是战争的胜利。它充其量不过是个消极的东西，仅仅是终结了战争的危险和恐怖，却无法挽回失去的生命，无法恢复损失的财产，无法再建战前存在的生活条件。胜利本身不会建立永久的和平。

因此在胜利的第二天清晨确实需要恢复理智。各色新问题浮现出来。在国内，我们即刻面临艰巨的任务，要把战争时期的生产转变为和平时期的生产。不会有任何战时工人愿意为了保留自己的工作而牺牲他人的生命，但是他不禁会为自己的未来而担心。大部分的陆军士兵、海军士兵及海军陆战队队员都希望能尽早退伍，但是现在他们必须问自己在平民生活中将会获得什么机会。

在那些饱经战乱之苦的国家，从苏联、法国、巴尔干国家到中国，此刻的前景更为糟糕。在废墟中，安全和繁荣之树成长极为缓慢。自由是甜美的，但是它当不了食物、衣物、燃料或者庇护所。假以时日，自由是会带来这些东西的，否则我们所有的希望将是徒劳，但是时间是必需的，而不计其数的人会发现自己难以等待。

所以，这些和平新生的日子同时也是危机四伏的日子。我们必须让宽慰迅速传递到国内外那些最需要安慰的人们身上；我们必须通过政治经济的重建让和平永存；我们必须正视广岛和长崎的恐怖遭遇，重新思考《联合国宪章》所肩负的责任；我们必须扪心自问，在创建友善解决国际争端的新机制的进程中，是否已经走得足够远。两次原子弹爆炸足以表明不仅和平是令人向往的目标，现在我们还必须为文明的生存而奋斗。

1945 年 8 月的这些生死攸关的日子里，许多付诸人性之上的新责任落在了美国的肩上。我们成为世界上最强大的国家。5 年前，真心实意的，或许是不明就里的，美国民众可以谈论孤立政策。而如今，我们成为新恐惧和新希望的中心与焦点，而中心是无法被孤立的。

1945 年/9 月 1 日

日本因战败而痛苦不堪，为东京受袭而愤怒不已

弗兰克·L. 克拉克洪
通过无线电发回《纽约时报》的报道

【东京 8 月 31 日电】这个被打败的国家正痛苦不堪。全体民众都“深感遗憾”。日本并非败于战争，而是败于原子弹这种卑劣的新发明。他们想知道为什么我们要把东京夷为平地。他们甚至想带我们去现场察看，告诉我们，这是何等卑鄙。

如果你问他们为什么 1941 年 12 月 7 日要袭击珍珠港，他们会感到很尴尬。如果他们问及为何东京会遭受如此严重的打击，而你的回答是“马尼拉所遭受的打击更为严重”，那么你就让这些东方人“丢脸”了。

我成为进入横滨的首批记者中的一员，乘坐拥挤的火车来到东京后，才发现这一点。

坐车从厚木机场到横滨的沿途，我们看到农民们背向我们，不愿看到我们。我们看到有名士兵赶走 3 个想要看我们一眼的女人，逼迫她们藏起来。我们在横滨采访时，看到城市遭受的重大破坏。横滨是日本的主要海港和重要工业中心之一。我们看到人们住在铁皮屋里，它替代了家园。我们发现好奇心几乎战胜了孩子们的纪律，因为他们在躲进门后之前，对着我们咧嘴笑。我们看到一个被打得头破血流的人。

我和美国广播公司的戈登·沃克一起乘坐普通的通勤列车进入这个战败帝国的首都。这不是一次毫无紧张感的旅程，但最终没有任何不幸的事情发生。

我们从厚木机场驶向横滨，沿途感受到日本民众的不友好，甚至是敌对的态度。我们进入横滨时，再次遭受民众冷冰冰的眼神。很显然，这个国家正因为战败的打击而痛苦不堪。

在火车站我们遇到了两名修女，一个是英国人，另一个是法国人。她们刚刚一起从首都过来，告诉我们说，如果我们穿着美国军装旅行，不一定安全。但我们坚持要这样旅行时，她们帮我们买了火车票。

我们走上一个类似纽约拉伊火车站的木制站台，登上一列全是三等座的火车。坐在我们这节车厢的大多是被遣返的日本兵。他们全身或半身穿着军装，还有几名身穿长裤和衬衫的女子。长裤和衬衫是女性在战时穿着的服饰，平时她们通常穿和服。

这些人对我们的敌意很深。身处已经与我们进行了很长时间的战斗的人中，给人一种特殊的感觉。此次旅程耗时 50 分钟，其间，火车每隔五六个站台就会停一次，而我们两人变得越来越紧张。车厢变得如同高峰期的纽约地铁一样拥挤。

我们想通过询问火车什么时候到达来打破紧张的气氛，得到的回答很简短。我们询问的第一个士兵甚至拒绝和我们说话。

工厂被夷为平地

我们凝望着窗外位于首都和海港之间的被彻底摧毁的这片工厂区。这里曾是世界上人口最稠密的地区之一，现在已成为一大片波浪形铁皮棚户区，生活条件比 20 世纪 30 年代美国经济大萧条时期加利福尼亚州俄克拉何马移民区还要糟糕。然后，我们回过头来看到那些充满敌意的眼睛。沃克先生和我尝试着彼此说说话，但是这似乎惹恼了日本人，所以我们只好闭上嘴巴。

我们终于到了一个还未被破坏的车站，下了车，在成百上千名日本士兵的怒视下，穿过人群，走过地下通道，来到街上。我们试着拦辆出租车，但是没人搭理我们。最终我们走进一家银行，询问是否有人会说英语。我们遭受更多的怒视，人们根本不理睬我们。我们走了大约一个街区，才看到一个人正要坐进一辆带司机的豪华汽车，我们马上上前，尽可能摆出一副威严的面孔，要他送我们到帝国大饭店。他同意了，但却拒绝与我们说话。

在这漫长的一天里，我们一开始遭受的“冷遇”随后变成了对我方战机轰炸的抱怨。

我们所遇到的人中，几乎没有不谈及横滨至东京的工业区被“超级堡垒”轰炸机完全摧毁的惨状的。他们想知道为什么我们要轰炸东京，这种行为如何能标

1945 年，遭盟军大规模空袭后，东京烧焦的废墟。

榜为“文明”。

他们说，停止战斗只是因为裕仁天皇下了命令，他们本可以抵抗侵略。

对于美国飞机现在还在宫城上空盘旋一事，我们遇到的日本人几乎都是满口怨言，他们认为这是典型的“直接羞辱”。在开往帝国大饭店的 5 分钟路程里，我们看到东京的许多主要建筑仍然屹立不倒，虽然工厂区和住宅区在很大程度上被夷平。在酒店前台，一位讲英语的日本人向我们问好，对我们说：“你好，是克拉克洪先生吗？”似乎我们之间从来就没有发生过战争。他拿出登记簿让我签上名字，然后问到了战争爆发时《纽约时报》驻东京的通讯记者奥托·托里斯克斯。我们在横滨碰到的两位修女建议我们去找来自华盛顿的帕特里克拜·恩华神父。我们依言找到了他，他走下楼来，兴高采烈地与我们握手，并把我们带到他的房间，向我们介绍了一位在整个战争期间保护他的秘密警察。

朝日报社的记者宫本智之也在房间里，他进而想采访我们。他给朝日报社打了电话，几分钟后，来了一名摄影师和一名男子，我们认为男子应该是个秘密警察。这个身份不明的人问我们，美国对日本持什么态度，为什么轰炸东京，如何看待轰炸的影响等。我们说轰炸对东京造成的伤害“并不如马尼拉”，因为那里彻底地被夷为平地。他痛苦地看了我们一眼，然后迅速离开。

虽然朝日报社的记者坚持认为上街是非常危险的事情，我们还是到酒店对面的公园逛了逛。其间，我们再次遭受人们的冷眼。

1945 年/9 月 2 日

日本将军签字时，东京方面的副官流下眼泪

美联社

【东京湾美军“密苏里”号战列舰9月2日电】今日庄严的投降仪式在“密苏里”号战列舰上举行，这是日本富于传奇的2600 年的历史中的首次战败。仅花了几分钟，12 个签名就被签署在投降文件上。

此刻，在美国海军和陆军的力量的环绕中，在曾被残酷地击败于菲律宾和马来亚的美国和英国指挥官的炯炯目光之下，日本代表悄无声息地在纸上签下自己的姓名，终结了血腥的太平洋战争。

日本代表团按预定时间于上午8点55分（东部战争时间周六下午7点55分）登舰。他们全体乘坐悬挂着美国国旗的快艇抵达“密苏里”号战列舰。

代表团由日本外相重光葵带领。他步态僵硬地登上梯子，拖着右腿一瘸一拐地往前走，它是一个假肢。多年前，一名朝鲜人在上海投炸弹把他炸伤。

重光葵代表裕仁天皇第一个签署文件。他脱下了高高的帽子，摆弄了一下钢笔，然后重重地在投降书上签下自己的名字。投降书长 18 英寸，宽 12 英寸。重光葵首先仔细地签署了将交给美国的那一份，然后再把名字签在第二份上，这份副本将由日本保留。

日本帝国参谋总长梅津美治郎将军紧随其后，毅然坐了下来，在文件上潦草地签下自己的名字，似乎极为匆忙。他签字时，大家看到现场一名日本大佐擦着眼里的泪水。所有的日本人看起来都是满脸疲惫和紧张。梅津美治郎将军签字时，重光葵在一旁焦虑地看着。

下一个签字的是麦克阿瑟将军。作为盟军最高司令官，麦克阿瑟将军代表的是战胜的全体同盟国。他立即让曾在巴丹半岛和科雷希多岛的乔纳森・温莱特中将以及曾在新加坡的阿瑟・珀西瓦尔中将上前。这两位战败的盟军指挥官现在得以品味他们的胜利时刻。他们走上前，温莱特将军引领麦克阿瑟将军落座。

1945 年 9 月 2 日，日本外务大臣重光葵在泊于东京湾的美国海军“密苏里”号上签署日本投降书，麦克阿瑟将军站在麦克风前。

麦克阿瑟将军签字共用了 5 支钢笔。第一支钢笔签完文件后，他立刻递给了温莱特将军，第二支交给了珀西瓦尔将军，第三支是海军舰船上发放的普通钢笔。麦克阿瑟将军拿出第四支钢笔，据估计它会被送给杜鲁门总统。随后他拿出第五支钢笔完成签字，这支钢笔可能是他留给自己的战争纪念物。

温莱特将军和珀西瓦尔将军显然非常开心，他们精神抖擞地敬礼。随后签字的是脸色平静的海军五星上将切斯特・尼米兹，他代表美国签署文件。之后是中国的代表签字。

麦克阿瑟将军俨然一个轻松欢快的典礼司仪。在日本代表签字前，他做了一个简短的介绍性声明，然后让每个国家的签字代表依次上前。英国代表签完后，接着是苏联代表。

苏联的这位参谋将官迅速签完文件，甚至还在签字时，把椅子转到更舒适的位置。这位苏联代表起身敬礼时，麦克阿瑟将军满意地笑了。之后澳大利亚代表、加拿大代表、法国代表、荷兰代表和新西兰代表依次迅速签字。澳大利亚代表、陆军上将托马斯・布莱梅爵士首先签署的碰巧是日方的副本，但从他脸上的神情看，似乎并不介意。

最后，是新西兰代表签字。从仪式开始到结束，用时不到 20 分钟。麦克阿瑟将军用坚定的语气正式宣布签署程序结束。

日本代表团准备即刻离场，令他们痛苦不堪的烦琐的签字任务终于完成了。

这个历史性的签字仪式是在船尾甲板的一张长条桌上完成的。所有同盟国代表均脸色严肃，但是很显然他们很高兴仪式结束了。所有士兵、水手和海军陆战队队员们，严肃的脸上几乎无法掩饰内心的热情，他们当中有一部分人是在太平洋战争中一路打过来的。

1945年/9月2日

进入日本的美国人看到完全陌生的土地

关于敌人故乡的一些特征

亨利·沃尔夫

进入日本的美国驻军，所看到的这个国家和它的人民，会与电影和流行小说呈现的极为不同，可能会感到失望。

国家和气候：日本的4座主要岛屿加起来面积还没有加利福尼亚州大。本州岛是它的主岛，面积几乎为其他3个岛屿总面积的两倍。这个国家大部分是山地，只有1/8是可耕地，而且地震频发。这些岛屿属于温带气候，气象变化多端。九州岛和四国岛冬季温和，本州岛东海岸冬季也偏向于温和，但其西海岸冬季则是冰雪覆盖，严寒凛凛。位于北部的北海道岛，冬季极为寒冷，不适宜居住。总而言之，日本夏季短，炎热且潮湿；冬季长，寒冷而清冽。

人口：日本人口7500万，主要集中在沿海地区，例如东京至横滨地区，大阪—神户—京都一带，还有名古屋和长崎等地。天皇的臣民大约一半住在乡村或个人农庄。然而，还有大片的土地根本无人居住，尤其是本州岛西部和北海道地区，因为这些地区要么是重峦叠嶂、地形崎岖，要么是冬天极其寒冷。

自然资源：推动日本向南洋发动战争的一个主要原因是获取所匮乏的原材料。日本也蕴藏着一部分自然资源，如煤炭、石油、硫、盐、铁、铜、铅、锌、铬、白砷、黄金和白银。几年前，日本的铜几乎是可以自给的。然而随着战争工业的兴起，需要以出口来支撑原材料的进口。日本在中国深陷长期冲突，铜的消耗加剧，进口变得至关重要。以日元的价格计算，黄金是日本战前产值居第二的金属。而煤炭方面，日本的产量适中，但是必须进口炼焦煤和无烟煤。

日本的统治者

政府：日本政府只在理论上有代表性，实际上它是寡头统治。政府的最高领导人为天皇，最起码在名义上是如此。在天皇之下是帝国议会，由众议院和贵族院构成。但在天皇和议会之间，还有帝国内务省、枢密院、元老院、首相以及陆军和海军的头目。这种政治体制使得外国人无法摸透日本真正的统治权力分配。

独裁者：日本最大的会社为三井和三菱两个利益体。它们的商业分支遍布全球，为财团积聚了大量的财富和权力，例如三井会社拥有或控制银行、商场、航运、工厂、国际贸易公司、报纸、纸浆造纸公司等。因为日本普通民众在西方意义上几乎毫无购买力，所以三井和三菱的成员们的利润主要来自国际贸易。

语言障碍

语言：日语的口语不会成为不可逾越的困难，但我们的人是否愿意费力去学习书面日语是值得怀疑的。日语大量使用元音，日语词汇发音并不难，而且理解也比较容易。但书面日语却是一种表意文字，学习起来非常困难。在沿海的大城市，尤其东京至横滨地区及大阪和神户地区，许多日本人会说点英语，或者至少能读一点英文。在日本，英语是最被广泛理解的外语，是远东地区广泛使用的商业语言，几乎所有从事国际贸易的日本人都懂英文。

娱乐：我们驻守日本的士兵将不得不随身携带自己的娱乐器具。当然，他们也可以去旅游，例如去富士山和伊势神宫。日本戏剧（严肃的能乐和滑稽的歌舞伎）对于所有人来说都是无法理解的，只有个别对日本文化本身感兴趣的人能听懂。舞厅、夜总会在珍珠港事件发生前就关闭了，当时，这个帝国开始感受到旷日持久的“支那事变”所带来的沉重的经济和社会压力。

饮食和体育运动

饮食：战前东京到处都是小餐馆和茶馆。现在，暂且勿论空袭所造成的破坏，食品状况无疑是非常糟糕的。喜欢肉食的美国人可能无法热衷于以米饭和鱼为主要食物的日本料理。但是新来者可能会喜欢品尝寿喜烧或天妇罗，同时要上一杯名叫“清酒”的米酒。

体育运动：棒球是日本人最喜欢的运动。这项运动很受欢迎，在战前美国棒球运动员是日本球迷心中的英雄。对于我们与日本的关系来说，这并非一个微不足道的事实，它有助于解释敢死队冲锋时看似莫名其妙的景象——日本士兵在被击中跌倒时，总是尖声高喊：“滚吧，贝比·鲁斯！”现今战争已然结束，棒球或许能现实地成为让日本青年接受我们的思维方式的一种心理因素。

1945 年 9 月 2 日

杜鲁门宣布对日战争胜利日的致辞的全文

在《纽约时报》录音室录音并记录的杜鲁门总统的对日战争胜利日演讲，全文如下：

美国同胞们、东京湾“密苏里”号战列舰上的盟军最高司令官麦克阿瑟将军和同盟国代表们：

所有美国民众的心思和希望——实际上也是整个文明世界的心思和希望——今晚都聚焦到“密苏里”号战列舰上。在这块停泊于东京湾的小小的美国领土上，日本人正式放下了他们的武器，签署了无条件投降书。

4 年前，整个文明世界的思想和恐惧被集中于另一块美国领土——珍珠港。自此为起点的对文明的强大威胁现在终于偃旗息鼓。通往东京的道路极其漫长，而且血流成河。我们将永远铭记珍珠港事件。

日本军国主义分子也永远不会忘记“密苏里”号。

日本军阀所制造的不幸永远不能修补，永远不会被遗忘。但是他们已经被剥夺了破坏力和残杀力。他们的陆军以及所剩无几的海军如今已是无能为力。

对于我们所有人来说，首先要向万能的上帝表达感恩之情，是他在那些危机四伏的黑暗日子里，支持我们和我们的盟友，是他让我们在脆弱中成长为历史上拥有最强战斗力的国家，如今他亲眼见证我们战胜了试图破坏他所创造的文明的那些专制力量。

上帝保佑，在这个让我们无比自豪的时刻，我们不会忘记仍然摆在我们面前的艰巨任务。在过去的4年，我们怀着无比的勇气、热情和耐心面对考验，克服了困难，我们将以同样的勇气、同样的热情和同样的耐心来处理这些难题。

当然，首先我们要缅怀——满怀感激之情及深深的责任感去缅怀——在这场可怕的战争中遇难或者受伤的亲人们。在陆地、海洋和空中，美国的男男女女献出了自己的生命，所以，最终胜利的日子才能到来，世界文明才得以生存。没有任何胜利可以弥补他们所失去的。

我们会想起那些因这场战争中死去的人而受到伤害的人，战争夺走了他们所挚爱的父亲、丈夫、儿子、兄弟和姐妹。任何胜利都带不回他们渴望看到的那些面孔。

只有知道这些牺牲所换来的胜利会得到明智的利用，才可以给予他们安慰。我们这些活着的人有责任确保这场胜利无愧于为之牺牲的人们。

我们还会想起在我们的军队里和遍布全世界的商船上数百万计的男人与妇女们，经过多年的牺牲、艰辛和危险，他们一直受到上天保佑而幸免于难。

我们还会想起那些男人、妇女和儿童，想起他们多年以来独自在家，在孤独、焦虑和恐惧中煎熬。

我们还会想起千千万万的美国工人和商人、农民和矿工，是他们构筑了这个国家的战斗力，为我们的盟友输送抵御和战胜敌人的武器。

我们还会想起我们的公务人员，以及成千上万的美国民众。在这些艰苦的岁月里，他们牺牲个人利益，服务于我们的政府；想起征兵服务委员会、配给供应委员会的成员们；想起民防和红十字会的工作人员们；想起劳军联合组织以及娱乐界的人士——想起所有对这场为世界的自由和尊严而战的共同斗争提供过帮助的人。

我们会想起我们已故的英勇领袖富兰克林·罗斯福，他是民主的捍卫者，是世界和平与合作的建筑师。

我们会想起在这场战争中勇敢的盟友们；想起抗击侵略者的人们；想起那些因为不够强壮而无法坚持到最后，但灵魂却一直燃烧着抗争火焰的人们；想起那些挺身而出与逆境抗争，并一直坚守，直到联合国家一起为战胜邪恶力量而提供武器及人员的那一天。

这不只是武器的胜利，这是自由对专制的胜利。

从我们的兵工厂驶出的坦克和飞机在敌人的心脏炸开血路；我们的造船厂生产的船只在世界所有的海洋上搭起输送武器、物资的桥梁；我们的农场为身处世界各个角落的美国陆军、海军以及我们所有的盟军提供食品和纤维；我们的工厂、矿山为克敌制胜提供原材料和各式设备。

但这一切的背后是一个自由民族的意志、精神和决心。这些人了解自由的真谛，这些人了解为了保卫自由，无论付出何等代价都是值得的。

正是自由的精神为我们提供了武装的力量，使得我们的士兵在战场上战无不胜。现在我们清楚地知道自由的精神、个人的自由，以及人类的尊严是这个世上最强大、最坚定、最持久的力量。

在对日战争胜利日，我们得以重拾自己生活中的信心和自豪感；我们拥有了欢欣鼓舞庆祝胜利的日子；我们拥有了祈祷和奉献的日子。现在让我们把对日战争胜利日设为新的圣典日，用来供奉那些使我们成为世界上最强大的国家的原则，而这些原则也正是在这场战争中，我们竭尽全力要维护的。

这些原则为我们提供了信仰、希望及帮助他人改进自身和改变命运的机会。自由并不能让所有的人变得完美，也不能让所有的社会安定。但与历史上任何其他政府管理哲学相比，自由可以为更多的人提供更加坚实的进步、幸福和尊严。今天再次表明它可以提供人类所能取得的最强力量和最大动力。

我们知道，在自由精神的引导下，我们可以应对任何关于和平的难题。一个能研制出原子弹的自由民族及其自由盟友，可以使用相同的技术、力量和决心去克服前路上的一切困难。

胜利总是有它的负担和责任，以及喜悦。

但我们将以强大的自信和伟大的希望来面对前路的危险。美国可以为自己建立一个就业充分和保障富足的未来。与联合国一起，美国可以建立一个和平的世界，一个建立在正义、公平交易、宽容之上的和平世界。

作为美国总统，我宣布，1945 年 9 月 2 日，星期日，为对日战争胜利日。这是日本正式投降的日子。这一天并非正式公布战争结束的日子，也并非停止敌对行动的日子。但是，我们美国人将永远铭记这个让敌人罪有应得的日子，犹如我们永远记住另一个日子，那个耻辱日。

从今天起，我们昂首阔步地迈向未来。我们将迈向一个国内安全的新时代。我们将与其他联合国家一起迈向一个更美好的新世界，一个合作的新世界，一个和平的新世界，一个国际友好的新世界。

上帝的援手助我们取得了今天的胜利。在他的庇护下，我们将在未来的日子里，为自己和全世界实现和平与繁荣。

1945 年 9 月 4 日

以驻军使命为理由，艾德礼打破士兵退役的希望

赫伯特·马修斯

通过无线电发回《纽约时报》的报道

【伦敦 9 月 3 日电】今夜英国民众通过广播听到首相克莱门特·艾德礼的一些简单而激励性的话语。首相告诉人们说，士兵退役的速度不会很快，英国的职责要求在未来一段时间内保持大规模的部队编制。

通知令人不快的事实，实施不得人心的措施，现在已经成为工党政府的使命。每个人都在期待战争结束，配给制度可以缓解时，政府所采取的措施却是进一步削减服装和食品的配给。现在人们又听到关于退役的坏消息。

艾德礼宣称，英国的世界大国地位，未来维护世界和平的责任，以相关政策在欧洲普遍实现民主政府的要求，决定了英国需要大规模的人力资源。伦敦首次响起空袭警报整整 6 年后的今天，他不得不告知英国民众这个事实，并且呼吁人们重拾耐心。

他说，今天我们必须领悟这个教训：和平是不可分割的。在 1918 年我们本应认识到这一点，而且必须建立“一个战争将被永远驱逐的世界秩序”。

没有时间放松

艾德礼继续说，原子弹的发明使这一秩序“对文明的未来至关重要”。

“根本没有时间放松，尽管经受多年的紧张后，放松是多么诱人。”他补充道。

于是他继续向人们宣告英国所必须承担的责任。他回忆说，他从来没有让人

们误以为战争的结束就意味着军队中的男男女女会即刻获得自由。

他宣布，将继续征召年龄在 18 岁到 30 岁之间的男性入伍，以满足军队持续的需求。他解释说，我们需要往德国、东欧、地中海和中东地区派驻大规模的军队，在这些地区，军队将不得不执行“困难而且也许是吃力不讨好的任务”，来帮助建立“基于民意的政府”。

最后，艾德礼说：“对上一场战争结束时动荡不安的日子记忆犹新的人们，你们要记住当时境况中最主要的困难是大国的不作为。它们赢得了战争的胜利，却没能够派驻必需的部队去防范暴力行为，保护好局部利益，正是这些局部利益使得世界和平谈判悬而未决。”

强调在日本的作用

艾德礼以商议“在缅甸建立秩序”使用大规模的部队来维持大英帝国的生命线，表明了他所领导的政府对英国传统外交政策的沿袭的范围。除此之外，他要求人们注意，为了占领日本，明显需要更多的人员。

他指出，这一切的结果是虽然英国已经几乎动员了所有的人力，虽然工业劳动力奇缺，但是英国仍必须保持大规模的武装部队，并派驻海外。

1945 年／9 月 4 日

工业的发展加快工作岗位再转型

来自全国各地的报告显示，工厂迅速转产，就业状况乐观

罗素·波特

本周末，经济发展委员会从全国各地分散的工业中心收到关于就业恢复状况的报告，情况非常乐观。经济发展委员会是一个由工商界领袖组成的组织，在过去 3 年里，一直在制定刺激战后生产和就业的计划。

报告表明，工业界使其工厂从战争时期的生产回到和平时期的生产的速度正在加快，而且这一转回变得更加容易，因此失业人数比预计的要少得多。在很多行业，转变毫无问题，它们在和平时期生产的产品与战时一样，而其他一些行业只需几个星期就能转产。

被兵工厂解雇的工人迅速被已经转产的工厂，由战时研究发展而来的生产新产品的公司，或者其他在战时无关紧要的行业所吸收，这些地方迄今为止一直都缺乏劳动力。农业、流通业、建筑业、运输通信业，以及各类服务行业在战争期间都曾被缩减或放弃，现在也提供了许多工作机会。还有一些先前的战争工人自己办了小企业。

缓解失业方面还有一种情况，那就是，很多妇女和一些工人，包括超龄的和未成年的工人，虽然受雇于兵工厂，但通常不被认为是工业劳动力的一部分，现在他们可以离开工作岗位，返回自己的家园、农场、学校或者从事工业领域的其他工作。

到目前为止，退伍军人依照权利和资历，已被工商业吸收。种种迹象表明，等大批军人退伍时，失业状况将会大大改善，他们找到工作不会有大问题。

现今主要的瓶颈似乎是一些产业无法及时获得原材料供应，特别是纺织品和针织品工厂。在其他一些行业，包括印刷业和机械贸易行业，由于熟练劳动力缺少，以及学徒训练需要很长时间，充分就业的成果受到影响。在一小部分的小雇主中，“回到常态”的心理也能对经济扩展起到刹车的作用。

1945 年/9 月 4 日

苏联暗示原子弹竞赛；敦促为和平汇集相关资料

美联社

【莫斯科 9 月 3 日电】今天，《新时代》杂志抨击了美国部分报纸，指称这些报纸鼓吹美国“通过威胁使用原子弹来确保对世界的掌控”。《新时代》还警告说，其他国家将很快发明同样强有力的武器。

它是苏联迄今为止出现在报刊上的首篇详细分析原子弹意义的文章。文章指出，原子弹的发明使得持久的和平与安全成了当务之急。它敦促在国际上汇集原子知识，作为“所有热爱自由的国家相互理解的最有效的方法”。

文章是鲁宾斯坦先生写的，他把原子弹描述为“现代科学最伟大的发明之一，将对人类生活的各个领域产生巨大影响”。文章写道：“与此同时，对于所有思维正常的人来说，很显然这个科学发明并没有在国际上或是在个别国家内部解决任何政治问题。那些在这方面抱有幻想的人不可避免要失望。”

文章尖锐抨击了“赫斯特、帕特森、麦考密克三人的报纸”，指称它们的论调是美国会使用原子弹威胁来强化其在国际事务中的意志。文章说：

“这些明目张胆的帝国主义者忘记了历史的教训。他们无视希特勒的世界霸权计划的崩溃，希特勒的计划就是以技术发展带来的暂时优势为基础的。”

文章写道：“其他许多国家也有科学家在研究原子裂变的问题，他们会加倍努力去发明同样或者更加优良的武器。”文章赞同授权一个国际组织来统一控制原子能，“既然其基本原理已为大家所熟知，生产原子弹，每个国家都有能力，只是时间问题而已。”

鲁宾斯坦先生说，除了具有威胁人类的最严重的危险，“如果侵略者控制了这种可怕的武器”，在“资本主义垄断”下，在经济上也可能出现对原子能建设性开发的无限滥用。

他说，后者将造成“可怕的大规模失业，使不计其数的矿工及其他产业工人永远消失，垄断统治加剧”。

1945 年 / 9 月 5 日

戴高乐坚持第四共和国

G.H. 阿尔尚博
通过无线电发回《纽约时报》的报道

【巴黎 9 月 4 日电】今晚，法国临时政府主席夏尔·戴高乐将军通过广播发表第三共和国成立七十五周年纪念日的致辞。他在讲话中指出，支持 1946 年 10 月随大选同时进行的全民公决。

在致辞中，他强调了民主的原则——“自由、正义及人民主权，没有这些原则，就不会有持久的力量，不会有团结，不会有光明”。

然而，他指出，第三共和国有着内在的缺陷，这些缺陷最终导致了“永久的政治危机”。两次世界大战间的 21 年里法国换了 20 位总理，在他们的任期内，这种危机一直存在。

为了避免重蹈覆辙，戴高乐将军解释说，他希望由这个国家自己来决定第四共和国的特征。

“通过一个最重要的创新，就是众所周知的全民公决，法国人民在选出自己的代表时，还可以指明自己所选择的政府的性质。……我深信绝大多数民众会接受这些建议。……法国同胞们，你们很快就会推出第四共和国。”

据透露，今晚戴高乐将军的立场丝毫没有动摇，昨天他拒绝与总工会总书记莱昂·儒奥会面。莱昂·儒奥带领的左翼政党代表团要求对 1946 年 10 月投票的方式进行修改。

内阁推迟召开会议

今天早上，左翼报纸对戴高乐将军拒绝接见前述代表团提出诸多批评，关于他的部长们可能辞职的谣言四起。人们了解到原定今天召开的内阁会议被推迟，“让戴高乐将军准备广播讲话稿”时，谣言就越发猖獗。

有人回忆说，临时政府主席曾在若干场合表示，如果他的任务被刻意复杂化，他准备离开。

今天各种各样的左翼团体碰头开会。法国复兴中央委员会是由全国抵抗运动委员会及各省解放委员会的成员组成，它通过了一项决议，谴责政府的选举计划“不符合真正的比例代表制”。

总工会全国委员会提出抗议，称戴高乐将军“独裁”，对他拒不接见前述代表团表示抗议，并回顾了总工会积极参与抵抗运动的过往。

今晚，夏尔·戴高乐将军接见社会党领袖莱昂·布鲁姆，并与其进行了 45 分钟的会谈。之后，肆虐了一整天的政治风暴似乎停止了。布鲁姆保证对此次谈话的性质保密，但据了解，他的角色是个调解人。

或有变数

戴高乐将军还接见了激进党总书记皮埃尔·梅兹博士，却没有接见任何共产党人。

现在距离全国选举仅6周多一点的时间，这类风暴是可以预见的，而且总是可能发生出人意料的事情。

向夏尔·戴高乐将军提出接见要求的代表团由5个政治团体的成员组成，包括人权联盟、激进党、共产党、社会党和总工会。它们的代表在今晚晚些时候再次碰头，决定将向临时政府主席提交一份备忘录。在备忘录中，他们会对主席的选举计划提出详尽的批评，而这些正是主席拒绝与他们开会讨论的内容。

左翼政党组织市民举行游行以纪念第三共和国成立七十五周年。游行队伍绕着共和国广场的一座纪念碑行进，还在纪念碑的底座放满了鲜花。

1945年/9月9日

重塑德国进展缓慢

格拉德温·希尔
通过无线电发回《纽约时报》的报道

【柏林9月8日电】过去的一个月里，全世界的目光被东方战线上的战争尾声所吸引，而在走出战争的欧洲，向德国派军的4个大国合作实施的伟大实践正在取得费力而切实的进步。在探索国际管理技术方面，最显著的进步并非德国人取得的，而是同盟国携手取得的。每天的共同努力中，都会出现新的障碍和引人注意的摩擦，但是每天也会在很大程度上带来更多的宽容和耐心。

冬季的临近带来了食品、燃料和庇护所等诸多问题，这些都是驻军当局及整个德国眼下首先需要关注的问题。艾森豪威尔将军已经明确宣布，既然我们报复德国的政策达不到要饿死或枪杀德国人的程度，从美国进口食品给德国人吃将是“不可避免的”。毫无疑问，如果大范围的饥荒出现，许多德国人会被饿死。德国主要的煤炭生产地区的产量仅为正常产量的15%，而生产出来的煤炭大部分被指定用于军队及公共用途。燃料短缺问题不是那么容易解决，很多德国人将遭受严冬的考验。

进展报告

过去的数周，在一些没那么紧急需要恢复的领域，德国已经取得明显的进展。目前在英国管辖区内，有 8000 英里长的铁路正在运行。在美国区内，约有 6500 英里长的铁路正在运行，大约占该地区铁路正常长度的 78%，车流量为战前的 15%。按计划，莱茵河北段从鲁尔到海岸河段这条德国最重要的交通动脉，及其往上游方向的长度不确定的河段，将在本月清理出来。

军事政府报告称，在美国区，德国民事行政管理机构有近 1/3 已重建完成。市级、县级部分政府官员的民主选举计划在 1945 年冬天举行。

在我们抵达前，苏联已经在柏林重新开放学校，300 万人口中，22.5 万名小学生已在上课，其中 7 万名在美国区。

在美国区的其他地区，教育恢复的工作因地方基础较差，进展更为缓慢。学

1945 年 9 月，人员多为妇女的长蛇阵在柏林清除瓦砾。

校普遍开放时，将需要 500 万本教材，其中一半已经印刷完成。

美国人已为第一家私营出版社的出版人颁发许可证，他是海德堡的一位反纳粹人士。他打算出版袖珍版经典名著，包括爱默生和坡的作品。在美国区和英国区，15 万本翻印的新出刊的美国文学杂志正在分发中。

《少年爱迪生》等一些德语念白的美国老电影现在正在美国区上映。

盟军一开始面临的最大问题是流离失所者。通过遣返，现在流离失所者的数量已经从 600 万下降到 174.8 万。剩余的流离失所者被认为是“坚强的核心”，其中大约一半是波兰人，其他主要有苏联人、意大利人和匈牙利人。他们中大多数被安置在由联合国善后救济总署管理得井然有序的营地里。

被罢黜的纳粹人员

去纳粹化的运动正在开展。就在近期，慕尼黑地区的 74 名镇长及 4300 名城镇雇员最近被撤职，到 8 月底，巴伐利亚的清洗行动中被撤职的人员将共达 10 万人左右。在法兰克福，5363 名纳粹已经被罢黜。在威斯巴登，38 名警察局人员及 26 名银行和保险业官员被开除。不来梅市市长因为不服从军事政府而被解职。

盟军的主要惩罚措施是在纽伦堡将戈林和希特勒团伙的其他成员，以及军事领导人作为国际战犯进行审判，这是历史上第一次对推动战争的人员追责。对他们的审判已经推迟到 10 月中旬，公开的原因是安置法院设施的困难。按计划，英国对贝尔森集中营官员的审判将于几天内在龙伯开始。

由艾森豪威尔将军、蒙哥马利元帅、朱可夫元帅以及他们的副官所组成的盟国管制委员会每 10 天召开一次会议，迄今已经举行了 4 次会议。虽然这些会议已成为国际协调的里程碑，但是它们在立法上尚未有太多实质性的作为，因为该委员会才刚刚组建。

委员会的工作

由《波茨坦协定》授权，委员会的首要任务是对德国的金融、交通、通信、工业和对外贸易等方面实现中央行政管理。这将是让德国恢复自立的可行性基础的进程中至关重要的一步。之后，很可能就是建立《波茨坦协定》中并没有指定但美国官员相信亦未将其排除，且甚合人意的粮食和农业的集中管理机构。

越来越多的美国官员认为，受限于现实条件时，我们会花费太多时间来玩味理论，对此我们应当多学学苏联式的果断。这一点十分宝贵，因为甚至在美国国会内部，宏观指令如何付诸实施也存在许多困惑和分歧。即使是强硬的和平倡导者也正在意识到，许多原本订立在文件中的原则在很多实际场合并不是难以实施，而是根本行不通。举个简单的例子，无论人们如何渴望分权，在一个庞大的国家中，都不可能以县为基础来运行铁路。而我们的基本政策颇为极端——以地方为单位自下而上地重塑德国。有些时候，我们也会像德国人一样让自己陷入瘫痪。

理论与实践

当苏联人因在其辖区的行政管理部门任命 12 名德国人为下属官员而引起关注时，美国人仍在地方、县级层面上做工作。许多美国官员认为，我们最好也能如苏联一般。苏联人所推崇的原则是，只要拥有警察的力量，外在形式微不足道。因此，美国人在打磨向德国人提供非纳粹电影的长远计划的细节时，苏联人直接授权德国电影院重新开放，同时对每家德国电影院的老板提出隐性警告：谁敢以任何形式兜售纳粹主义，也许谁就会消失。

归根结底，像苏联这样的独裁政府比民主政权更适合解决驻军眼前面临的许多方面的问题。在应对一个混乱的德国所面临的种种问题时，美国人从苏联人身上学到了一些东西。

1945 年/9 月 10 日

阿拉伯国家发布要求

向巴勒斯坦的犹太人出售土地的做法受阻

通过无线电发回《纽约时报》的报道

【开罗 9 月 9 日电】今天阿拉伯国家联盟经济委员会所提出的要求在开罗被披露，其中包括禁止向巴勒斯坦的犹太人进一步出售阿拉伯土地的禁令。该提案即刻生效，禁止其指称的非法的犹太人进一步向巴勒斯坦移民，并提出对阿拉伯产品实施关税保护的要求。

1945 年/9 月 12 日

中国红军提出分权而治

但在重庆谈判中国共双方态度强硬，和解希望渺茫

【蒂尔曼·德丁《纽约时报》重庆 9 月 11 日电】解决国共两党的分歧的谈判正在此间展开。谈判在中央政府代表及共产党领导人之间进行，共产党方面参加谈判的领导人是毛泽东、周恩来和王若飞。

据报道，谈判取得的进展有限，讨论的结果也不容乐观，虽然双方发言人仍然坚称有望达成协议。

据说，共产党人仍然坚持在中央政府进行广泛的改革，成立包含所有党派的联合政府之前，他们不会在交出军队的控制权方面做任何让步。

据报道，共产党人准备承认国民党在长江流域的统治权，但是希望在共产党影响力最大的省份获得当地政府的主导权，包括山东、河北、上海、察哈尔和陕西。据说中央政府的代表反对共产党保留任何它具有影响力的特殊地区，也不同意对军队进行分割，理由是不利于国家的真正团结。

共产党担心，如果自己的军事力量和政治力量过于分散，自己会最终被清除。

中国进军汉口

【美联社重庆 9 月 11 日电】中国最高指挥部今天宣布，其军队进入了长江上的汉口、江西省省会南昌、河南省省会开封、察哈尔—绥远边界上的兴和及中国南方雷州半岛的遂溪。

一份官方公告称，被派去占领印度支那北部的部队已经进入河内。

美国战争讯息办公室一名记者报道称，因为遭受日本反复的空袭和掠夺，汉口在经济上已经死亡。他说，只有在前法租界还存在商业交易。

自日本投降以来，中国人已涌入这座废墟之城。据报道，这些中国人围攻了正载着最后的剩余物资（如肥皂、糖、盐等）匆匆逃离的日本卡车。

1945 年／9 月 16 日

印度政党警告联合国

【美联社印度浦那 9 月 15 日电】今天印度国大党工作委员会通知联合国称，印度人民将不会接受由印度“目前不具代表性的、不负责任的政府”做出的任何国际承诺。

该委员会通过的一项决议称：“似乎英国政府的政策是要阻碍和延迟印度国民政府的形成。”

决议承认，这样一个国家政府“可能需要一些时间”才能运转。但是决议指出，在此期间，“目前不具代表性的、不负责任的政府可能会代表印度人民做出各式承诺，这些承诺可能会成为枷锁，阻碍国家的进步和发展。”

1945 年／9 月 16 日

希特勒是死还是活？
没人确切地知道，一个令人不安的传说的基础已奠定

哈里·柯林斯
通过无线电发回《纽约时报》的报道

【伦敦 9 月 15 日电】随着苏联人在柏林的总理府找到阿道夫·希特勒烧焦的尸体的报道，全世界人民深深舒了一口气，然而这口气可能舒缓得太快了。这位曾经在 10 年间催眠欧洲并让欧洲凋萎的人物，名字再次占据新闻头条。

希特勒还活着吗？每当有新的“线索”或“披露”时，舆论的猜测就变得更加混乱。其实，答案很简单——征服者们也不知道。

苏联人从来没有没有接受这一点——他们自己在总理府的庭园里找到的尸体是希特勒已无须证实。总理府位于柏林的苏联控制区，苏联当局独立进行了全面调查。虽然调查结果是保密的，但似乎它丝毫未能解开谜团。

英国的观点

英国陆军当局已经宣布，最近有人在汉堡看到希特勒的传言是“完全没有根据的”。它还否认英国安全警察正在寻找希特勒。然而，众所周知的是英国情报部门根本不相信希特勒已死。

外交部的一位发言人指出，战犯名单上没有出现希特勒的名字并不表明英国政府认为他会置身世俗的法律裁决之外。

如果我们可以把希特勒带到审判庭，不带偏见地对其反人类罪进行裁决，那么希特勒传奇就不会存在。正是这个传奇激励着狂热的青年里的中坚分子，他们对纳粹政权唯一的不满就是它未能为德国赢得整个世界。

在未来的日子里，将会有德国人愿意至死服从“元首”的命令。声称一条假讯息是他们的领袖从小地下室中发出的，这可能成为惹起事端的一个策略。目前瑞典已经接收到纳粹的地下电台的广播，称希特勒还活着，还在德国。“希特勒将回归”是这些广播不变的主题。

毫不夸张地说，对德国青年的再生影响最大的单一变量就是希特勒之谜能否解开。

1945 年/9 月 17 日

苏联在朝鲜“错误”攻击 B-29 轰炸机 | 合众社

【东京 9 月 16 日电】今日有消息透露，8 月 29 日 4 架苏联战斗机在朝鲜上空击落了 1 架正在执行救援任务的美国 B-29 轰炸机。麦克阿瑟将军就这一事件向苏联最高指挥部提出了“强烈而严正”的抗议。

苏联红军的官员迅速答复，对这个“误伤”深感遗憾。

虽然苏联炮弹的爆炸引燃了轰炸机 4 台引擎中的 1 台，有 6 人跳伞落海，但是这架“超级堡垒”轰炸机上的 13 名美国机组人员无一受伤。一名机组人员报告说，他在坠入大海后，还遭受苏联飞机的扫射。

这起事件发生在下午 2 点 30 分，朝鲜西海岸外。这架 B-29 轰炸机满载食品和医疗物资，准备飞往江南郡的一个盟军战俘营。它刚进入苏联占领的朝鲜地区，就在一个机场附近遭到苏联 4 架“雅克”战斗机“赛马式封路”。

苏联飞机用“嗡嗡的信号”指示了一块地方，并放下自己的起落架，示意这架 B-29 轰炸机马上降落到那里。来自肯塔基州爱许兰的约瑟夫·奎恩中尉拒绝降落，因为那地方太小了。他驾着飞机飞向大海，打算飞回自己在塞班岛的基地，“等着事情与苏联人理顺”。

“飞机飞到朝鲜西海岸约 10 英里外的区域，‘雅克’战斗机开始向我们开火。”奎恩中尉告诉合众社通讯记者，“它们首先攻击飞机头部。

“我们的炮弹已经上膛，准备与苏军对战，但我告诉机组人员不要开火。

“然后‘雅克’战斗机又向我们发射另一枚炮弹，击中了 1 号引擎。引擎起火，几分钟后，我下达跳伞命令。6 人弹射出飞机，但我把火势控制住了，于是告诉其余人员待在飞机上，飞机要迫降。”

奎恩中尉在一个机场进行迫降。他和机组人员拆下所有仪器，晚上就和苏联人待在机场里。

“苏联人告诉我们说，他们看见了美国的标志，但不肯定是美国的飞机，因为有时候德国人会冒用，而且他们认为日本人也可能冒用。”这名飞行员说。

次日早晨奎恩中尉去了战俘营，6名跳伞人员已在那里，机上的无线电操作员、来自宾夕法尼亚州米勒斯堡的道格拉斯·亚瑟就是其中之一。他说6人在海上各自待了半小时到4小时，才有朝鲜渔船把他们救起。

亚瑟说受到扫射的正是自己。

“朝鲜渔民把我们带到一个村庄，村长准备了一顿大餐。”他继续说，“跳舞的女孩刚刚要出现的时候，苏军2名上尉和1名少校就赶来了。我们要求把我们送到战俘营去。他们听完后很友善，就把我们带到这里了。”

12位机组人员乘1架C–46运输机飞往汉城。

1945年/9月18日

杜鲁门发表援助欧洲的声明

美联社

【华盛顿9月17日电】杜鲁门总统关于欧洲善后救济计划的声明，全文如下：

现在，美国政府愿意满足欧洲的各项要求——除了糖、脂肪和油品外——自今日起至1946年1月1日止。这些要求是由各被解放国的政府和联合国善后救济总署提出来的。

然而，据此要求而提供物资供应并不意味着欧洲的平民百姓将保有最低生活水平。随着冬天来临，在欧洲大陆一些地区，许多痛苦可能还是会如期而至。

满足被解放人民的最低生存需求的限制因素不再是航运。目前，对于大多数商品来说，供给不再是问题。现在的问题主要是一个双重的金融问题：首先是与欧洲各国政府详细拟定信用或其他金融安排；第二是向联合国善后救济总署提供额外的资金以用于紧急救济。

我从波茨坦回来时曾说过：“如果我们让欧洲饥寒交迫，就可能失去世界和平的希望所依赖的部分秩序性基础，因而必须尽自己所能去帮助欧洲。我们会付诸实践。”这不仅是对盟友的承诺，也是对美国人民的承诺，我们必须信守诺言。应当明确的是，与许多人的想法相反，美国本土配给制的放松不会影响向欧洲调配救济物资。农业部报告称，尽管国内奶酪的配给控制已经放松，肉类的配给控制也可能放松，我们还是拥有足够的肉类和奶制品，能满足联合国善后救济总署和付款国为本年度最后一个季度向我们提出的要求。

被解放人民最急切需要的依次是煤炭、交通运输和食品。其他迫切需要的商品包括皮革和皮革制品，棉花，羊毛，纺织品，肥皂，化肥和种子等农用物资；维修配件和机械设备，医疗用品，以及各类常见的原材料。由于全球短缺而让人严重担忧的商品有煤炭，糖和脂肪，皮革和皮革制品，纺织品，以及一些非大宗的原材料。火车头因为制造耗时较多，其短缺已成为一个特殊而突出的问题。

1945 年，战后的柏林，排队领取食物的德国家庭主妇。

煤炭不仅是最严重的问题，还是最复杂的问题。这一商品，欧洲一度可以自给，但是欧洲目前没有劳动力、食品、交通、住房、机械设备来迅速恢复到战前的生产水平。为了供应被解放地区，盟国管制委员会尽其所能地加快恢复德国的生产。但是尽管已经取得相当大的进展，这些地区的人们还是要面对一个极端难熬的冬季。

现在美国每月向欧洲运输约 140 万吨煤炭。截至 1946 年 1 月 1 日，这段时间的运输目标是 800 万吨，仅比国内产量的 1% 略多一点。主要的限制因素并非供给，而是国内外的内陆运输设施。

农业部报告称，本年度最后一个季度将向付款国及联合国善后救济总署装运的各类食品的数量大约如下：

150 万磅肉及肉制品；

7000 万蒲式耳小麦；

2.8 万短吨原糖；

9000 万磅干豌豆和黄豆；

1300 万磅猪油。

此外，一旦金融安排完成，农业部会运输至少下述数量的乳制品：

6000 万磅奶酪；

2 亿磅脱水牛奶；

2500 万磅全脂奶粉；

8000 万磅脱脂奶粉；

1500 万磅炼乳。

应该记住，这些物资供应不是为了改善人们的生活，而是为了维持被解放人民的基本生活需求，而人们的日常饮食仍处于最低生活水平之下。在某些情况下，装运数量翻倍的这些食品只有达成令人满意的金融安排后才能实现。

本届政府有大量证据表明美国人民深知我们的盟友所遭受的苦难。他们也表明决心要让美国与其他供应国一起，竭尽所能去帮助在欧洲和远东地区与我们并肩作战的人们，帮助其恢复健康和力量。完成这一工作，而且是尽快完成，不仅是对朋友负责任，也是对我们自己负责任。

1945 年/9 月 19 日

苏联寻求通过托管来控制北非
厄立特里亚在苏联视野之内
五大国理事会对苏联争夺北非地区感到惊讶，莫洛托夫解释目标

C.L. 索尔兹伯格

【伦敦 9 月 18 日从理事会发回《纽约时报》】苏联正式向五大国外交首脑理事会提议，认为曾属于意大利的的黎波里塔尼亚地区应由单个托管国代表联合国管理，而苏联希望扮演这个角色。

外交人民委员维亚切斯拉夫·莫洛托夫把这个建议交到略感诧异的理事会面前，指出苏联对地中海地区及非洲的未来发展很有兴趣，并称随着通信现代化，苏联完全有资格承担这项工作。

今天，这一讯息得到负责人员的完全确认，甚至莫洛托夫本人也在一个会议中予以部分的证实。莫洛托夫在会上说，报道所称苏联对的黎波里塔尼亚感兴趣“确有其事”。此外，意大利在红海的殖民地厄立特里亚的未来也与莫斯科方面的利益直接相关。

可能争夺厄立特里亚

然而，到目前为止，莫洛托夫还没有告知五大国理事会苏联想获得厄立特里亚的单独管理权。但是今天这位外交人民委员称，要不了多久这一要求就会被提出。

苏联对地中海地区的兴趣绝不仅限于的黎波里塔尼亚和厄立特里亚两处。苏联从未提出要在多德卡尼斯群岛设立基地或者行使行政权力，可是，苏联另一方面又认为这些岛屿是殖民地，所以托管方式不适用。此外，这些岛屿也不应该再归意大利所有。理事会上，其他 4 个大国认为，可能除了卡斯特洛里佐岛外，这

些岛屿应该授予希腊，前者则应该给土耳其。但是，苏联不同意。

这就使得各国代表团怀疑——可能是不正确的怀疑，但却是非常真切的——莫洛托夫正在做铺垫，目的是提议在多德卡尼斯群岛设立一个苏联基地。在旧金山会议上，同盟国一致同意在和平时代不寻求获取领土。然而，国务卿詹姆斯·伯恩斯有次提到多德卡尼斯群岛时，随口提出可能出现获取领土的现象，莫洛托夫避而不答。

英国人对集体托管方式忧心忡忡，因为这会把苏联推入地中海地区。而眼下苏联对的黎波里塔尼亚和厄立特里亚的兴趣，以及未来可能产生的对多德卡尼斯群岛的兴趣，使得单独托管方式也同样让他们不安。他们还担心塞浦路斯和中国香港的地位问题，担心塞浦路斯会被收归联合国管理或者给予希腊。

中国支持集体托管方式，但认为托管的最长时限应设为 10 年或者 15 年。法国支持单独托管方式——很显然是考虑到印度支那地区——而希望完全没有时间限制。

莫洛托夫在参加一次会议时，意大利殖民地的问题被提了出来。当莫洛托夫被问及苏联对厄立特里亚的态度时，他回答道："这个问题正在讨论当中。坦白地说，苏联对它有兴趣，而且会对它的解决有所帮助。"

然后他被问到报纸上关于苏联对的黎波里塔尼亚的兴趣的报道是否有一定的真实性时，他回答说：

"有那么一点真实的成分，但是我现在不便发表评论。这个问题尚未解决。"

1945 年／9 月 19 日

史汀生备受称颂

杜鲁门称很不情愿地接受了史汀生的辞呈

西德尼·沙莱特

发回《纽约时报》的特别报道

【华盛顿 9 月 18 日电】史汀生自 1940 年 7 月以来担任战争部部长，数年间，领导战争部经历了军队动员、战争和胜利。今天他辞去该职，杜鲁门总统提名战争部副部长罗伯特·帕特森接替他的职位。

杜鲁门称赞史汀生为美国真正伟大的公务人员，并在新闻发布会上称，自己勉为其难地接受了史汀生的请辞。

史汀生的近期计划并没有被透露。到本周五，他就年满 78 岁。明天上午 10 点 30 分，他将举行最后一次新闻发布会。战争部将于明天下午 5 点到 7 点在敦巴顿橡树园举行招待会，向他致敬。

帕特森的提名还需得到参议院的确认。帕特森是一名共和党人，负责监督陆军 1 亿美元的采购计划。据估计，帕特森的提名将会获得批准，但要经过一些讨论，因为帕特森的直言不讳常常使他与国会产生激烈冲突。

有人回忆说，杜鲁门领导参议院战争调查委员会时，和帕特森偶尔也会发生争执，但今天总统下达命令，授予帕特森杰出服役勋章。

拒绝其他人员的辞职

杜鲁门透露，他还收到战争部助理部长约翰·麦克洛伊和战争部空军助理部长罗伯特·洛维特的辞职请求，但目前不会接受。

然而，有可靠的报道称，麦克洛伊和洛维特都希望回归自己的私人生活。他们目前的计划是待到帕特森组建好部门机构，然后就退隐。

美国总统哈里·S.杜鲁门与荣获杰出服役勋章后的美国外交家亨利·史汀生（右）。

史汀生上任以来的特别助理老哈维·邦迪也将退休。1929—1933 年史汀生任国务卿时，邦迪就是他的副手。邦迪将回到自己在波士顿开设的乔特—霍尔—斯图尔特律师事务所。

帕特森支持把战争部和海军部合并为一个部门，即国防部。此举得到总统的支持，也体现了国会的意志。

1945 年／9 月 21 日

朝鲜抗议分两区管辖

【合众社汉城 9 月 19 日电（延时报道）】今天，朝鲜领导人对把朝鲜分裂成苏联占领的工业区和美国占领的农业区提出抗议，称这种分裂状态置朝鲜紧密结合的经济于不顾，而且两个分离的驻军政府的存在将妨碍建立一个独立的朝鲜政府。

朝鲜领导人指出那条专断的分割线即三八线，把国家的北半部给了苏联，这个做法是短视的，它把朝鲜 13 个道中的 3 个道分离开来，而这 3 个道的地方长官同时受到苏联和美国的影响。

他们宣称，这两个驻军政府截然不同，且双方实际上几乎毫无联系，还说在苏联管辖区，军事政府仍继续执政。

朝鲜人说，几乎朝鲜的所有水电站和大部分重工业都位于苏联管辖区，而南部区域主要为北部提供大米、鱼和其他食品。还说，这个国家的经济结构是日本在 30 多年间建立的，在朝鲜被分割成两部分前，一直都在有效地运转。

指控“失信”

朝鲜领导人断言“建立驻军的罪过”是盟军“失信”于远东的小国家，说杜鲁门总统、温斯顿·丘吉尔首相和蒋介石委员长曾在开罗宣布让朝鲜在“适当的时候”获得自由和独立。

朝鲜民族主义者称，把朝鲜一分为二除了阻碍它的独立外，将一无是处，还有一些人说此举是故意阻止朝鲜统一。

国家经济的割裂是最沉重的打击，他们称，因为在日本管理之下——尽管人们极为厌恶日本的统治——这个国家几近自给，朝鲜东北部富有的道拥有集中的日本企业，包括一体化钢铁厂。

朝鲜政府官员说，日本建立的工业帝国应该交还朝鲜，作为其多年以来攫取该国财富的代价。但他们表示，首先必须建立一个朝鲜人的政府。他们断言："苏联人和美国人离开时——如果你们真的会离开——朝鲜将出现两个政府。这就如同在美国本土中心画一条线，西半部是共产主义政府，而东半部是民主政府。"

1945 年/9 月 22 日

印度支那反抗法国回归

【《纽约时报》巴黎 9 月 21 日电】今天陈德草教授在此告诉报界："只有法国威胁着印度支那的独立。"陈德草教授是印度支那总代表团副主席，这个代表团代表着印度支那在法国的 2.5 万名劳工。

"我们的目标是让法国人民知道勒克莱尔将军（陆军少将雅克－菲利普·勒克莱尔）率部去那里会产生何等影响。"他宣称，"我们将抵制法国的达尚留将军（驻印度支那高级专员、海军中将乔治·蒂埃里·达尚留）。他抵达河内时，就等着被射杀吧。"

在现场法国人的喧闹嘈杂声中，这位身材矮小的印度支那教授在发言时颇有困难，但是他表达了自己的观点。

他说，越南运动，即印度支那抵抗运动，已经在河内建立政府。它要求完全独立，要求法国军队和官员全部撤回。可能会以与其他外国人一样的基本原则订立一个协议，以允许法国技术人员、工业家及其他人员在印度支那工作。他声称，既然政府已经成立，那么就像菲律宾一样，逐步给予印度支那独立权将不再有任何问题。

法国昔日的作为遭谴责

“我们不担心中国或者英国，因为它们有意退出。”教授解释说，“但是法国打算留下。”

他谴责了法国往日的所作所为，指控老一代精英已经毁灭，被奴性的新富所取代，古老的文化已经消亡，取而代之的是89%的文盲，而且工业也受到抑制，只为保障法国市场而运转。

有迹象表明德国在背后支持

【合众社印度支那西贡9月20日电（延时报道）】今日来自印度支那东北部的东京（即河内。——译者注）的报道称，法国人和安南民族主义者之间的战斗已经爆发。此地的紧张气氛因安南对法国的抵制而升温。

西贡的法国代表表示，在过去几周，印度支那各个地区所报告的骚乱可能是由德国人和日本人煽动的。1945年3月，日本宣布那个独立的越南傀儡国成立。

据公布的消息，在西贡的德国使团的头目诺克特博士已经被软禁。他先前是在墨西哥的间谍专家，1942年来到这里。消息灵通的法国指挥部相信他正是此次安南反法运动的领导者。

来自越南东京的报道称，这些报告没有说明骚乱的规模，与3500名来自欧洲其他国家的人员同处关押的约1500名法国军人中，有一部分在战斗爆发时逃往中国，随后这些法国人又回到东京。

西贡的形势依旧紧张，报纸因刊发虚假和危言耸听的新闻之罪名被命令暂停出版。随着实质性戒严令的实施，越南党（越南的安南民族主义党派）的成员开始采取消极抵抗的政策。

孙博士敦促托管

【合众社重庆9月21日电】中国立法院院长孙科博士今天说，对法属印度支那安南保护国的最好处置方式是把它置于联合国的托管之下。他预言，如果法国企图保留权力的话，将会出现长期不断的内部纷争。“虽然法国人推动了经济的发展，但是他们的统治是专制的，印度支那是远东地区最糟糕的政府殖民地。”他说。

1945 年 / 9 月 30 日

“轴心莎莉”在意大利入狱

这个放弃美国而为纳粹做吹鼓手的女人将服刑 4 年

【美联社罗马 9 月 29 日电】今天，丽塔·路易莎·祖卡，即对地中海地区的美军进行宣传的纳粹电台的播音员“轴心莎莉”，被意大利军事法庭判处入狱四年零五个月。

法庭只花费了 15 分钟就判定这名 33 岁的女人有罪，认定她与敌人有情报交流。她在美国出生，是纽约一家餐馆老板的女儿。然而，法庭发现了“情有可原的情况”，于是把检察官建议的 10 年徒刑予以减轻。

祖卡小姐 1941 年放弃了自己的美国公民身份，因为“喜欢住在意大利”。她平静地接受对了自己的判决，只是眼中有泪花闪烁。在被英国卫兵带走前，她朝德国人卡尔·戈德尔咧嘴微笑，戈德尔曾在宣传小品《莎莉和乔治》中扮演“乔治”一角。

“莎莉”供称，自己为德国控制的罗马的电台工作，仅仅是因为需要钱供养其意大利情人；她从未为宣传计划编创或撰写广播稿，只是朗读准备好的稿件。

就在法院判决前，她的意大利律师奥塔维奥·利保提收到一份来自美国的电报，电报要求延期判决，称她的母亲伊德威娜·祖卡正“带着重要的文件”坐船赶往意大利，但是这来得太晚了。

利保提先生宣布，将会上诉到最高军事法庭。

3 名美国士兵简单地做了证，称曾听到“莎莉”的广播。这 3 名士兵的个人声明也被当庭宣读，指出其广播节目是为了瓦解美国军队的意志而设计的。

莎莉的父母不在场

“轴心莎莉”的父亲是路易·祖卡，西49街118号的祖卡意大利花园餐厅的主人。昨天晚上在这家餐厅，有人说祖卡先生和夫人出门了。

她的堂兄弟蒂诺·祖卡，代替她的父母出声，说：“我们无话可说。我们全家都为这起可怕的事情而震惊。”

和平的进击：《纽约时报》二战全纪实（1944—1945）

The New York Times: Complete World War Ⅱ（1939—1945）

后　史

据透露，苏联进行原子爆炸

1945 年 10 月—1949 年

第二次世界大战结束后的 4 年决定性地影响了未来 50 年的世界政治。然而 1945 年当务之急是解决战争遗留问题。先后在纽伦堡和东京进行的战争罪犯审判揭露了各种罪恶行径，让渴望复仇的人们感到快慰。曾经被压迫的人们严正要求惩罚各色叛徒。对于各大战胜国来说，战争结束带来的是部队人员从战争的极端状态下迅速退役。军队调回本土，俘虏被释放和遣返，产业转型以适应民用生产，贸易得到恢复。过渡的过程被证明是困难重重的，男人要取代女人，但是女人已经习惯了战时的工资收入和独立状态，企业试图弥补突然失去的军事订单，战争中被占领而破产的国家，尝试解决因战致贫的人民面临的食品、燃料、就业等紧迫问题。

到了 1947 年，显然，战后世界的重建并不简单。6 月 6 日，杜鲁门的国务卿乔治·马歇尔在哈佛大学宣布即将实施欧洲复兴计划，或者简称为“马歇尔计划”。《纽约时报》宣称：“此项目会激发无与伦比的想象力，战争结束以来，没有任何事情可以与之媲美。”然而，马歇尔计划加剧了西方国家和苏联之间的裂痕。目前处于共产主义统治下的欧洲各个地区的人们不得申请美国的援助。捷克人想申请时，共产党发动的政变夺去了这个后来被莫斯科操纵的联盟争取真正的民主制度的最后一丝希望。

1945 年年底，随着关于德国未来的争执的持续发酵，以及苏联对西方同盟国解放地区的介入，冷战格局逐渐成形。“冷战”一词是由通讯记者沃尔特·李普曼创造的。1946 年 3 月 5 日丘吉尔在密苏里州富尔顿的一所小学院中就此问题发表讲话。在这次巡回演讲中，他借机谴责共产主义正在欧洲建立他所称的“铁幕”。《纽约时报》并没有立即支持这一演说，而苏联领导层则将之解读为企图破坏战时盟国之间的合作。但丘吉尔所做的描述并非完全是无稽之谈，1949 年，他的某些言论成为国际现实——世界为意识形态所分割，一边是实行资本主义的西方民主国家，另一边是从东德到朝鲜的社会主义阵营。

希腊和中国两国的内战揭示，冷战的范围在扩大。在希腊，杜鲁门最终选择介入，在提出后来众所周知的“杜鲁门主义”之后，他向希腊提供了援助。杜鲁门主义是指当面对独裁威胁时，鼎力支持民主自由。在实践中，该原则只能有选择地应用。希腊并不属于苏联阵营，但在中国，毛泽东的军队最后把蒋介石领导的国民党部队打垮，建立全球第二个共产主义政权。

在德国，此问题维持着微妙的平衡，因为苏联想要一个单一的德国，但是这个德国必须是亲苏的。美国和英国有预见性地拒绝了苏联的野心，莫斯科方面随即封锁了柏林西区，冀望德国前首都可以变为苏联的一座城市。西方做出回应，启动空运为柏林市民提供物资供应，希望他们能坚持足够长的时间，等到说服莫斯科方面取消封锁，但结果却造成德国的分裂，直到柏林墙倒塌后，1990 年德国才得以统一。与此同时，西方国家朝着建立军事同盟的方向发展，早在北约（北大西洋公约组织）成立前，《纽约时报》就对这种同盟甚为青睐。

1949 年 8 月 29 日，在哈萨克斯坦一个偏远的地点，苏联试爆了原子弹，触发了核军备竞赛，使世界清晰地分成两个超级大国联盟。近一个月后，《纽约时报》宣布：“据透露，苏联进行原子爆炸。”一个崭新的、更危险的世界，从二战的废墟中诞生了。

1945 年/10 月 7 日

飞机工厂受冲击，产量削减 90%

罗素·波特
发回《纽约时报》的特别报道

【圣迭戈 10 月 6 日电】航空业未来的发展是战后最严重的问题之一，今天备受各新闻记者的关注。这些记者正在对本国工业中心进行为期 1 个月的巡访，然后报道工业恢复的进度。

联合—伏尔提飞机公司执行副总裁 I.M. 拉顿明确表示，对于飞机行业来说，真正的问题不是恢复，而是收缩。他说自己公司的经验就是该行业的典型例子。

据拉顿先生介绍，公司遍布全国的工厂在 1944 年达到战时销售额高峰，总计 9.9 亿美元，而圣迭戈的工厂的销售额大约占一半。但是到了 1946 年，估计全国的销售额为 9000 万美元。

描述双重冲击

拉顿先生补充说，战争时期，全行业年产值最高达到 200 亿美元，预计转产后产值将下降到这一数值的 5% 或 10%。

他说，虽然这个数字比战前扩大了 5—10 倍，但需要解决一个问题，那就是为数十万战时在飞机工厂工作的男女寻找新的工作岗位。他接着说：

“也许没有哪个行业受到的冲击比航空业所遭受的双重冲击更为严重。和平时代的航空业没有能转为军工生产的一些大型工厂和大量雇员。而战争结束后，也没有一个可供其转型的庞大的、和平时期的正常市场。”

1940 年年初，该公司全国的员工为 5338 人，随后人数一直增长，到 1944 年战时达到顶峰，为 9.3 万人。同期，公司的飞机产量从 580 架增长至 7960 架。现在，员工数量下降至 1.7 万人，全国各地的大量工厂关闭。在未来，公司除了生产政府战后的航空规划所需的各型军用飞机以外，还正在设法开拓商业和私人飞机市场。

记者团被带到XC–99飞机的机身内。它是一架可以装载400名乘客的军事运输机，正在此地装配。爬上两层舱板的梯子仿佛就是登上出国远航的客轮。正在装配中的它是最大的陆上飞机，据公司介绍，这是政府首次允许新闻界参观这架飞机。

可以运载50吨货物

该机型的商用机是240座越洋飞机，泛美航空公司预定了一个机队的飞机。它可以承载50吨货物，飞越1500英里，若运载量减少，航程可以达到8000英里。该机拥有6个推进式引擎，长183英尺，翼展230英尺。

记者们还被带领着穿过一个木制飞机模型。这种新型的国内运输机可以装载30名乘客。它是双引擎下单翼机，巡航速度为每小时275英里，内设豪华客舱。

一架海岸警卫队的飞行船还演示了喷气助推起飞。这种飞行船曾经极大地促进了公海上的救援工作，并有望在战后的商业和私人飞行业开发其新用途。

圣迭戈商会会长艾伯特·里德和工业顾问小约翰斯通解释了该市为解决恢复期问题所做的规划，称这座城市在应对航空业就业收缩的问题上有条不紊，这是过去3年做了战后规划的结果。

自1940年到1944年，这座城市的人口从20.3万增长到28.6万，预计会稳定在28万的水平上。

预计需要2.35万个就业岗位

战前，该市的工业就业人数为1.2万，战时峰值达到6.5万，当前的数据为1.6万。恢复后的就业人数估计可达2.35万，约为战前的两倍。

那些离岗人员大多数似乎仍然留在城市里，有些人员已被其他工业部门、贸易行业和服务业所吸收，这些行业一向欠缺人手。还有些人员已经回到农场、厨房、学校，或退休。

1945 年 10 月 7 日

巴顿事件加速去纳粹化
现在注意力集中于当前的纠错工作

雷蒙德・丹尼尔
通过无线电发回《纽约时报》的报道

【柏林 10 月 6 日电】乔治・巴顿将军用他特有的方式再次为祖国服务。可是此次他运气不佳，非但没有赢得新的荣誉，反而被放逐到没那么显赫的位置上。然而，巴顿将军此番也说出了许多美国官员心中对去纳粹化的运动的一些疑问和保留意见。去纳粹化的运动是几个国家的领袖在波茨坦会议上确定的，交由艾森豪威尔将军执行。巴顿将军使问题变得戏剧化，导致德国重新定向的基本措施之一显得自相矛盾。

他不合时宜、口无遮拦地说，战败的德意志帝国的状况就如同民主党与共和党选举对抗的余波，明确指出自己和艾森豪威尔之间有争议，而且是不容忽视的争议。

正如艾森豪威尔的参谋长沃尔特・比德尔・史密斯中将所言，这个事件所导致的真正危险不是巴顿拒绝执行上级的命令，而是他所说的话会被整个美国区内的低级官员所误解和曲解，让他们对美国驻军的真正意图产生疑问。在巴顿看来，美国驻军德国是为了“向德国人显示美国有多了不起”。

仍存一个危险

长时间以来，反动的巴伐利亚政府对我们来说已经完全失去作用，但是这位第三集团军前指挥官在职期间却一直支持它。艾森豪威尔强令巴顿废除了巴伐利亚政府，并随后把他的职务从巴伐利亚军事执政官调至纯粹的文官，主导战术史的编撰工作，为他所浴血奋战的这场战争编写历史。这两个举动应该可以消除那些误解所带来的危险。然而，有一个危险仍然存在，那就是对巴顿将军所采取的严厉措施，会被误认为是驻军政策的承诺和实际执行之间出现重大分歧时的解决良方，而事实上，这仅仅是纯粹的纪律行为。

然而，无可否认的是，对巴顿将军的采访及其后果对我们政策的实施产生了正面的影响，我们所宣称的政策是彻底拔除德国经济生活及其政治生活中的纳粹核心，防止它在驻军结束后再次掌控这个国家。如果这一事件仅仅是意在提醒在位的官员们——这些人员有许多出身平民，平民不像陆军正规军的军官有那么根深蒂固的服从的传统——他们的职责是执行政策而非做出决策，则显然是有所收获的。

然而这个事件的作用远胜于此。它促成了巴伐利亚极端保守、一边倒的德国政府垮台。在巴伐利亚州，对这个政府的支持已经开始引起人们对我们倡导民主原则的真诚产生怀疑。这一事件成为去纳粹化的命令的摊牌之举，一直以来，很多人以权宜之计和顾及效率为借口，回避和逃避执行去纳粹化的命令。

但是，去纳粹化只是我们驻军计划的其中一个阶段。可能还需要许多次像这样的摊牌之举，才能实现波茨坦会议所制定的政策。波茨坦会议想建立一个解除武装的德国，它的生活标准不能超过其欧洲邻国。驻军的所有阶段中，那些准备严格执行波茨坦会议所制定的和平条款的人员，和那些试图以睁一只眼闭一只眼、抄近路来软化前者严格的执行的人员之间的结构性分裂正在酝酿。

这个问题有可能会永远拖延下去，而巴顿把它戏剧化、透明化了，于是首当其冲成为遭处罚的人。可是，如果把他当成唯一的罪人，则是错误的。还有数十甚至数百名没有巴顿那般举足轻重的人员也怀有同样的想法，但是现在可以预测，这些人员将会执行去纳粹化的命令，至少他们现在知道抗命毫无益处。

可是，在德国，对去纳粹化的松懈态度不仅存在于美国区内。在英国驻军的鲁尔区也能找到相似的情形。在那儿，还需要把曾经帮过纳粹大忙的老工业经理们从获利丰厚的、颇具影响力的位置上清除。

1945年/10月9日

社论：印度尼西亚的骚乱

在荷属东印度，如同其他曾同属日本称之为“共荣圈”的地区一样，战争的终结并没有让当地恢复到1941年12月时的状态。从军事意义上来说，日本兵的造反可能不算有力，但它表明不满情绪普遍存在。这种情绪存在于东印度群岛近7500万人当中，遍布这个总面积相当于美国国土面积1/4的群岛的各个地区。而在一些地区，例如爪哇岛本身，人口极为稠密，不满情绪可能极为高涨。

荷兰人统治下的东印度曾经出现人口剧增的情况——自1905年以来，人口增长了大约1倍。这个区域的人口为宗主国人口的8倍，其中85%为穆斯林。20年前，发生了以宗教为依托的剧烈的独立运动。由于受到日本的威胁以及随后遭受日本的实际占领，此次运动失去了阵地。东印度群岛的人民不喜欢欧洲的帝国主义，但更不喜欢其日本变种。但像其他东亚人一样，他们深受同盟国的民主信念的影响，可能认为自己应享有更高的政治和经济自由度，同时又不能完全脱离欧洲国家的保护。

毫无疑问，人们的不满情绪的根源是本土国民仍旧处于劣势，无法控制自己国家可供出口的自然资源。他们想提高生活水平，掌控自己的命运。在菲律宾，不管生活水平如何变化，它的人民很快就可以掌控自己的命运了。印度尼西亚人望着北面的菲律宾，可能会疑惑为什么自己没那么幸运。

1945 年/10 月 10 日

陆军将在 1 个月内裁军百万

发回《纽约时报》的特别报道

【华盛顿 10 月 9 日电】陆军和海军今天宣布，正在加快各自的复员计划的进度。陆军的一名发言人称，当前的复员进度意味着每月将有 100 万人回归平民生活。

陆军方面预计，到 1945 年 10 月底，退役将达到每月 100 万人的速度。1945 年 9 月份，陆军退役的人员为 597302 人，远远超出马歇尔将军 1945 年 9 月 20 日与国会议员谈话中估计的裁撤 45 万人的目标。

海军方面今天宣布，医务官的临界分值已经从 60 分减到 53 分，这意味着到 1946 年 1 月 1 日将有 4000 名医生回归平民生活。

未来此分值可能会进一步降低，这取决于总体的复员进度。目前医务官的遣散比例为每 1000 名退役士兵对应 3 名医生。

报告称 20.8 万人退役

至于总体退役情况，海军方面表示，截至 1945 年 10 月 6 日，6 天内有 6 万人复员，至此海军的总退役人数达到 20.8 万。

在入伍方面，海军报告称，1945 年 9 月有 1.6 万人自愿加入海军，其中 1.18 万人加入正规海军。

因此，海军部将减少 1945 年 11 月的新兵招募人数，从原来的 5000 人降到 1000 人。

到 1945 年 10 月 1 日，有 53.9 万人已经达到复员的分数，而其中 33.5 万人正在海上或国外执行任务。

1945 年/10 月 14 日

华盛顿方面支持对苏联“强硬”

詹姆斯·B. 赖斯顿

【华盛顿 10 月 13 日电】国务院当前的趋势是对苏联采取强硬的立场，目的并非是把与莫斯科的合作降至最少，而是要增加与它的合作。有一种理论认为，“软的一手”已经失败，“硬的一手”会让两国的合作建立在更为坚实的基础上。

这一理论目前在华盛顿，特别是在国会山风行一时。国务卿伯恩斯从伦敦会议归来后，在参议院外交事务委员会前阐述该理论时，委员们的反响总体上很积极。实际上，委员会提出的主要问题并非质疑强硬路线是否正确，而是质疑强硬的程度是否足够，质疑国务卿是意图“真正强硬”，还是仅仅“装装样子”。

例如，在伦敦会议上，谈到允许法国和中国参与和平条约的初步讨论的问题时，国务卿站起来反对苏联外交人民委员，这得到了委员会的赞赏。可是反过来，委员会也批评了他同意让苏联进入一个针对日本的咨询委员会一事。

委员会一些成员认为，他一开始就不应该建议成立日本咨询委员会，并提出在苏联坚持该咨询委员会应该“掌控”日本的政策而不只是对其做出建议时，美国就应该忘掉整件事，继续单方管理日本，正如我们现在所做的那样。

伯恩斯承受压力

因此，公平地说，要对莫斯科方面“强硬”，国务卿承受着相当大的压力。但他的新方针，正如其他一切对苏政策，都是有争议的，并引起正反两方面的反应。

首先，在伯恩斯先生的部门内部，就有官员不认同我们的对苏政策是“软的”，或者是“失败的”。他们指出，在 1942 年和 1943 年，罗斯福政府不同意苏联开辟“第二战场”的要求；无论是罗斯福还是杜鲁门，都没有同意苏联提出的租借重型器械的要求；这两位民主党总统还拒绝战后授予苏联 100 亿美元的信用；两位总统一贯反对把美国排除在东欧事务之外的举措。

此外，这一派别的人员争辩说，正是由于美国坚持其政策不动摇，才使得战时联盟得以维持，才使得一个更符合美国的蓝图而非苏联意愿的国际组织得以成立。这一点，他们认为，不仅不是“失败”，而是巨大的成功，在美苏两个如此迥异的国家之间的谈判中，这种成功与人们的期望是相称的。

首都方面无意接受苏联的主张，不同意在世界范围内军事力量是权力的唯一基础，因此三大同盟国应当创造和平。看到苏联的力量如同一块巨大的云团在欧洲移动，所到之处讯息被完全封锁，人们除却忧心如焚，别无他法。

因此，伯恩斯发现，在华盛顿人们极少反对他在伦敦对苏联外交人民委员所采取的坚定态度，当时他就以上各点坚定地反对苏联外交人民委员。但几乎没有观察家相信，阻止坏事发生，比通过谨慎的思考确定良好、积极的事情，更能推动和平谈判的进展。这里所遭受的谴责是，大多数时候，我们把自己反对的政策用在世界其他地区。

诉求及反诉求

例如，政府本周再度坚称，如果同盟国对于日本的政策存在任何分歧，将依照美国的意愿来管理这个国家。这一原则无疑得到国会的支持，而日本列岛几乎是被美国凭一己之力占领的事实也证明这种态度合情合理。

作为对我们此项诉求的回应，在同盟国对保加利亚和罗马尼亚的管理上，苏联提出了同样的诉求，称是自己光复了这些国家，于是如同美国在日本的情况一样，应该依照苏联的政策来管理这些国家。诚然，苏联人在这些国家对我们施加的限制远比我们在日本对他们施加的限制要多，但一种相左的观点认为，我们在东欧地区坚持同等控制权的原则，而在日本否定这一原则，是否需要在同盟国间加强这个原则。

与此相似，政府坚持要获得位于太平洋各岛屿的基地的所有权，却反对苏联获得厄立特里亚的单一托管权；最初我们建议由一个国际委员会管理达达尼尔海峡，尽管我们十分不乐意接受对巴拿马运河也做出类似的安排。

虽然不能认为这些地区的情形完全一致，但可以说，在管理中以及在联合国的队列中，向其他国家提出建议时，美国的外交政策即使不是激进的，也是自由的，而在与我们的切身利益相关的问题上，我们的外交政策却通常是保守的。

反对我们的观点认为：一方面美国大声反对苏联行使国家权力，另一方面却坚持原子弹的独有权。在一个事例中，美国向英国施加压力，迫使它同意数千名犹太人进入巴勒斯坦地区，但却限制犹太人进入美国。在墨西哥城的会议中，我们试图在西半球事务上加强美洲各国的联合行动，支持不干涉他国事务的原则，但在实践中，我们未征求全体拉丁美洲国家的意见，就设法取消了里约热内卢会议。

国会山的对话

如果这些问题可以通过非正式会谈解决，联合国就可以在匆忙间真正联合起来，因为“苏联问题”已取代富兰克林·罗斯福这一话题，在华盛顿成为首要的讨论题目。

然而，此时此刻在国会山进行的讲话大部分涉及我们的盟友的缺点及问题的复杂性。在国会及政府行政部门中，处处有人开始谈论这样的观点，认为自己无法改变外国政府的政策，却可能对自己政府未来的行动产生一定的影响。然而，这样的人肯定是少数。

即使是国务院本身，也仅倾向于称现在必须“对苏联采取坚定的态度”和“坚持我们的原则”，但伯恩斯和他的新团队一直忙于紧急问题的谈判，没有时间坐下来面对面长谈，以找出其认同的我们的原则是什么。

1945 年，伦敦会议后国务卿詹姆斯·伯恩斯回到华盛顿。

1945 年/10 月 14 日

苏联在中欧备受争议的“势力范围”
政治斗争让整个东欧骚乱不断

C.L. 索尔兹伯格
通过无线电发回《纽约时报》的报道

【伦敦 10 月 13 日电】从外交上讲，自波罗的海到爱琴海的东欧仍旧是欧洲大陆最令人烦恼的区域——在整个 19 世纪，这一地区断断续续地是欧洲大陆最令人烦恼的区域——这已经在外交首脑理事会上被确证。

如今，东欧国家组织几乎无法被称为联合体，虽然事实上除了希腊和土耳其的欧洲部分外，苏联的影响力在这些国家中均处于主导地位。在色雷斯—马其顿边界一带，英国的影响力开始形成。

大体上说，苏联认为，自己在这场战争中所取得的胜利，使它在东欧出于安全考虑而拥有特权合法化。

广大的苏联势力范围内的所有国家中，都是共产党处于支配和控制地位，虽然该党派既不是多数党，也没在内阁占据多数席位——甚至在关键部的部长的人数上也不占优。

波兰联合体

在波兰，贝鲁特政府是一个由共产党人、社会党人、农民党人和民主党人组成的联合体。基督教民主党一直千方百计想要加入其中。

在这个国家，共产主义的影响力处于主导地位。博莱斯瓦夫·贝鲁特总统自称为无党派人士，却是全心全意的共产党人。共产党人领导着安全部，另一个共产党人齐格蒙·莫得兹·伊瓦奇统领外交部，还有几乎独揽经济大权的希拉里·迈恩。

在经济上，波兰的主要工作是重建。食物供应应该足够，但是交通很糟糕。

在社会中，最大的问题是农业改革和土地分配，这个问题已被无情但却有效地解决了。所有的大型工厂都被国有化了。

在国家内部，反犹太主义者及游击队与残余的老家乡军之间的纠葛最令人头痛。在波兰，幸存的犹太人不过十余万人，仍然受到迫害，尤其是在省级地区。

外交上的主要问题是驱逐德国人，与苏联的边界问题及与捷克斯洛伐克的边界问题。第一个问题已在解决并终将被解决，只是相当艰难。地缘情况使然，第二个问题必然长存。第三个问题必须通过共同协议来解决。

基本模式

波兰面临的困难在某种意义上就是东欧各国面临的问题的基本模式。依照西方对其争议之词所做的解读，这些国家当然想与苏联交好，但是也想要更多的民主。

捷克斯洛伐克与苏联红军之间存在同样的问题，同样存在驱逐德国人的问题，而且捷克斯洛伐克还有驱赶作为少数民族的匈牙利人的问题。捷克斯洛伐克在边界问题上不像波兰那样令人头痛——波兰在放弃东部领土的同时，边界向西移动，而捷克斯洛伐克仅仅是做了前者——放弃东部的鲁塞尼亚。

共产主义在捷克斯洛伐克的影响不如在波兰那么强烈，但也是很强劲的，在斯洛伐克尤其如此。爱德华·贝奈斯总统作为所有反共产主义团体的好傀儡而享有盛誉。

1944 年春天，莫斯科在斯拉夫联盟地带建立的第三个国家是南斯拉夫。在这个国家，老游击队的“自由卫士”精神盛行。一位最近从贝尔格莱德返回的访问者说地下掩埋了很多武器，在全国各地，磁铁都指向地面。

铁托元帅很受欢迎，但他的一些助手却并不受欢迎。随着外长伊万·舒巴希奇、副总理米兰·格罗尔以及政务委员尤拉斯·苏特加的辞职，铁托—舒巴希奇协定被打破，为选举期间或之后埋下隐患。

南斯拉夫的诉求

南斯拉夫对意大利提出的边界诉求——特别是对的里雅斯特的诉求——和对奥地利提出的没那么义正词严的诉求，以及可能最终向希腊提出的领土诉求，都是当前的热点话题。铁托还成了阿尔巴尼亚的恩维尔·霍查所领导的共产主义政府的教父级人物，这个因素正成为反希腊的有效刺激剂。

在战败的卫星国中，奥地利和匈牙利情况特殊，两国政府——并非如一些宣传家们所说，它们没有抱团——因为离西方世界最近，即将获得西方的承认。

西方对这些地区的事务掌握得稍微全面些。在东欧的大部分地区，新闻自由只不过是一种委婉的修辞。总体上说，伦敦和华盛顿似乎觉得奥地利和匈牙利两国的民主并非全然是“回敬莫洛托夫的鸡尾酒”。匈牙利的土地重新分配显然让这个国家中世纪的社会结构产生了一个大飞跃。

罗马尼亚和保加利亚是宿敌，在希特勒的强迫下结成友谊，斯大林设法维护罗马尼亚和保加利亚之间的友好状态。现在这两个国家不情愿地成为苏联与西方之间的麻烦制造者，因为共产主义者最初对它们的轻微控制变得越来越得寸进尺。

这两个国家都位于苏联边上，它们很清楚这一点！这两个国家的农民领袖——祖琉·马努博士和格奥尔基·季米特洛夫（《真理报》称之为法西斯野兽，而非党的追随者）——是每天晚上宣传的靶子。

希腊的中间路线

希腊和土耳其是单子上的最后两个国家。因为后者原则上是亚洲国家，所以本文略而不论。希腊试图成立某种形式的，可以代表广大但杂乱无章的中间派的政府。

在组建政府的进程中，无论是右派还是左派，都鲜有帮助。奇怪的是，左派获得了索非亚、贝尔格莱德、地拉那和莫斯科长久以来一致的支持。

1945 年/10 月 16 日

赖伐尔被处决

检察官和法官发现其因偷偷带进监狱的毒药而中毒

兰辛・沃伦
通过无线电发回《纽约时报》的报道

【巴黎 10 月 15 日电】领导维希政府一路与德国合作的皮埃尔・赖伐尔今晚以叛徒的身份躺进了巴黎南部的蒂艾公墓的“窑户的一块田”。

他生命的最后 5 小时如同他的一生那样，充满戏剧性，在负责处决他的官员的惊愕中混乱不堪。上午 8 点 45 分，当他被告知即将被带到行刑队前执行枪决时，他喝下了一小瓶毒药，毒药在他身上已藏了一年多。

当着监狱官员的面，他倒在了牢房的地板上，失去知觉。狱方用胃泵把他救醒，然后让他休息了数小时，接着办理手续，把他带到监狱外面枪毙。这种情况在法国司法史上从未有过。记者和公众被大批警察阻挡在外，无法靠近现场。

据说他死得很勇敢

据见证处决的几名目击者，也就是他的律师以及几名官员称，赖伐尔死得很勇敢。他曾在一封信中解释说，自己计划自杀，“这样法国军人就不会卷入司法犯罪”。他说希望死得像一个总理，像古罗马人一样选择自我了断。他坚持要求戴上那条让他成名的白色领带。他脖子上围着一条三色围巾，睁眼直面行刑队，高喊：“法兰西万岁！”旋即被枪毙。

按照叛国罪的惯例，官方一直计划在夏蒂荣堡让军方行刑队处决赖伐尔，但夏蒂荣堡离监狱有一段距离。后来发现把他带到夏蒂荣堡行不通，经过一些讨论，就安排一个殖民地部队行刑排，以及一辆灵车前往关押赖伐尔的弗兰斯内监狱。大约过了一个多小时，就在监狱的蓄水池前匆匆竖起的柱子上把他枪毙了。

今晚，弗兰斯内狱方奉命对赖伐尔如何获得毒药展开调查。此前，赖伐尔曾发表正式声明，为其律师和狱方人员开脱罪责，称自己于 1944 年 8 月离开德国时，就把毒药藏在大衣毛领里。他的律师和医疗助理认为，赖伐尔自杀失败的原因是随着时间的流逝，毒药丧失了效力。

1945 年／10 月 19 日

四大同盟国起诉 24 名纳粹头目密谋反和平；指控其在战争中的暴行

在起诉书中，戈林、赫斯及其他 13 人被指控犯下四大罪状

雷蒙德・丹尼尔
通过无线电发回《纽约时报》的报道

【柏林 10 月 18 日电】今日一纸起诉书以美国、苏联、英国和法国为代表的国际军事法庭，对 24 名德国战争头目、阿道夫・希特勒的纳粹追随者提起诉讼，指控他们参与有史以来最血腥的、最黑暗的反和平和反人类的阴谋。

这是一个史无前例的诉讼程序。在此之前，从来没有人因为如此规模庞大、如此令人发指的罪行被追责。自希特勒上台以来，欧洲所遭受的所有人力和物力损失，包括被系统灭绝的 570 万犹太人的鲜血，皆因这些人的阴谋而致。他们还被指控迫使超过 500 万的欧洲人沦为服务德国战争机器的奴隶，并被要求为德国武装部队在陆地和海洋战场上所犯下的罪行负责。

控方要求对被指控的德国人拥有生杀大权的法庭宣布德国内阁、多个军事及半军事组织为“故意犯”。德国内阁和这些组织帮助上述罪犯首先降服了德国人，然后又征服了德国的欧洲邻国。被指控的 7 个组织包括纳粹党领导集团、党卫军、纳粹冲锋队、盖世太保，以及德国武装部队的总参谋部和最高统帅部。

将尽量当庭审判

有人指出，如果法庭当庭审判，就不必再进行冗长的审判，如同即将在纽伦堡进行的审判。法庭的这种行动将解除对控方的要求，控方不需要在每个案件中都提出证据来证明这些组织的成员都是战争犯，不需要把举证责任转移到数千名

被告身上，让他们出示证据表明自己并非主动加入这些组织，或是被动地成为其成员。这样就可以减少案件的诉讼程序，直接进入法庭审判阶段。

起诉书列举了 4 项罪状。第一项罪状追溯把和平的德国转变为侵略战争的机器这个阴谋的发展历程，国家的一切被以希特勒为代表的纳粹的意志所淹没。所有 24 名被告均被指控犯下此项罪名。

第二项罪状是指责在他们的领导之下，德国发起了一系列违反所签订的条约的义务的侵略战争。

第三项罪状即在所控告的“全面战争”中，德国实施了谋杀、掠夺、施以酷刑和破坏等罪行，违反文明公约，违反罪行发生国的刑法。

第四项罪状指向大多数被告人，指控他们在战前和战争期间，对平民实施灭绝、奴役和驱逐出境，以政治、种族和宗教为由迫害所有反对或威胁要反对他们的人。这项罪状被定名为“反人类罪”。

现在被关押在纽伦堡监狱里的囚犯有 14 名面临所有 4 项罪名的指控，除了前元帅赫尔曼·戈林和前副元首鲁道夫·赫斯，这些被告是：

前外交部长，约阿希姆·冯·里宾特洛甫；

德国种族理论的官方“哲学家”及德占苏联区专员，阿尔弗雷德·罗森堡；

前内政部长，威廉·弗立克；

强制劳动专员，弗里茨·绍克尔；

生产部长，阿尔贝特·施佩尔；

1945 年纽伦堡审判，担任检察官的罗伯特·杰克逊在做开庭陈词。

经济部长，瓦尔特·冯克；

武器制造商，古斯塔夫·克虏伯；

波希米亚和摩拉维亚保护国前“总督”，康斯坦丁·冯·纽赖特男爵；

奥地利和荷兰的专员，阿图尔·赛斯－英夸特；

陆军元帅威廉·凯特尔和陆军一级上将阿尔弗雷德·约德尔，两人均为总参谋部成员；

德国国内外宣传的总发布者，汉斯·弗里切。

还有4名被告人，即帮助德国统治奥地利的恩斯特·卡尔滕布伦纳；波兰总督汉斯·法郎克；劳工阵线领导人罗伯特·莱伊；仍然逍遥法外的副元首马丁·鲍曼，被指控为阴谋发动侵略战争的共犯，并犯有战争罪和反人类罪，但他们的名字没有出现在实际引领德国发动违反所签订的条约的战争的罪犯名单中。德意志帝国银行前行长亚尔马·沙赫特博士和前大使弗朗茨·冯·帕彭被指控阴谋发动侵略战争和发动违反条约的侵略战争，但没有被控为战争罪或反人类罪的共犯。

前海军司令埃里希·雷德尔元帅，及其继任者、据信是希特勒的接班人的卡尔·邓尼茨元帅也被传唤至法庭对所有四大罪状包括潜艇战的罪责做出答辩，但两人没有被追究对被征服人民实施整体灭绝和奴役的罪责。

所有被告将获得至少30天的时间来准备其辩护。

当起诉书开出时，整个纳粹体制，甚至是极权主义本身，被放入审判。

1945年/10月19日

德国人被控在卡廷森林大屠杀中杀害1.1万名波兰人

发回《纽约时报》的特别报道

【柏林10月18日电】今天，国际法庭还未宣判德国人应对在斯摩棱斯克附近的卡廷森林屠杀 1.1 万名波兰军官的罪行负责，德方已开始申辩。

这仅是在纽伦堡等待审判的大多数德国战争领导人必须答辩的多项战争罪行之一，但此项指控可能是迄今为止整个审判中最有争议的问题。

因为德国人认为，此次大屠杀是德国进攻苏联前，苏联人自己犯下的罪行。可以预测，被告方不大可能错过这个挑战苏联检察官们的机会，会要求后者拿出此项指控证据。

德国曾宣布在卡廷森林的一个大坑里发现大量尸体，这引发了这场战争中的一次外交危机。在伦敦的波兰流亡政府立即呼吁国际红十字对此事进行调查并确定责任方。苏联反驳称这是盟友所做出的一次不友好的举动，并最终与流亡伦敦的波兰政府断绝关系。

后来苏联人曾公开发掘尸体，但结果并不确定。

如今这个问题首次被完全提交到法庭，但法庭受制于军事审判所需要遵从的规则或证据原则。既然已经同意苏联检察官鲁登科负责提出以柏林为中心、从南到北的地理线以东的地区内战争犯罪的证据，举证责任就落到了苏联人身上。苏联指控称，是德国人屠杀了波兰人并把尸体埋在卡廷森林里。

这是一个德国人几乎肯定会凭手头一切文档进行反驳的问题。

在波兰军官的尸体被发现以前很长一段时间内，这些人的命运对波兰领导人来说是个谜。据说，已故波兰前总理瓦迪斯瓦夫·西科尔斯基将军曾于 1941 年圣诞节期间首次访问莫斯科。其时，他问斯大林主席这些波军官员出了什么事。一开始，苏方答复说他们很安全。

有关在卡廷森林到底发生了什么事情的大量证据将围绕这些波兰军官的遇害日期展开，如果这个罪行发生在德国人占领他们的最终安息地之后，就不可能是苏联人所犯下的。

1941 年 7 月，德国人占领了卡廷森林。

1945 年/10 月 22 日

原子弹和政治
尽管我们拥有了新的“讨价还价”的权力，但和平仍然是一个遥远的目标

汉森·W. 鲍德温

自世界历史上第一颗原子弹落在日本广岛，已经过去 11 周。

这是明天的历史由今天的危险模式所塑造的数周；这是全世界在安全和道德进步的路上停步不前的数周；这是混乱不堪和意见对立，缺乏领导能力，诉求不断和矛盾重重的数周，而自始至终原子弹的阴云都笼罩着未来的天空。

在这段时间内，出现了林林总总、自相矛盾的关于原子弹的声明，顺带也有关于战争技术革命的声明，而在这个革命中，原子弹只是其中一部分，所以我们必须砍掉一些树木才能看到森林。

第一，在原子的开发和生产领域：

我们对原子弹“秘密”的垄断并非是对实验室的垄断，也并非是物理学领域的垄断。正如罗伯特·奥本海默博士所言：“你无法永远保持世界本质的秘密；你无法永远保持原子的秘密。”原子分裂的关键数据为世界各国所知；事实上，在这场实验室和研发领域的竞赛中，我们国家原来并没有处于领先地位。能够率先制造出原子弹，并且现在处于领先地位，是因为我们国家无与伦比的工业设备、工程学和生产的“技术诀窍”及发电能力。这些才是原子弹的真正“秘密”——美国的工程—工业能力。

苏联是潜在生产者

目前已知的原子弹制造的方法需要如此繁多的工业“技术诀窍”，如此庞大的电力资源，如此高额的厂房和资金投入，今天可能只有美国有能力制造出原子弹。直到制造流程简化的时候，英国才有能力或者工业经济基础去生产原子弹，

制造和引爆的所有秘密英国并不全都知道。而原子弹的制造流程势必会被简化。除开美国，苏联可能是世界上唯一一个有足够的潜力以目前已知的流程制造原子弹的国家。苏联一定会把这种潜力发展成实际生产能力，没有人知道需要多久，但看起来并非苏联的物理学家错误估计了原子弹制造所涉及的工程问题和苏联的工业发展阶段。但是无论如何，在 2 至 15 年内，要不了多久，至少苏联，很可能还有其他大国，将能够制造原子弹。

它们将拥有制造原子弹所必需的原材料。目前，铀和钍是唯一可用于制造“原子弹”的元素。假以时日，蕴含在其他元素内的能量将会被开发出来。能提取铀的沥青铀矿、钒钾铀矿，目前已知存在于加拿大、美国、比属刚果和欧洲。欧洲的资源至少有一处位于苏联的势力范围内。有人相信，苏联境内的原料资源相当丰富，但是我们对此一无所知。

我们自己在原子物理学和工程学上的进步不会停止，但是否能保持目前的领先地位，比苏联更加迅速地前进，则是不确定的。我们最优秀的物理学家和工程师正在返回民用实验室。奥本海默博士以及如他一般优秀的其他人员将在 1946 年年初离开政府的原子弹计划。另一方面，在极权主义制度下运行的苏联将可以按照自己的意愿，集中大量的精力和能力用于原子弹研发。

1945 年 10 月，原子弹爆炸两个月后，广岛的废墟。

第二，在政治领域：

据说在与苏联的政治谈判中解决和平问题时，原子弹给了我们很大的优势，但不得不承认，这种优势只是暂时的。

过去的 11 周证实了这种说法。和平问题陷入僵局。此外，在政治上讨价还价的过程中，原子弹对于我们来说，作用相对较小，因为苏联人是现实主义者。他们知道，我们不会使用原子弹攻击他们，除非他们首先使用原子弹，或以其他手段突然而残暴地攻击我们。换句话说，到目前为止，就原子弹而言，我们手里并没有王牌，我们只是在虚张声势。另外，如果再过一年左右，或者是明天，苏联说："我们已经拥有原子弹。"而美国鉴于其目前的情报服务情况，无法弄清楚这个宣告是真是假。此外，把我们自己放在苏联的位置设身处地想一想，如果苏联拥有原子弹而我们没有的话，我们会认为拥有原子弹有利于和平吗？我们会变得惴惴不安抑或是平静如水？

那么原子弹带给我们的政治优势在哪里呢？到目前为止，它没有给我们带来任何优势。事实上，它似乎迫使华盛顿方面的思维比以往更深地陷入依赖国力的浮滑旧模式。

无论是国会还是美国的芸芸众生，都鲜有丰富的想象或者卓识远见，而没有了想象力和远见，一个民族将会消亡。

1945 年／10 月 22 日

法国大选中，戴高乐目前得分为三重胜利

兰辛・沃伦
通过无线电发回《纽约时报》的报道

【巴黎 10 月 22 日电】早些时候有迹象表明，夏尔・戴高乐将军会在昨天的国家大选中获得三方面的胜利。今天一早，来自法国超过半数的省的不完全统计数据继续确认了这一点。

在全民公决中，占压倒性优势的选票支持制定新的宪法，而且一部分虽然数

量少一点，但是力量也出乎意料地强大的选票赞成授予制宪议会更多延伸的权力。该类选票的数量正在增加。几乎所有现任部长——其中一些曾受到严厉抨击——已经胜出。最终的结果明天上午才能统计出来，但是初次检票表明，县选举的结果正在重复。（合众社的报道显示，巴黎时间早晨 7 点 30 分，选票的情况是 8552929 票对 290434 票选择新宪法，5775528 票对 2667984 票选择戴高乐的制宪议会规划。社会党有 78 名候选人被选入制宪议会，人民共和运动有 64 名，共产党有 58 名，激进社会党有 17 名，其他党派有 38 名。）

主张天主教社会主义的人民共和运动似乎斩获了比之前的县选举更多的选票，而社会党赢得了与之前接近的成功，极有可能成为新制宪议会中实力最强的党派。共产党所获得的成功稍逊于县级选区的投票，但该党也占有重要的地位。激进社会党所丢掉的选票比之前还多。

午夜之后，有利的结果到来后，政府官员表示非常满意。随后，官方数据显示社会党在 16 个省处于领先地位，共产党在 12 个省领先，人民共和运动在 11 个省获得胜利，而共和党在 10 个省胜出。

半数以上的省的统计数据表明，92%的选票对第一个问题的回答为“是”，70%对第二个问题投肯定票。这意味着共产党遭遇显著的失败，它早先曾大力倡导人民对第二个问题回答“不”。而对于激进社会党来说，失败就更为明显了，它倡导两个“不”的回答。政府支持者的成功无疑超过了它们的预计。

因为投票系统复杂而且绝对禁止在选票上写下姓名或其他任何内容，许多选票被宣布无效。弃权者显然没有县选举时那么多。与城市和产业中心地区相比，小的乡村共同体的弃权者人数较多。在巴黎的一些区，几乎 90% 的注册选民投了票，但在饱受战争蹂躏的区域，投票比例有所下降。

公投对第一个问题所做出的肯定回答意味着法国已经摈弃了《1875 年宪法》，并授权新制宪议会起草新宪法。同意第二个问题意味着法国承认新制宪议会为拥有最高统治权的机构，有权罢免政府，但是任期仅有 7 个月。

在 7 个月后，必须就新宪法进行另一次全民公决。如果新宪法获得批准，其后将选举产生新议会。如果制宪议会未能在 7 个月内制定出新宪法，将会被解散，同时选举另一个制宪议会负责此事。

1945年/10月22日

观察发现，波兰人因为恐惧而屈服于强权统治

据报道有6万到8万名被拘押者；奥斯威辛集中营重新开放；有秘密警察看家

格拉德温·希尔
通过无线电发回《纽约时报》的报道

【华沙10月12日电（经由柏林的延时报道）】本报道是在华沙完成的，但必须等到笔者安全离开波兰才能发表。

根据《波茨坦协定》，目前外国记者已获准在波兰境内活动，至今为止尚无记者受到伤害，但当局对外国记者就毋庸置疑的事实进行报道的明显敌意，已经暴露无遗。

在这个饱受战火蹂躏的国家，如今还存在一种向微妙的恐怖统治发展的态势。在这种统治下，无人知道那些批评现政权的人士会出什么事。

然而，有太多的迹象表明会发生什么事情。一些政府官员的官方说辞是现在波兰的政治犯不到1000名，可是另一些政府官员向我承认，此人数为6万到8万，因为有相关的规条，所以其中大部分是“德意志裔人”——波兰裔德国人或者德国化的波兰人。

在华沙人们普遍相信，此类德国人单在克拉科夫市就有1万名。一些负责任的观察家认为，这类人员的总数可能接近10万。

对于波兰人来说，在奥斯威辛的前德国集中营就是恐怖的代名词。但在波兰的主持下，集中营再次开始运行，周围的铁丝栅栏再次通了电。

这些被关押的人，唯一明显的罪行就是涉嫌反对当前共产党主导的政权。不管怎样，在押人员的范围甚广，大多数人没有任何具体指控，也没有经过任何审判仍被扣押。最近几天，一些声言是美国公民的人也被抓捕。

今日，在华沙及其他城市出现了一个名为“深井”的机构，其运作与盖世太

保类似。如果情况需要，它的警察可以整日看守社区、建筑物或者建筑物内部的分区域，把所有在里面活动的人抓起来。这可以理解为一次普通的搜捕，但很奇怪的是，这种行动往往连带无辜者被拘留，于是恐惧蔓延开来。据我所知，无辜的人们得知“深井”正在住处附近开展行动，就整夜不回家 。

我还会列举一些其他事件，揭示这个几近恐怖的统治。对这种恐怖统治，我不得不加以描述——我是经过深思熟虑的，同时感到十分遗憾——这个国家的政权曾自豪地称自己“民主”。

9 月 16 日，现政权主要的反对派——波兰农民党——在克拉科夫举行集会。我从权威渠道获悉，这个党最著名的地区领导人拉杰斯左・克叶德在集会的第二天，就被 4 名身穿制服的人从家中带走了。3 天后，人们发现他被枪杀。

官员在夜里感到害怕

这种恐怖统治的目的是什么？有两个明显的可能答案。一个是警方需要采取措施维持秩序。如果真是如此，那么这些措施显然无法奏效。

在波兰许多城市，夜间经常发生枪杀事件，甚至连政府官员也不敢夜间出门。

在这个新宣布成立的设有若干分部机构中，官员们公开承认这些情况。这个新机构在全国的十二个地方分部，每一个均由苏联将军领导，据宣称设立它们的目的是停止“掠夺”。

另一个显而易见的答案是当前的“临时”政权将采取这些极端方式压制反对派，巩固自身的地位。官方的态度是，对于波兰现存的、威胁民族团结的“反动”和“法西斯”势力，必须彻底清扫。奇怪的是，这个论点与独裁主义本身一样老套。

苏联人对这样的不良态势该在多大程度上承担直接责任，是颇有争议的。在战争爆发前，波兰就存在法西斯主义。但不容否认的是，苏联对波兰产生了实际的影响——在波兰的土地上有数十万苏联军队——经济上和其他方面的影响。此外，现任的波兰政府主要是由苏联一手创立的。

毫无疑问，当前形势下，在波兰存在着一种协调一致的努力——竭力阻碍详情被传播到外面的世界去。美国和英国的通讯记者抵达波兰才几个星期，可是波兰新闻载体上已经出现对他们的恶毒攻击，挖苦他们的衣着、他们的舞姿甚至他们的香烟，以及他们所做的报道。拉里·艾伦发回美联社的第一篇报道称华沙街头出现枪杀事件，消息即刻遭到政府官员愤怒的否认。随后，这些官员几乎每天晚上被邀请到美国大使馆的阳台上亲眼见证，最后才承认枪击属实。

合众社记者查尔斯·阿诺特也因报道遭到无端批判。在波兰的新闻载体上，这名通讯记者曾遭攻击，因为他“为《纽约时报》做报道”，而他根本没有为《纽约时报》写过报道。就他所知，迄今这里根本没有人为《纽约时报》写过报道。

这场诽谤运动力度集中，看起来像是提前放的阻燃的逆火，要在记者真正大量报道波兰前，诋毁他们先前的报道，这样即便无法阻止周围的世界知晓真相，也要在波兰内部维持假宣传的保护罩。

1945 年 / 10 月 24 日

枪决吉斯林

合众社

【奥斯陆 10 月 24 日电】今日清晨，纳粹占领时期挪威的卖国总理维德孔·吉斯林在阿克斯胡斯城堡被行刑队枪决。就在这座城堡里，吉斯林的德国朋友们曾亲手杀害无数忠诚的挪威人。

1945 年，维德孔·吉斯林（中）在听审判结果。

吉斯林，现年58岁，曾在1940年4月9日帮助德国侵略自己的国家，被证实犯有多项罪名，其中最严重的是叛国罪和谋杀罪，于1945年9月10日被挪威法庭判处死刑。他罪恶滔天，从导致数以千计的犹太人死亡，到窃取哈康国王的银器，不一而足。

他向挪威最高法院上诉，但他的抗辩毫无用处，1945年10月13日最高法院宣布他必须死。

1946年/3月12日

《真理报》谴责丘吉尔，指其演说为战争威胁

布鲁克斯·阿特金森
通过无线电发回《纽约时报》的报道

【莫斯科3月11日电】丘吉尔在密苏里州富尔顿发表演说6天后，苏联共产党中央委员会机关报《真理报》今天的头版社论用了3栏的版面强烈谴责丘吉尔，说他是反苏维埃的战争贩子。

社论指责丘吉尔企图破坏联合国组织，试图实施武力政策来控制世界。《真理报》特别声明：

“丘吉尔的建议会带来什么后果？英美军事联盟的形成将确保英美统治全世界，导致三大国联盟决裂，也会导致联合国组织瓦解，还会让武力政策成为世界发展中的主导因素。要完成这个蓝图，所要做的说白了就是对苏联实施封锁。”

今日《真理报》强势的声明在莫斯科引起人们极大的兴趣。上周五，所有报纸都发表了一篇关于丘吉尔发表了反苏维埃的演说的简短报道，作为美国参议员和英国工党代表所做的负面评论的栏头。

《真理报》今天用两个半栏刊发了演说的内容概要，其中多处直接引用了演说词。今天的社论发表在新一届最高苏维埃的第一次会议前夜，表明对丘吉尔的指控是严肃的。

指控已被确认

在莫斯科，该演说被视为证实了近期许多选举演讲中的观点，这些演讲都强调资本主义对苏联进行包围的危险仍然存在，让这个国家的人民更加相信对苏联怀有敌意的西方反动派正在企图分裂联合国组织。在这种情况下，莫斯科的人们以最严峻的态度看待丘吉尔的演说，试图猜测它的意义是什么。

现在，对德国和日本的战争结束了，《真理报》说丘吉尔正在回归以前的政策，抖动他那个从故纸堆里挖出来的“布尔什维克危险和布尔什维克扩张”的稻草人。它指出，英国人民为那些老朽的“英国反动派的冒险行为，也就是试图以武力向年轻的苏维埃共和国推行自己的意志的行为”，付出了沉重的代价。

以第一次世界大战后的干预作为参考，《真理报》说：“众所周知，尽管丘吉尔之辈和张伯伦之流千方百计，然而这次冒险轰隆一声倒塌了。”在说到丘吉尔曾提及一场新的战争并非不可避免时，《真理报》说道：

“他没有说真话。实际上，他力图给人一种战争即将来临的印象。此外，他恶意中伤苏联时，呼吁人们发起一场新的战争，一场针对苏联的战争。”

《真理报》还指出，英美军事联盟将直接对抗苏联，而这个大国把斗争的重担扛在肩上，在打败希特勒德国的进程中，发挥了决定性作用。据《真理报》所言，丘吉尔深知自己没有足够的力量来对苏联发动战争，因此，正在竭力争取美国的支持。

“丘吉尔不由自主抓住了山姆大叔的大衣尾巴，”文章说，“希望英美军事联盟将使大英帝国继续其帝国主义扩张政策，哪怕只扮演一个小伙伴的角色。”

1946 年／3 月 13 日

社论：丘吉尔出声回应

经过 6 天的沉默后，现在苏联的整个宣传机器集中向温斯顿·丘吉尔开火，称之为战争贩子，说他会扰乱苏联和美国的友谊，促使美国与英国结成统一战线对抗苏联。对于希特勒攻击苏联时与苏联站在一条战线上的那个人，这真是可怜的回礼。但这个套路听起来与过去不久的说辞何等相似。我们相信有两点需要提及。

首先，如果苏联把美国对丘吉尔演说的犹豫态度解读为分裂英美的契机，那么它正在犯下与其他人之前犯的同样严重的错误。正如丘吉尔所分析的那样，美国人和英国人对眼下国际紧张局势的成因的意见完全一致，这种一致应该足以让莫斯科停止幻想。如果两国应对这种紧张局势的手段有所不同，也主要是因为与丘吉尔或者英国表现出来的主流舆论相比，美国人仍然对苏联的明白事理和达成协议的可能性更为乐观。

另一个说法是美国人和英国人对当下形势的成因和影响有清晰的认识。在尽力给予苏联友谊和援助后，在违背自己的利益、判断甚至是良知而对苏联做出巨大的让步后，他们发现对苏联给予得越多，苏联的胃口似乎变得越大。为了满足这些欲望，苏联间或倾向于轻视条约和协定，而世界的和平与秩序有赖于对这些条约和协定的恪守。

如果苏联真的想给丘吉尔一个有效的答案，有一种很简单的方式。莫斯科所需要做的就是遵守已经做出的誓言、协定和条约，如此，国际紧张形势会在一夜之间消失。

1946 年／3 月 14 日

杜鲁门就世界形势发表讲话：“我们会解决它。”

小费利克斯·布莱尔
发回《纽约时报》的特别报道

【华盛顿 3 月 14 日电】今天，美国总统杜鲁门表示，他认为没有理由因国际形势而惊慌。他说：“许多人似乎觉得现在的形势充满危险，我认为并非如此。”后来有人问他，是否愿意用更笃定的方式来表达对现状的看法。

“如果我说我一点都不担心，会有帮助吗？”他回答说。

对未来表示乐观

“是的，”提问者说，“我们可以引述您的话吗？”“当然可以。”杜鲁门说。

“对于现状是否会得到解决，您感到很乐观？”报刊撰稿人不依不饶。

“我确信我们会解决它。”总统回答。

在总统例行新闻发布会上，杜鲁门显得比往常更不愿意涉及国际关系的话题，直到发布会后半段，一名记者提醒他说，人们期盼他对这个广受关注的问题发表看法，期待他不再说“无可奉告”而是试着正面回应。

回避丘吉尔—斯大林问题

同时，他完全避开了关于他在温斯顿·丘吉尔和斯大林之间的“世界辩论”中会站哪一边的问题。“世界辩论”是一名现场记者的用词。

与此同时，总统竭力想澄清自己与国务卿詹姆斯·伯恩斯不和的谣言。他在新闻发布会的开场白中主动提出，他想做一个强而有力和断然的声明，自己和国务卿之间不存在分歧，从来没有不和，希望永远也不要出现不和。

他说，“闲话栏”刊登的伯恩斯要离职的谣传引起了他的注意。记者提出，这个谣言也许是有人恶意挑起的，而不可能是自然发酵而来。杜鲁门说，一定是这样的，除非有人就是想撒一个天大的谎。

虽然他说尚无计划与艾德礼首相和斯大林主席再次会晤，但是说自己满怀信心地期待已排定的联合国安理会开幕会。按计划开幕会将于本月晚些时候召开，届时安理会全体成员都会出席。

杜鲁门说，除了从报纸上看到的公开的讯息外，他没有从官方或其他渠道收到丘吉尔计划于本周五晚上发表的广播演讲的内容。此外，丘吉尔的演讲活动，就像一名记者所说的那样，是“在英国的土地上进行论辩”，总统是不会对这一举动的“正当性”说三道四的。

莫斯科《真理报》发表的对斯大林主席的一个采访中称这位英国战时领导人为“战争贩子”，有记者问总统对此事的看法，总统几乎用相同的方式回应这个问题。杜鲁门笑着回答，因为自己看不懂俄语，没有办法知道在美国刊发的报道翻译是否准确。

然而，总统明确表示，近期没有与斯大林进行过交流。

1946 年 10 月 1 日

德国人在等候判决时形容枯槁 只有戈林脸上挤出笑容

凯瑟琳·麦罗琳
发回《纽约时报》的特别报道

【纽伦堡 9 月 30 日电】今天倒数第二轮战争罪行审判在纽伦堡举行，即将接受宣判的被告形容枯槁，精神萎靡，听得最专心。可以把国际军事法庭的审判翻译成德语的头戴式耳机夹紧耳朵，他们仔细地聆听法庭以缓慢而有节奏的朗读做出的裁决，生怕漏听任何一个词汇，因为这些裁决可能暗示着明天对他们个人的判决是有期徒刑还是死刑。

他们的欢快神色和幽默气度已经消失殆尽，与过去的 10 个月里经常表现出这些态度形成了对照。

只有前德意志帝国元帅和前空军最高指挥官赫尔曼·戈林几次在刹那间露出一丝淡淡的笑意。只有纳粹党前副领袖鲁道夫·赫斯——在真实或虚拟的角色中，他自始至终都是一个心灵空虚的人——对整个诉讼过程熟视无睹。他坐在那里，无视周围的一切。他双臂交叉坐着，不时扬头一动不动地凝视旁听席上的人们，直到下午较早时候他再次称病，被从法庭押解出去。

"反犹太专家"尤利乌斯·施特莱彻不断地嚼着口香糖。曾经的元帅和德意志帝国总统卡尔·邓尼茨戴着墨镜，漫不经心地在一张纸上乱涂乱画。波希米亚和摩拉维亚保护国前"总督"威廉·弗立克博士、德占苏联区当局的首领阿尔弗雷德·罗森堡不停地怒视着记者席上那些使用看歌剧的望远镜的人。

最重要的是，这一天安然过去了，没有出现什么慌乱或骚动，只是在上午庭审阶段，有一名笔直地站在被告们身后的戴白色头盔的军警突然倒下。

来自英国的杰弗里·劳伦斯爵士首先开始朗读长达 260 页的审判书，然后依次把任务传给另外 3 名法官和 4 名候补法官，他们分别代表英国、法国、苏联和美国。这个文件一丝不苟和彻底地罗列了此次战争的丑恶细节，以及伴随战争的、这些被告被指控犯下的罪行。

每位法官依次用实事求是、冷冰冰的语调读出法庭的裁决，评估了呈堂证供，并披露了控方是如何利用纳粹政权自身的档案查找证据的。这一次，对于等候审判的人的账目来说，这些严峻而熟悉的章节具有特殊意义。然而，只有一个人表露出一丝特别的情感。

秘密国家警察头目恩斯特·卡尔滕布伦纳听到法庭宣布他和其他人一起利用盖世太保实施犯罪，并逐一列举罪行时，明显受到了影响。他脸部的肌肉开始抽搐，有些在场的人以为他想要笑，其实他是快要哭了。他抽搐的神情非常明显，以至于让人怀疑可能会再次引发他的脑出血。在审判的早期，他曾因脑溢血突发被暂时送往医院。

法庭指出戈林在战争中所参与的阴谋和战争犯罪时，戈林冷静的面容没有闪现丝毫反应。控诉强调说，他没有太多获得轻判的机会。

纽伦堡审判中的几位德国战争罪被告人：赫尔曼·戈林、约阿希姆·冯·里宾特洛甫、威廉·凯特尔、阿尔弗雷德·罗森堡（被告席第一排左起）；卡尔·邓尼茨、埃里希·雷德尔、费迪南·冯·席拉赫、弗里茨·绍克尔、阿尔弗雷德·约德尔（被告席第二排左起）。

1946 年/10 月 16 日

戈林服毒身亡，其余 10 人被绞死

【**达那·亚当斯·施密特《纽约时报》纽伦堡 10 月 16 日电**】今日凌晨，10 名纳粹战犯在狱中被绞死，但第 11 个战犯赫尔曼·戈林在被送上绞刑架约 2 小时前，在自己的牢房里服毒自杀身亡。

监狱保安支队的指挥官伯顿·安德鲁斯上校宣布，纳粹前二号人物、德国空军前司令戈林服下了不知如何成功藏匿在身上的氰化钾。

昨晚 10 点 45 分，一名看守看到戈林在床上抽搐，马上呼叫急救，但阿道夫·希特勒的这名前法定继承人没有活过来。安德鲁斯上校说，在戈林的嘴里发现了装过毒药的药管的玻璃。

1946 年 10 月，赫尔曼·戈林在纽伦堡监狱里进餐。

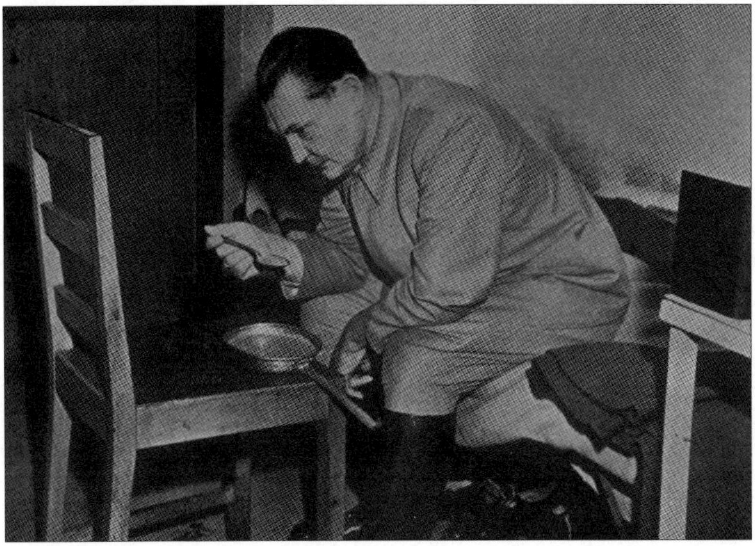

不及施救

这名看守没有看到戈林把手伸入毯子下，看见他抽搐时马上介入，但是已经太晚了。（一些新闻机构称，在戈林身上发现了一个信封，里面装着几张铅笔写的纸条和一个小小的黄铜弹壳，弹壳里显然藏过那个装毒药的玻璃药管。）

除了戈林以外，在过去10个月里坐在国际军事法庭被告席上接受审判并定罪的人员按照起诉先后依次被处决。

这些纳粹分子按以下顺序走向绞刑架：

前外交部长约阿希姆·冯·里宾特洛甫；德军最高统帅部长官、陆军元帅威廉·凯特尔；秘密国家警察头目恩斯特·卡尔滕布伦纳；东部占领区帝国部部长阿尔弗雷德·罗森堡；杀害数以千计的波兰人的汉斯·法郎克；前内政部长威廉·弗立克；纳粹反闪米特主义领袖尤利乌斯·施特莱彻；强制劳动的指挥者弗里茨·绍克尔；德国总参谋部首脑、陆军一级上将阿尔弗雷德·约德尔；出卖奥地利的阿图尔·赛斯－英夸特。

权威人士说，处决日期曾两次通知被判极刑的人，但具体的行刑时间他们并不知道，直到处决前1小时才被告知。

据德国通讯社报道，凌晨2点到3点15分之间，监狱院子后面的一栋建筑物里，反复响起阵阵喊叫，犹如那些疯狂的演讲结束时的嚎叫，随后就是砰的一声，仿佛沉重的陷阱活门弹开的声音。

顽固至死

【合众社纽伦堡10月16日电】官员们开始调查戈林自杀身亡一事，同时，他的10名同伴走上了绞刑架，被绞死。戈林本应是第一个被绞死的。监狱体育馆被用作行刑室，电灯下竖着3个绞刑架，到最后使用了其中两个。

目击者说，首个处决用时4分钟；从凌晨1点1分（东部标准时间星期二晚上7点1分）到凌晨2点45分，处决相继进行。

冯·里宾特洛甫第一个进入行刑室。

“上帝拯救德国！我最后的愿望就是德国重新找到她的统一，东方和西方结成联盟，和平通行于世界。”他在死前一刻喊道。1点14分，绞刑手把他送入空中。奥地利叛徒赛斯－英夸特最后一个被执行绞刑，于凌晨2点57分（东部标准时间晚上8点57分）被宣布死亡。

绍克尔在死前喊道："我向美国军官和美国士兵致敬，但是不向美国的司法致敬。"他曾一直想让美国总统杜鲁门为他说情。

凯特尔用坚定的声音呼吁上帝保护德国。他感谢站在身旁为自己祷告的牧师。"我呼吁全能之神眷顾德国人民，"凯特尔说，"给德国所有的祝福。我感谢您。"

"祝德国好运。"卡尔滕布伦纳喊道。

无神论者、纳粹党的政治哲学家罗森堡一语不发，只是清了清嗓子。

"我为所获得的善待表示感激，"弗兰克说，"我祈祷上帝能仁慈地接纳我。"

美国新闻界的代表，国际新闻社的金斯伯里·史密斯说，大多数被处决的人努力要展示自己的勇气。他们中的大多数都极其目中无人，有些只是冷冷地顺从，其他人则请求万能的上帝怜悯。这 10 个人都怀着显而易见的淡定赴死，无一人崩溃。

史密斯先生说，在最后的时刻，唯一一个提及希特勒或者纳粹意识形态的是施特莱彻。在踏上绞刑架的台阶时，他声嘶力竭地尖声高喊："希特勒万岁！"（美联社称，从他们离开牢房开始，直至活门弹开，每个人都被两名美国卫兵紧紧抓住。他们的手用黑色鞋带绑在背后，脚用军用皮带捆着。）

1946 年 10 月 17 日

社论：纳粹的遗产

在纽伦堡审判的报告中，杰克逊大法官义正词严地强调说，这些纳粹领导人的个人命运毫不足惜，他们在死之前早已身败名裂。相比之下，更重要的是世界大国通过参与审判和执行判决而坚守的原则。这些原则在先例的支持下，如今已构成国际法的基本章程，而该国际法不仅适用于纳粹领导人，也适用于全世界所有人。

正如杰克逊所指出的那样，这意味着更多的德国人将会在等级较低的法庭为他们所犯下的罪行受到审判，而准备工作已在进行。至于杰克逊所建议的由驻军大国独自审判的方法是否最符合于节约原则和司法公正则是另一回事。虽然四大国赞同纽伦堡的审判程序，但它们在各自的司法裁决中，并非全都遵循同样的规则。如果采用基于集体罪行而非个人罪行的裁决方式，抑或是采用检察官主导判决的审判方式，就会损害纽伦堡判决的声誉。

此外，杰克逊还强调了一个无可争辩的准则，那就是“给德国人定罪的标准将成为每个背弃这些标准的国家被谴责的理由”。在胜利来临的时刻，人们对胜利国将承担何种责任也许会有怀疑，但我们已经不能再为不确定或者纵容找借口。每个胜利国都应以新法为准绳，重新审视自己的政策及实践，这是自己的职责所在。

纳粹领导人不仅因发动侵略战争，也因许多其他与战争有关的行为获罪。他们因对被占领区进行掠夺和剥削，虐待平民和让平民挨饿而被判有罪。胜利国刚刚对纳粹政权和德国提出索赔要求，但是它们无权没收个人财产，无权推行把“不必要的恶化或经济困境”强加于被征服者身上的政策。美国国务卿认为胜利国对此负有责任。

纳粹分子还因驱逐平民而被判有罪，但是胜利国自身不仅下令驱逐数量更为庞大的平民，还在某些情况下，自称以“有序和人道的方式”却罔顾秩序和人道地执行命令。此外，纳粹因在战时使用奴隶劳工而获罪，但是在战争结束后的一年半时间内，某些胜利国依旧将数百万战犯作为奴隶劳工，通常他们的工作环境并不优于纳粹提供的工作环境。

此外，纳粹分子因把政治对手关进集中营而被判有罪，可是身为胜利国的苏联，所保持的集中营从太平洋一直延伸至白令海峡，所关押的囚犯不仅是涉嫌纳粹主义罪行或者与纳粹合作的人，还有很多其他囚犯，包括“被解放”国家的前政治和经济领导人。

最后，纳粹分子因不考虑当地经济地征用农产品、原材料和外国的证券，以及让其军队在被征服土地上生活而被判有罪，然而只要瞥一眼《每日新闻》就可以看到在东欧许多地区这些情形一直在持续。

纳粹分子是在实施侵略战争的过程中犯下这些行为的。胜利国可能会申辩自己的所作所为只是对被征服人民的报复，但是在施行报复时，一定会使自己凌驾于刚刚加诸战败国的那些法律之上。

1947 年 / 6 月 3 日

总督向英国提交划分印度的方案

乔治·E. 琼斯
发回《纽约时报》的特别报道

【新德里 6 月 2 日电】今日印度总督蒙巴顿子爵把英国政府的计划告知印度政治领袖，即 1948 年 6 月英国离开时，将把印度划分为一个印度教国家和一个伊斯兰国家。

明天晚上，总督将向印度和大英帝国发布该计划的文本，随后 3 位主要的政治党派的领导人——印度教徒为主的国大党的博学贾瓦哈拉尔·尼赫鲁、穆斯林联盟的穆罕默德·阿里·真纳，以及锡克教的萨尔达尔·阿努·辛格——将向印度人民播讲该计划。

总督将于本周四举行新闻发布会。

今天的会议持续了 2 小时后休会，将于明天上午 10 点继续。根据总督官邸发布的新闻公报，此举意在让国大党和穆斯林联盟的工作委员会审议该计划。

目前有多种迹象表明，印度最大的两个政党尽管不情愿，仍会接受英国的建议，因为这是解决政治真空的唯一可行的方案，而政治真空将意味着流血和内乱。今天就在几位领导人会晤时，军队和警察部队在多个战略中心，特别是在孟加拉、旁遮普和新德里严阵以待，防范可能爆发的冲突。

充分考虑

公报说，“总督全面报告了他在印度和英国的讨论，该报告成为国王陛下的政府的计划的纲领，同时，该报告也是导致这一计划最后被采用的论据”，随后，声明的副本被分发给各位领导人。

公报称：“真纳在会后留下来，与总督阁下进行了简短的会谈。”

公报还透露，随后总督与莫罕达斯·甘地会谈了 45 分钟。公报还称，明天下午总督将会与王公议会的主席和土邦谈判委员会会晤，把计划告诉他们。

公报的措辞表明，即便国大党代表今天上午向真纳提出无条件的保证，会坚持1946年的英国计划，维护印度的统一，真纳也会拒绝这个提议，因为为时已晚。

与总督一起参加圆桌会议的人包括国大党的博学尼赫鲁、阿恰里雅·克里帕拉和萨达尔·瓦拉巴伊·帕特尔，穆斯林联盟的真纳、利亚格特·阿里·汗和萨达尔·尼什塔尔，锡克教的萨尔达尔·阿努·辛格。

1947年/6月6日

马歇尔敦促欧洲一体化

告诉哈佛大学校友称，美国制定的政策并不针对“任何国家或主义”

弗兰克·L. 克拉克洪
发回《纽约时报》的特别报道

【马萨诸塞州剑桥6月5日电】今天，国务卿乔治·马歇尔呼吁欧洲各国走到一起，确定为实现经济复兴的各类需求，以便美国以整体的而非零散的形式提供进一步援助。今天下午，马歇尔在向哈佛大学校友致辞时，声称这一点对于为欧洲严峻的经济困境找到真正的“解药”很重要。马歇尔是在今天上午的学位授予典礼上获得法学荣誉博士学位之后发表这番讲话的。

马歇尔将军对杜鲁门总统今天早些时候在华盛顿发表的声明表示支持。总统称，美国对海外的援助是十分必要的。马歇尔宣布欧洲“必须获取额外的帮助，否则将面临非常严重的经济、社会和政治衰退”。

“鉴于形势所需，欧洲国家间一定要在某些方面达成一致。”他警告并接着说，美国的援助不会被给予“任何试图阻止他国复苏的政府”。国务卿强调那些通过延续人类的苦难来博取政治资本的政府、政党或者团体将遭到“美国的反对”。

马歇尔将军参加哈佛大学战后第一次完全正常的毕业典礼时，人们多次对他热烈鼓掌。第一次热烈鼓掌发生在他来到纪念教堂前的平台上，加入由2185名大学生、研究生和荣誉学位获得者组成的队列时。校长詹姆斯·柯南特授予他荣誉学位时，第二次热烈的掌声响起。

而最为热情的掌声发生在他致辞前和致辞后。在掌声中，国务卿说美国不会援助那些从欧洲的困难中牟利的地区。

今天下午马歇尔将军是最后一位发言人。同时获得法学博士学位的还有退伍军人事务的管理人奥马尔·布拉德利将军，他断言120亿美元的退伍军人教育支出是美国一笔非常值当的投资。柯南特博士呼吁筹集900万美元用于增进哈佛大学的相关活动。

强调“友好援助”

马歇尔将军声称，如果美国不施以援手让世界经济复苏，就不可能有“确定的和平”或政治稳定，还说：“我认为，此倡议应该由欧洲发起。”他补充说，在欧洲计划起草并随后实施时，美国应把自己限于“友好援助”的范围内，“只要对我们来说切实可行，我们就会竭力支持”。

1947年，国务卿乔治·马歇尔。

他认为，有一点至关重要，那就是最好是全体欧洲国家共同实现他所谓的“联合”计划。如果制订一个单边计划，然后把它强加于可能心不甘情不愿的政府和国家，会“既不合适也毫无效果”。

与之前官方的预测相比，欧洲经济的复苏需要“更长的时间和加倍的努力”，他继续说。然后他强调，美国愿意与其他国家“通力合作”以帮助欧洲走上复兴之路，并否认美国的政策是针对“任何国家或主义”。

美国人民的理解

完成准备好的致辞后，国务卿马歇尔又说了简短的几句话，他认为美国人民充分理解对外问题和美国的政策目标是极为重要的。

他曾经担心地表示过，纷繁复杂的问题及林林总总的事实会让人们感到困惑。

他解释说，由于商业纽带被切断，私人银行、保险公司被消灭，而且资金流失，导致欧洲经济的整体结构错位，这种错位也许比一切物质财产损坏和人力流失更为严重。

国务卿称，导致欧洲完全“崩溃”的一个重要因素是城市的生产活动无法满足农民的需求，结果农民也不用心种植，无法养活城市人口。因此，城市人口缺少食物和燃料。他补充说：“政府不得不动用外汇和信用来购买生活必需品，而不是将其用于重建工作。”

国务卿是在州长罗伯特·布拉德福德的陪同下出席哈佛大学校友会的，并在仪式结束后乘机返回华盛顿。

布拉德利上将全副戎装，大部分发言都是围绕国家计划的一个方面，也就是他自己的责任所在。

“在美国，高校 230 万名学生中有 120 万为退伍军人，后者大多数在政府财政的支持下接受教育。”他说，“战争结束后的 20 个月内，美国人民已经投入近 25 亿美元用于该（教育）计划。计划结束时，总投入可能高达 120 亿美元，而这一费用仅勉强够几个星期的战争开支。”

“有时候，花得太少可能比花得太多更危险。”布拉德利接着说，“例如，要是我们让人民患上疾病，资源就会被浪费，经济就会萧条，我们的国家就会在恐慌中不惜代价地去挽救美元。也许某一天我们会不得不问自己，这样的节省是否值得。”

“如果我们为青年人提供一个公平的机会，让他们找到自己的方向，就无须担心政治向左或是向右偏移。我们不能以贴标签和保守来应对对手的意识形态挑战。我们必须在这些年轻的退伍军人繁忙的生活中，为他们提供进步的空间和不断自我完善的机会。”

布拉德利将军在提到他的荣誉学位时赢得了听众的笑声，他说：

“像其他成千上万名退伍军人一样，我好像也是在根据《军人调整法案》接受教育。”

1947年
6月8日

杜鲁门主义获得波特支持

1947年，美国总统杜鲁门签署对外援助法案，向希腊和土耳其提供对外援助，这就是众所周知的杜鲁门主义。

保罗·波特宣布，杜鲁门主义对希腊和土耳其的援助符合已故总统罗斯福在1937年所做的“隔离侵略者”的演讲中的精神。保罗·波特是美国驻希腊经济代表团的前负责人，昨日称希望美国的财政援助能够扩展到欧洲其他国家，帮助它们重建经济。

波特的讲话是自由党纽约县委员会在海军准将酒店的宴会厅举行的午餐会上发表的。他在讲话中呼吁美国施行自由主义外交政策，推行相辅相成的双重目标，即为全世界人民谋求经济富足和经济自由。

“以我的判断，希腊应该被看作是更广泛的欧洲重建计划中的第一个项目。”波特说，“我们在希腊的困难主要源于我们介入危局的时间太晚这一事实，彼时危机已经沸腾。

“今天，我们面临西欧大部分地区即将崩溃的征候。我们面临欧洲国家复兴和固定设备的现代化所依仗的财力正在逐渐缩小的状况。在政治上，欧洲无法站稳脚跟，因为它在经济上尚未站稳脚跟。对欧洲经济和政治的稳定进行的投资，不管规模有多大，其成本也会大大少于混乱和战争的成本。

需要英勇的努力

“这将需要我们付出英雄般的努力，但这是健全的自由主义政策唯一的基石。自由主义者的责任是引导舆论，激起公共诉求，以便政府获得资金和支持以实施这一政策。

“食品和燃料是我们对抗极权主义的最佳武器。我们会很快把这些武器投向希腊。我希望不久之后，能把这些武器大量投向欧洲其他地区。我们将利用它们来支持经济安全和政治自由。我们不会为了把自由放任的资本主义强加于欧洲而使用它们。不管一个国家实行何种制度，我们都主张扩大生产，反对社会混乱。我希望我们不会利用食品和燃料来为反动政府服务。”

波特认为，贷款给希腊的目的是为了确保其免遭外部侵略，实现经济重建和政治民主化。他承认，希腊当前的政府需要改革，但我们可以与这个政府一起合作，发展中间派的和非共产主义左翼的元素，在希腊国内筑就和平的基石。波特对此表示很有信心。

1947 年
6 月 30 日

南京领导人计划全面战争

预计国民党政府将呼吁“讨伐”红军，将其作为“叛乱分子”

蒂尔曼·德丁
发回《纽约时报》的特别报道

【南京 6 月 30 日电】今日，在持续 5 小时的秘密会议上，国民党领导人准备在与共产党的冲突中，采取更加强硬的路线。

国民党中央政治委员会和国民党中央执行委员会常务委员会的联合会议决定，对红军“加强惩罚性行动”。

预计这一决定将导致国民政府委员会宣布共产党人是国家的反叛者，宣称反共战争是一次“讨伐”之战。

国民党政府的许多领导人认为此举将使社会公众更加明确地知道，政府已决心与共产党人一决雌雄，认为此举必定会提高军队的士气。他们指出，这一举措将把这一国内冲突移出内战的范畴，而转变为一场平叛之战。

期盼美国加大援助

有人提出，如果政府宣布自己为公认的合法政府，正在与共产党叛乱分子进行斗争，可能有更多的机会获得美国的同情和支持，为打击苏联协助共产党人的任何举动奠定更坚实的基础。

上周六，最高法院将毛泽东认定为非法政党的反叛领导人，下令直接将其逮捕。该命令被视为符合政府对待共产党人的新路线。

今天的秘密会议有超过 50 名国民党高官出席，包括大多数政府部长。此次秘密会议是自 1947 年 3 月的导致政府改组的会议以来，在南京召开的最为重要的会议。会议的第一阶段由蒋介石总司令亲自主持。会后，中央宣传部部长彭学沛否认会议曾讨论苏联或美国的立场。然而，人们认为此次会议的讨论背景是华盛顿决定向南京方面出售弹药，提供通过商业途径让中国人获取的美国的军事设备。很可能正是华盛顿此举促使会议决定采取更加强硬的反共立场。

彭先生说，最近政府在满洲和山东战胜共产党，使得会议满怀信心。他宣布，会议所达成的共识是共产党在军事上并不如它所宣传的那样强大，果断的政府行动将确保对红军的战争的胜利。

1947年
7月5日

困境中的捷克寻求莫斯科点拨

美联社

【布拉格7月4日电】今晚，捷克斯洛伐克领导人匆忙安排了一次莫斯科之行，无疑是希望与苏联人进行磋商，应对苏联拒绝法国计划而引致的严峻经济形势。法国计划是指法国提出的如何在欧洲执行马歇尔计划的方案。

在议会就近期三大国巴黎会议后引发的各类问题进行长达一天的讨论后，总理、共产党人克莱门特·哥特瓦尔德和外交部长扬·马萨里克决定赶赴莫斯科。

他们计划坐车到华沙，与波兰总理约瑟夫·西伦凯维兹及他的9位部长会面。波兰已经签署了一项条约，完成了斯拉夫文化和贸易公约的网络的最后一环。可以想象，这将成为一个隔离的东欧经济的基础。此间有许多人认为，苏联外长莫洛托夫本周三在巴黎拒绝沿着英国和法国实施马歇尔计划的想法走下去，可能成为欧洲彻底分裂的第一阶段，至少在经济上欧洲将分为两大阵营。

捷克的立场不明朗

捷克人民无法预见自己会加入哪个阵营，或可否跨于两大阵营之间，捷克领导人急忙前往莫斯科更是凸显了这一点。

此间一直没有官方公告说明捷克政府是否收到英法发来的参加1947年7月12日在巴黎举行的24国经济谈判的邀请。似乎可以肯定，在哥特瓦尔德和马萨里克这两位先生回来前，不会有答案。布拉格的共产党报纸称巴黎的新邀请为“加入西方集团的一次邀请”。如果这原来就是政府的观点，政府将很难接受此次邀请，特别是根据莫洛托夫的说法，参与马歇尔计划的国家将不得不向西方大国牺牲自己的主权。

然而，捷克斯洛伐克的经济迫切需要西方的市场、原材料和金融信贷。目前它仅与英国、加拿大和阿根廷存在信贷关系。

贸易联系密切

这个国家与它的东斯拉夫邻国的贸易联盟及其他纽带很牢固，但这些国家都没有外国信贷、现金市场或大量的出口商品。

虽则现今签署的那些条约被大多数东欧国家视为一个泛斯拉夫联盟，捷克斯洛伐克却有不同看法。捷克人民正在努力与东方和西方都保持友好关系。

1948 年／1 月 31 日

甘地遇害，凶手为一名印度教徒；整个印度为之震撼，全世界为之哀悼，孟买出现暴乱致 15 人身亡
自治领手足无措

尼赫鲁呼吁全国人民保持和平　美国领事协助抓捕行动

罗伯特·特兰伯尔
发回《纽约时报》的特别报道

【新德里 1 月 30 日电】今日莫罕达斯·甘地遭枪击身亡，刺客是一名印度教徒，他从 3 英尺外用手枪对准甘地连开 3 枪。

正是 78 岁的甘地把这片动荡的土地上不和的各方力量团结到一起，让印度维持了某种形式的统一。下午 5 点 15 分，他中枪倒下了，当时他正穿过柏拉宅的花园，准备去凉亭为其每日祈祷会致祝词。

刺客当即被抓获。

凶手随后声称自己叫纳斯拉姆·古德斯，36 岁，是浦那一个马拉地人部落的印度教徒。这个地区一直是抵制甘地的思想的中心。

25 分钟后，甘地去世。他的离世让整个印度震惊不已，让这个新近独立的国家不知该何去何从。国家将没有它的“圣雄”（伟大的老师）。

甘地辞世让这个拥有 3 亿人口的国家突然处于一个十字路口。今晚在首都，

夹杂在悲伤之中的还有一股恐惧与不安的暗流，因为如今印度这一代人所熟知的对和平最有影响力的人物已经离世。（人们得知甘地去世的消息后，骚乱迅速席卷孟买。美联社报道称，好不容易骚乱才平静下来，但已有 15 人死亡，超过 50 人受伤。）

尼赫鲁的呼吁

今晚在广播讲话中，印度总理博学贾瓦哈拉尔·尼赫鲁哽咽着呼吁人们理性地迈向未来。他要求，为缅怀这位已经离去的伟大的和平缔造者，印度要选择一条远离暴力的道路。

遵照甘地多次表达的愿望，他的遗体将以正统的印度教方式火化。明天上午 11 点 30 分，他的遗体将放置在简单的木制床上，覆上毯子，从他位于新德里的居所运出。送葬的队伍将蜿蜒穿过新老德里两市的每一条主要街道，并于下午 4 点左右抵达神圣的亚穆纳河的河畔火葬场。这位自释迦牟尼以来最伟大的印度人的遗体将裹在毯子里，放于木柴堆上，然后火化。他的骨灰将撒向亚穆纳河，最终与恒河融为一体。这两大圣河在寺庙林立的阿拉哈巴德汇合。

今晚，博学尼赫鲁宣布了这些遵照甘地生前心愿的简单仪式，尽管有许多领导人期望能把甘地的遗体做防腐处理，然后让公众瞻仰。印度将最后一次看到甘地，如同看到他在世时的样子——一个谦逊、和蔼的印度教徒。

消息迅速蔓延

甘地在经过 5 天斋戒期带来各教派团结后才几天就遇刺身亡。消息迅速在新德里蔓延，成千上万的人自发地向柏拉宅聚拢。柏拉宅是实业家、百万富翁 G.D. 柏拉的家。在新德里动荡不安时，甘地来到首都，自此和 6 个秘书一直客居在这里。

遇刺时，甘地正步行穿过花园去参加晚上的祈祷会，他细长的褐色手臂搭在两名孙女的肩上，她们一个是 17 岁的玛努，另一个是 20 岁的埃娃。他刚刚走到短短的砖砌台阶的顶部，有人对他说话，他把孙女撇在一边，向对方施有感染力的印度教的敬礼——手掌合十，指尖放到下巴之下，如同基督徒祷告时的模样。

人群让开一条通道，好让甘地前往凉亭。一名年轻的印度人马上从人群中走了出来，掏出一把欧洲制造的手枪，对准甘地连发数枪。一颗子弹击中了甘地的胸部，两颗射入右腹。他似乎要向前倾，然后就倒在地上。他的两个孙女泪流满面跪倒在他身旁。

人群惊呆了

据目击者称，见此情景，有近500人的人群顿时惊呆了，一两秒钟里没有人出声。然后，围观者开始推搡这名刺客，与其说是愤怒，不如说是手足无措。

刺客被来自马萨诸塞州兰开斯特的汤姆·莱纳抓获。汤姆·莱纳是美国大使馆的副领事，最近才到印度。他出于好奇前来参加甘地的祈祷会，大多数来到新德里的游客至少会参加一次甘地的祈祷会。

莱纳抓住行凶者的肩膀，把他推向几名警卫。此时，人群才开始明白发生了什么事。刺客被拽入甘地本来要在里面做祈祷的凉亭时，雨点般的拳头向他打去。他被拖走时，留下了一道血迹。

几名随从抱起甘地，迅速把他抬回装饰简陋的卧室。甘地大部分的工作和睡眠时间都在这间卧室里度过。他被抬过大门时，一旁能看见他的印度教徒开始捶着胸膛号啕大哭。

不到半小时，甘地的一名随从走出房间，向等在门边的人群说：

“巴普（父亲）走了。”

1948年，印度，莫罕达斯·甘地遇刺后不久，遗体被放在柏拉宅的贵客室内，他的静修地的成员围聚在一旁。

1948 年
3 月 20 日

希腊、美国的统领们迅速制订攻击计划

【美联社雅典 3 月 19 日电】据了解，今晚希腊和美国的高级军官已制订计划以加快在希腊镇压共产主义游击队的行动。

希腊政府已下令疏散希腊北部的所有儿童，因为那里将是主战场。

军事计划是在过去的 48 小时内制定的。希腊第一、第二和第三军的指挥官以及各师师长，与希腊总参谋长德米特里奥斯・严特希思中将举行了会谈。来自拉里萨、特里卡拉、亚尼纳、萨洛尼卡、卡瓦拉以及希腊北部其他地方的美国军事观察员，与美国援助代表团军事部门的负责人詹姆斯・范・佛里特中将会晤。之后美国和希腊的观点被协调一致。

政府在新的平民动员措施的授权下行动起来，下令疏散儿童。福利部官员致电希腊北部的官员，要他们马上使用一切可用的设施展开疏散行动。

马科斯・瓦菲阿迪斯将军的游击队一直在村庄里搜寻儿童，把他们往北送到苏联势力范围内的国家。

希腊总参谋部已经同意协助疏散儿童。一些观察家认为，这一地区正在被清理，为大规模的军事行动做准备。

其指挥部位于拉里萨的第二师指挥官亚历山大・特辛高尼斯将军被任命为伯罗奔尼撒半岛政府军指挥官，接替克里斯托斯・曼达斯将军。伯罗奔尼撒半岛的军事形势已经恶化。最近在特里波利斯西面，有两个国民警卫队的中队遭受伏击，被彻底摧毁。总参谋部称，最近在伯罗奔尼撒半岛西南地区的战斗中，有 45 名游击队员被打死。

1948 年/3 月 21 日

犹太人和阿拉伯人计划全面战争

达那·亚当斯·施密特
发回《纽约时报》的特别报道

【耶路撒冷 3 月 20 日电】尽管美国已经正式放弃分治计划，而巴勒斯坦未来的问题可能会交由联合国大会重新审视，但犹太人和阿拉伯人仍在准备为争夺巴勒斯坦开打。犹太人声称，无论如何，自己会宣布成立一个主权犹太国家，而阿拉伯人说无论如何要毁掉它。

巴勒斯坦的未来似乎不太可能取决于在成功湖的外交官们，而是取决于巴勒斯坦的犹太人和阿拉伯人之间力量的对比。

双方都把 1948 年 5 月 15 日视为至关重要的日子。英国竭力想把犹太人和阿拉伯人分开，尽管可能毫无用处。据预计，英国会停止努力，犹太人和阿拉伯人双方可能会在没有任何顾虑的情况下发起战争。

阿拉伯人很急切。他们必须在 5 月 15 日后尽快向犹太人实施决定性的打击，因为按照眼下英国的时间表，5 月 15 日意味着海岸封锁的终结，大量犹太士兵和武器会涌入。

对双方来说，问题不在于人员，而是武器，尤其是重武器。在这一点上，犹太人有优势，因为在上一场大战中战斗过，知晓如何使用机械化装备、重机枪、火炮、地雷、铁丝网或飞机的犹太人，其人数恐怕10倍于同样情况的阿拉伯人。

立场不变

日前，巴勒斯坦犹太事务局的发言人说：“如果美国解除武器禁运令，我们不需要国际力量支持就能照顾好自己。”即使禁运仍然存在，他依然满怀希望，因为大量装备已经被储存在地中海各大港口，随时可以被运往巴勒斯坦。

一个让人震惊的事实是，自 1947 年 11 月 30 日以来，枪击、轰炸和流血冲突已经造成近5000人死伤以及无法估量的物质损失，但犹太人或阿拉伯人的立场几乎没有什么改变。

但是，英国人离开后，预计会有相当规模的行动。掌权的阿拉伯领导人表示，他们的策略将继续主要针对犹太人的交通。阿拉伯人认为，一旦犹太人失去英国护航队和公路巡逻队的保护，要把他们隔离起来并非难事，最终可以把他们饿死，然后再消灭更偏远的地区的犹太社团。

阿拉伯的目标是要隔离生活在耶路撒冷的10万名犹太人和内盖夫沙漠边缘的加沙地带的25个小型犹太人定居点，以及加利利北部的聚居区的约1.5万名犹太人。加利利的地形如同伸在黎巴嫩和叙利亚之间的一根手指。

在许多情形下，阿拉伯人相信，开枪几乎是不必要的，只要在阿拉伯的领土上封锁犹太人的必经之路就足够，比如从耶路撒冷到海岸的路线。人们认为，封锁从海法到特拉维夫的滨海的沙龙平原的通路会是一个更加艰巨的任务。尽管如此，阿拉伯方面仍然在谈论派遣先头部队进入沿海平原。一支先头部队可能会从图勒凯尔姆出发，它位于所谓“三角恐怖区”的最西端，法齐·卡伍吉已在此三角区建立指挥部。

阿拉伯的力量

与犹太人的军队相比，阿拉伯军队几乎就是一个谜。它远不如犹太军队那般高度组织化。人们认为，到目前为止，阿拉伯人已从120万巴勒斯坦阿拉伯人中征募兵员，成立了一支大约3万人的国民卫队，主要用于防御。至于进攻的军队，他们拥有法齐·贝的轻武装的志愿兵“解放军”。这是一支由六七千名阿拉伯人组成的部队，大多数来自叙利亚和伊拉克。

1948年，在巴勒斯坦进行秘密训练的一个犹太民兵队伍。

到5月15日，这支志愿兵部队的人数很可能会翻番。它的武器装备也可能提升——可能会有从叙利亚运来的法制75毫米野战炮、埃及运来的黎巴嫩飞机，还有叙利亚政府向捷克斯洛伐克购买的自动武器。如果可以说动阿卜杜拉国王出动机械化的阿拉伯军团加入，那么阿拉伯装甲车（不是从英国偷来的那些）和轻型坦克可能露面。

犹太事务局的一名官员告诉记者："我们打一开始就从心理上为战败做准备。"

现在犹太人正在动员人力，把懒惰的人员剔出部队，把哈加纳从地下军队转化为战斗机器。犹太事务局已经表示，哈加纳是从70万犹太人中精挑细选出来的人组成的，现在拥有8.5万人，里面有3万人是全职军人，其中2万人已经做好战斗准备。

1948年/3月21日

的里雅斯特提议加重联合国的阴霾

乔治·巴雷特
发回《纽约时报》的特别报道

【纽约州成功湖3月20日电】今天，美英法三大国发布声明，呼吁将的里雅斯特还给意大利。此举被此间灰心丧气的官员们解读为联合国备受打击的威信再次遭受重创。

今天下午一份联合请求书被提交到联合国秘书长特吕格韦·赖伊处，它提出把陷入困境的的里雅斯特地区从联合国的保护下脱离出来。在过去的10天里，这个国际和平组织所面临的一系列关键问题使其笼罩在阴霾之下，而这一请求就在这种情形下被提了出来。

美国放弃巴勒斯坦分治计划过去仅24小时，联合国的作用又遭到攻击。数日前，智利提请安全理事会将捷克斯洛伐克共产主义政变作为对世界和平的威胁进行调查。

这些事件接踵而至，给联合国带来了最严峻的考验，并形成了一种萎靡之气。随着时间一天天过去，美苏之间的不和日渐扩大的新证据显现出来，笼罩联合国的阴霾不断加重。美苏之间的分裂会拖累并最终阻碍联合国试图采取的每一项重大措施。

对于此间许多官员来说，的里雅斯特宣言尤其令人沮丧，因为根据意大利和平条约，安全理事会任命的执政官拥有管理这片国际区域的广泛权力，而安全理事会本身也肩负着确保的里雅斯特的“完整和独立”的重要责任。

的里雅斯特宣言强调，安理会的讨论表明，各方在选择执政官的问题上达成一致是不可能的。一些观察家说，经过 15 个月的挑选，还未找到一个合适的候选人，“四巨头”要对此负责。10 天前，英美两国拒绝了苏联提交的 3 位人选，而此前，苏联拒绝了其他大国提出的一长串候选人。

只有少数几位代表愿意就的里雅斯特宣言做出评论，其中一位是来自叙利亚的法里斯·艾里·克豪里。他说，把的里雅斯特还给意大利是一个“好主意”，但他担心该建议会导致西方国家和苏联的另一次公开冲突。

1948 年 / 3 月 21 日

马歇尔坚持采取紧急行动遏制暴政

他说经验证明，民主国家一旦戒备，就可以战胜独裁

格拉德温·希尔
发回《纽约时报》的特别报道

【洛杉矶 3 月 20 日电】杜鲁门总统本周三指出，国际形势严峻。今天国务卿乔治·马歇尔第三次表示支持总统的看法，说：“要维护我们自身的安全，要保护世界文明，美国必须采取紧急而坚决的行动。”

他承认“独裁者拥有初始优势”，因为他们的机制便于行动迅速。然而，国务卿信心满满地宣布：

“经验证明，民主国家一旦激起一致的行动，将具备克服独裁者的初始优势的物质和精神力量。”

但是，他警告说：“对危险迟到的觉醒，未能迅速采取行动，将无限地增加最终成功的成本。”

马歇尔赞扬了欧洲复兴计划的立法进程，他表示：

“目前有迹象表明，众议院意图迅速做出决定。”

“这里的人们和国外的人们都知道，”他说，“苏联和欧洲的共产党会不遗余力地破坏一个强大、民主、独立的欧洲的复兴和复苏。

“尽管它们激烈反对，我们和欧洲的西方国家决意如此：复兴会实现，专制政府会遭到遏制，希望自己管理自己的人们可以继续自由地管理自己。”

人们无数次建议把美国经济援助进行扩展，超越欧洲复兴计划的范围。国务卿在一次对这些建议的明确反驳中，提及已意识到全球其他地区的“局势”。

“对我们来说，关键的问题，”他说，“是应该在哪里发挥我们的影响力，如何发挥。在欧洲、在中东、在印度尼西亚还是在中国？那拉丁美洲呢？我们对日本和朝鲜负有的直接责任呢？

“要正确应对这些各种各样的局势，政府必须做出非常重要的决定。”

他认为，这个问题与自己任参谋长时费尽心思应对的问题是一致的。他接着说：

“我们必须谨记，无论多么富有、多么强大，我们都不能过于分散我们的努力，否则，我们不仅会严重削弱自己，还会让所有努力付诸东流。

“每个地区都有它的诉求及其支持者，所以必须坚决遵循所实行的总体战略，不管是在经济上还是在其他方面，都要考虑整体形势。”

“此时此刻我国人民的团结是最重要的。”国务卿总结说，“总统已经做出呼吁，参议院已经指明道路。让每一个美国人尽其所能，通过这场大危机展示美国人民真正是伟大的人民和世界公民。”

1948 年／3 月 23 日

据观察，共产主义在亚洲的格局初现

罗伯特·特兰伯尔
发回《纽约时报》的特别报道

【新德里 3 月 22 日电】有消息灵通人士认为，亚洲各地的共产主义活动是由莫斯科通过特工来统一协调的，这些特工在亚洲的多个港口会面，其中主要是曼谷和中国香港。

共产主义在亚洲渗透的模式是利益牵涉其中的大国派出的观察员构建的。这些大国密切监视知名的共产党领导人的活动。经反复检查无线电通信和一些旅行者的活动，已经确证共产党人在所有亚洲国家保持着坚固的防线。

据说，共产主义在亚洲推进的中心方向是莫斯科的“东方政治部”指定的，这个机构由北中国共产党的前领导人王明负责，据说位置更靠近的中心位于哈尔滨和海参崴。据信，之前位于延安的中国总部随着共产党军队的指挥部的转移而移动。

知情人士报告说，共产主义特工和倡导者——大多是中国人——由航行于海参崴、上海和香港之间的苏联“斯莫尔尼”号邮轮送至香港，再分散到东南亚各地。其他在香港定期更换船员的船只也遭到监视，因为它们也可能是装载共产主义渗透者的邮轮。

在新加坡，共产党人在强大的工会运动中权力巨大，有人引证它是共产主义特工在东南亚的另一个情报交换中心。虽然在亚洲的共产主义工作者中极少发现苏联人，但 1947 年秋天苏联贸易代表尼古拉·普拉文到访新加坡，然后访问曼谷。外国观察家和英国当局认为他的访问具有某种特殊意义，因而他的马来亚签证到期时，英国拒绝为他续签。

来自荷兰的消息人士认为，印度尼西亚共产党与莫斯科有直接的无线电联系。他们提出了有力的证据：印度尼西亚共产党领导人阿里明的演讲播出几天后，莫斯科的电台频频一字不差地引用其演讲的内容。

苏联的官方新闻机构塔斯社驻印度首席记者奥列格·奥列斯托夫已向荷兰使馆申请赴荷属东印度的签证。塔斯社另一名通讯记者乔治·阿弗林最近刚离开爪哇岛的巴达维亚（今雅加达。——译者注）。

随着苏联新使馆在曼谷的开设，作为亚洲共产主义活动中心的曼谷被赋予了新的意义。据称使馆工作人员约 200 人，同时，据悉有近 2000 名苏联人以“商人”或“贸易商”的身份申请进入泰国。

观察家们指责莫斯科方面试图利用众多的国际组织如工会联合会、“世界民主青年联盟”及妇女和学生组织，扩大其在亚洲的影响力。

据信，莫斯科方面与印度共产党的接触是借道阿富汗而不是通过中国实现的。有人说新德里的共产主义小组就是锡兰和缅甸的骚动的源头。最近苏联在新德里开设了大使馆。

自战争结束以来，亚洲各国的共产党人在大连、曼谷、香港和海参崴举行会议。1947 年 9 月召开的曼谷会议后，出现了“东南亚联盟”，它的宗旨是实现东南亚各族人民的独立，促进世界和平，推动东南亚的联合。这场运动诉诸民族主义，即一种有点仿效日本在战前以“亚洲人的亚洲”煽动民情的种族主义。

1948 年／3 月 25 日

杜鲁门遭苏联新闻界抨击

【合众社莫斯科 3 月 24 日电】今日莫斯科的几家报纸抨击了美国，谴责杜鲁门总统的“歇斯底里的尖叫”，提出细菌战不值一提，并再次暗示苏联已在制造原子弹方面取得进步。

此次抨击是苏联作家协会的《文学报》带头发起的，《文学报》的指控在很大程度上是针对杜鲁门总统最近向国会传达的讯息。它用将近一半的版面刊发批评美国的文章，随后政府报刊《消息报》和苏联武装力量部机关报的《红星报》加入进来。

“杜鲁门及其同伙的歇斯底里的尖叫，让其侵略者的面目原形毕露，”《文学报》的一篇文章说，“同时也暴露了他们的脆弱和恐惧。

“美帝国主义想重复希特勒的游戏。它已然在挑选自己的戈培尔和戈林之辈、希姆莱和里宾特洛甫之辈。它选择了自己的‘吉斯林’，组建了自己的党卫军。”

一幅漫画画着狂热的杜鲁门总统坐在一副爵士鼓前，他投在身后墙上的影子看起来就像伸出手臂行纳粹礼的阿道夫·希特勒。

《杜鲁门——歇斯底里的战争吹鼓手》，此乃标题。

《文学报》还说，美国夸大了细菌战的作用，妄图吓唬其他国家。

“美国的毒药科学家及军国主义走狗正不惜一切代价要利用科学的强大力量来发动一场新的世界战争，全世界的进步大众必须把他们钉在耻辱柱上。”文章说。

《红星报》提到了一本书，在这本书中，战时美国驻莫斯科代表团负责人约翰·迪恩少将对苏联迅速造出原子弹的能力表示怀疑。

《红星报》说，迪恩将军在书中讲，当被问及苏联造出原子弹的能力时，他想到了莫斯科的一家轮胎厂，里面的技术和生产都很糟糕，他从而得出了“确定的结论”。《红星报》称这家工厂将在1948年5月1日前后生产出第100万个轮胎。

“就让迪恩之流妄下定论吧。”《红星报》说。

《消息报》评论杜鲁门总统的讯息时说，战争的危险存在于美国“统治圈”的行动中。但对于这样的行动，《消息报》说“苏联会采取和平政策应对”。

1948年
3月26日

议会支持英国清扫共产党人

赫伯特·马修斯
发回《纽约时报》的特别报道

【伦敦3月25日电】英国议会今日同意了工党政府的政策，支持从涉及国家安全的公务职位彻底肃清共产主义和法西斯主义。

虽然没有进行投票，但下议院紧张而热烈的氛围表明了它对艾德礼首相压倒性的支持。共产党议员威廉·加拉赫在其职业生涯内最有力的一次演讲中，激烈地与政府的此项举措进行抗争，可是鲜有同伴。然而，所有议员都表示很希望被指控的人员能得到尽可能多的保护，以避免出现英国人认为的美国国会那种时而以莫须有的罪名进行的政治迫害。

艾德礼结束辩论时，人们最深切的忧虑显然已经打消。

如果一名公务人员成为嫌疑人，艾德礼解释说，他不仅会被告知，而且会被告知具体的怀疑原因。他将有充分的机会来进行研究并做出应对。

然后，事件才会被报给其部门主管。如果后者决定应采取行动，再将之转给大臣。如果大臣认为这是证据确凿的案件，就可以咨询由 3 名退休公务人员组成的咨询委员会。被指控的人员会获准来到该委员会面前答辩，并请求其他人员来支持自己。

只有到这个时候，大臣才会做出自己的决定。而且，会尽可能将嫌疑人转岗，而不是解雇。

艾德礼表示，相信解雇的情形仅会是极少数。下议院显然赞同他这种兼顾坚定性和公平的态度。

一名自由党议员恰如其分地认为：“专制的悲剧是把专制强加于民主之上。”而一名保守党议员提出了摆在所有的民主面前的一个重大问题——是否允许“共产主义者的自由以其他人民的自由为代价”。

如果说，他们的话语均透着悲伤，那么“威利”·加拉赫的话语就是愤怒，甚至是宗教式的狂热。

他开始对尚在下议院接受质询的政府领导人进行最恶毒的人身攻击，而保守党议员们则明显幸灾乐祸地坐在那里，看着他们被当众揭短。

加拉赫特意控诉了枢密院议长赫伯特·莫里森曾在第一次世界大战时躲避兵役，然后又做起果蔬种植以逃避牢狱。他还说，1916 年莫里森试图通过煽动罢工来反对征兵。莫里森站了起来，否认了这一说法。

加拉赫指责了“美国的千万富翁”，称他们是“典型的”流氓，说他们发起了一场诋毁运动，导致政府采取当前的措施。

说到这些时，他激起了一股抗议的风暴：

“美国要与苏联开战，要把我们的国家作为前方基地。

“然后政府会离开，王室可能会去渥太华，人民会被留下来等死。如果这样的战争果真开打，等它结束时，我们所熟知的英国将会变成一团放射性的泥浆。”

多数发言人同意艾德礼的观点，认为加拉赫的长篇大论有点离题。首相把辩论带回中心议题，回到公务人员忠于国家的必要性。他说：“共产党人是向另一种力量效忠。”

“只要我们所处的世界有战争的可能，”艾德礼继续说，“我们就必须进行防御，国家的秘密就必须保守。”

1948 年 / 5 月 15 日

锡安主义者宣布成立新以色列国 犹太人欢呼雀跃

寻求国家地位终于告一段落，有人喜极而泣

基恩·柯里文
发回《纽约时报》的特别报道

【巴勒斯坦特拉维夫 5 月 15 日电】今天子夜，当英国的委任统治终止之时，世界最新的主权国家、名为以色列国的犹太国家成立。

美国曾反对以色列建国，此次对以色列国的承认让整个犹太民族惊讶不已。现在，犹太民族正处于紧张状态，准备随时应对阿拉伯军队所威胁的入侵，并已呼吁联合国出面。

犹太人历来饱受动乱之苦，眼下是最有希望的时期。特拉维夫的犹太人得知世界上最强大的国家已经接纳自己的国家进入国际社会，深深舒了一口气，觉得生活有了新的希望。

仪式简朴而庄严

下午 4 点，在简单而庄严的仪式中，戴维·本－古里安宣布以色列成立。戴维·本－古里安是全国委员会主席，也是复生的以色列国的首任总

1948 年 5 月 14 日，特拉维夫，年轻的犹太人庆祝以色列建国。

理。新的生命滴注给他的人民，但外部隆隆的枪炮声让人们想起其他国家宣告独立之后的种种困境。

新政府的首个举措便是撤销 1939 年的《巴勒斯坦白皮书》，这份白皮书限制犹太人移民和购买土地。

在新国家的宣言中，政府呼吁联合国“协助犹太人民建设国家，接受以色列加入国际大家庭”。公告还说：“我们希望与所有周边国家及其人民建立和平友好的关系，并邀请他们为了大家的共同利益与独立的犹太国家合作。以色列国准备为中东地区的和平进程以及重建贡献自己全部的力量。”

向全世界的犹太人请求援助

这份声明呼吁全世界的犹太人协助移民与发展的任务，呼吁他们“奋力实现历代犹太人的梦想——以色列的救赎”。

该仪式的计划一直高度保密。仪式开始前，除了上百名得到邀请的嘉宾和记者知情，再没有人听说过。就连客人也是在仪式开始前 10 分钟才了解其内容。仪式在特拉维夫艺术博物馆举行。博物馆是一栋充满现代设计元素的白色两层小楼，上空飘扬着以色列国旗大卫王之星旗，下面的人行道上站着哈加纳仪仗队，哈加纳是巴勒斯坦犹太事务局的军队。

摄影师闪光灯不停闪烁、电影摄像机不断转动胶片卷地记录现场，巨大的人群聚集在这里，向步入大楼的部长们和其他政府官员欢呼致意。安保工作部署完善。斯登冲锋枪在各个方位挥舞着，甚至楼顶上也竖满它们的鬃毛。

宣读宣言的地点设在下沉式画廊里。画廊大厅展示着著名犹太艺术家的绘画作品，其中许多作品描绘的是散居的犹太民族的苦难和欢乐。

政府委员会的 13 位部长坐在西奥多·赫茨尔的画像下方的长讲台上，西奥多·赫茨尔在 1897 年就设想建立一个犹太国家。淡蓝色和白色的国旗竖着挂在两边。在诸位部长左边和下方坐着国家行政委员会的其他成员，共 37 人，但还有一些成员无法从耶路撒冷赶来。

下午 4 点整，全体人员起立，唱起国歌《希望》。与会者的歌唱带着非比寻常的热情和灵感。歌声刚停止，身材矮胖、满头白发的主持人本 – 古里安开始朗读宣言，它将使在场大多数人在几小时间从没有国家转化为骄傲的国家公民。本 – 古里安读到“特此宣布在巴勒斯坦建立犹太国家，名为以色列”时，雷鸣般的掌声响起，不少人眼睛湿润了。

读完宣言，宣布终止《巴勒斯坦白皮书》及其土地法律后，本 – 古里安率先签署了宣言，其次是政府其他成员，有些成员的签字是由代理人完成的。最后签署文件的是摩西・夏里特，他是新国家的外交部长以及犹太事务局驻联合国代表。人们对他致以热烈的掌声，摄影师们团团围住了他。

仪式结束时，人们安静地站着，管弦乐器奏响的《希望》在房子里回荡。在外面，民族主义的狂热正在以深情拥抱、热情握手和亲吻的方式蔓延开来。街头小贩在兜售国旗，人们聚集起来阅读贴出来的公告，到处都在售卖报纸。

安息日已经开始，这一天公众欢呼雀跃的程度可能是任何日子都无法比拟的。

宣言的宣读时间本安排在今晚 11 点，但因为安息日而提前到下午 4 点。夏里特解释说，宣言必须在昨天（犹太人以日落为一天的开始。——译者注）公布，原因是委任统治将于午夜结束，锡安主义者不愿在那个时间和正式建国之间插入一瞬。

独立宣言的前言部分，简要地追溯了犹太民族从在以色列土地上的诞生到今天的历史。前言还提到了更近的一些重大事件，包括赫茨尔对国家的设想，承认犹太民族家园的 1917 年的《贝尔福宣言》，以及国际联盟授权的委任统治和 1947 年 11 月 29 日联合国大会决议对这一家园的再次确认。

宣言称，联合国对犹太人民建立独立国家的权利的承认是无法撤销的，并补充说："在自己的主权领土上建立国家是犹太人民不言而喻的权利，正如其他国家一样。"

宣言表示，一俟午夜，全国委员会将行使临时国务会议的职权，其执行机构国家行政委员会将组成临时政府，直到 1948 年 10 月 1 日前选举产生的政府机构建立起来。

宣言接着说，以色列将欢迎所有国家的"散居"犹太人移民回国。她会被建设成为为全体公民的利益服务的国家。宣言还说，它将以希伯来先知所教导的自由、正义、和平的原则为基础。

宣言称，新以色列国将支持"所有公民的社会和政治平等，不分种族、信仰或性别"，并且"将保证良知、信仰、教育和文化方面的充分自由"。

声明承诺保障所有宗教的圣地和至圣之所的神圣不可侵犯。它还承诺秉承联合国的各项原则。

这座漆黑一片的城市收到美国承认临时政府的消息时，到处响起热闹的欢呼和祝酒声。这个消息让人们，尤其是深夜在特拉维夫的咖啡馆喝酒的人们激动不已。他们甚至跑上漆黑的大街高声喊叫，欢呼雀跃，向美国致敬。

1948 年 / 5 月 17 日

五国部队进发

据说，一些阿拉伯军队进入以色列——耶路撒冷战役正在发酵

空袭致 5 名犹太人丧生

哈加纳威胁对开罗展开报复行动；已拿下拉通，在北部推进

美联社

【开罗 5 月 16 日电】来自阿拉伯各国首都的报道称，今天 5 个阿拉伯国家出动军队，以空袭和炮击向巴勒斯坦的犹太人定居点外围发起攻击。（以色列临时首都特拉维夫再次遭到轰炸，激烈的战斗继续在耶路撒冷进行。哈加纳报告称，已攻下位于特拉维夫—耶路撒冷高速公路上的拉通小镇。阿拉伯军团发布公报称已占领卢德机场。）外约旦首都安曼的一位阿拉伯军事人士说，埃及军队已经占领马吉达勒镇，该镇位于巴勒斯坦沿海平原上的加沙北面 14 英里处，还说，叙利亚军队占领了加利利南面的萨马克镇，它位于太巴列湖的南岸。

据报道，埃及人正在所有占领区建立民政管理机构。

有报道称，叙利亚军队还占领了与萨马克镇毗连的一个营地，炮击了两个犹太人定居点——马萨达和萨拉朱利安。加利利海（即太巴列湖。——译者注）东岸的纽奎博被围困，并遭受炮击和空袭。

被报道的叙利亚的损失

据报道，叙利亚空军中队一直在掩护黎巴嫩军队的挺进。叙利亚的损失为 1 人死亡、1 人受伤。据称，有 7 名犹太人死亡。

报道称，伊拉克的一支机动化部队正在进攻加利利海西岸的提比里亚。该镇不久之前被犹太人占领。

据说，法德尔部落的战士在叙利亚装甲部队的支援下，正在向苍翠繁茂的胡拉谷地移动。这个区域根据联合国的分治计划，应属于以色列领土。

大马士革发出的一则报道称，一支叙利亚和黎巴嫩的联合突击队正从黎巴嫩边界进入北部海岸区域。

阿拉伯军团发布公报称，最近接受了古什埃齐翁的犹太人定居点的投降，而且部队已经控制了诺里恩、巴雅恩、利佛迪那以及萨卡拉等犹太人聚居区。

军团声称，抓获了 300 名俘虏，其中包括 86 名妇女和儿童。公报说妇女和儿童已经被转交给耶路撒冷的红十字会，男性俘虏则被拘押，还说缴获的物资和弹药已经分发给当地的阿拉伯志愿者。

称已拿下卢德

公报补充说，昨日卢德机场已经被阿拉伯解放军拿下，同时被占领的地区还有卡兰迪亚的聚居区及其附近的一个位于耶路撒冷与兰努拉之间的机场。

安曼的一位阿拉伯消息人士称，伊拉克军队的重型大炮已经抵达上约旦河谷。

伊拉克步兵从马加米镇渡过约旦河，拿下耶尔穆克河和约旦河汇合处的鲁腾堡水力发电站。

因大桥被犹太人炸毁，重炮部队越过一座临时搭建的桥梁向西进军，攻下了贝森北面 9 英里处的吉和，它是哈加纳控制的巴勒斯坦东北部的交通枢纽。

位于巴勒斯坦南部的埃及志愿军发布公报称，昨日在加沙西南 9 英里的海岸上靠近戴埃尔乌巴拉的区域彻底消灭了一支哈加纳护航队，而埃及常规陆军部队已经抵达加沙。

1948 年／6 月 21 日

社论：希腊争夺战

昨日一场似乎意在结束希腊内战的战役在格兰莫斯山崎岖的山地打响，交战双方都决心要做最后一搏。在那里，马科斯将军率领的精疲力竭的游击部队正与从三面逼近的 7 万国王军对峙。现在这支希腊军队配备美式现代武器，还有美军高级军官作为战地顾问，是一支实力强大的部队。如果这支部队可以彻底打败躲在壕沟里摆好防御架势的叛军，这场旷日持久的流血牺牲或将画上句号。

希腊是欧洲的一处前沿阵地。在这里，苏联在其巴尔干卫星国掩护下，冒天下之大不韪酝酿着真正的战争。而在其他地区，它一直依赖渗透、欺骗、破坏、

1948 年，身穿美式毛边夹克、头戴英式贝雷帽的希腊政府军突击队员。

叛国等手段，其大胆冒险的行为曾一时得逞。希腊北部已变成大屠宰场或者荒芜之地，只有几座城市幸免。苏联在地中海地区渴望已久的窗口即将打开。英国人撤离、美国人接手管理时，希腊似乎就跌跌撞撞地陷入混乱。如今很多情况都发生了变化，希腊再次从废墟和绝望的灰烬中升起。自那场大战以来，希腊第一次得以凝聚人民的力量，向一股起于异国的叛军发起猛击。

近期有许多迹象表明，苏联也许正千方百计寻找某种方法来收回对希腊的承诺而又不失面子。保加利亚正在寻求与雅典方面恢复外交关系，没有莫斯科方面的同意，它是不会这样做的。因在谋求的里雅斯特及卡林西亚的控制权中失败，铁托元帅领导下的南斯拉夫的侵略性也有所收敛，对希腊冒险的失望之情正在蔓延。马科斯将军已经失去了 1/3 的部队，麾下将士正以越来越快的速度投降。美国国会刚刚投票同意进一步向希腊提供金融援助。今时今日，防止苏联向地中海地区前进的障碍比以往更加坚固。

1948 年

6 月 24 日

美国就西方公约展开对话

伯特伦・D. 许伦
发回《纽约时报》的特别报道

【华盛顿 6 月 23 日电】在今天的新闻发布会上，副国务卿罗伯特・洛维特表示，预计国务院会很快通过外交渠道开始与西欧联盟的成员国展开讨论。

讨论将在范登伯格决议案的基础上进行。美国参议院已经通过该决议案，它提出加强联合国的力量，在联合国内部发展地区防御组织，以及美国提供军事支持的可能性。

在纽约，人们认为有两起事件可以让人看清苏联和西方世界的关系。今天的外交动态是其中之一，另一起事件是苏联及其东欧卫星国的代表在华沙召开了一次出人意料的会议。

华沙会议的召开是为了考量六大西方国家的伦敦会议为西德的机制所制订的

计划，估计还会讨论欧洲复兴计划可能的影响以及其他问题。

呼吁理性的期待

洛维特补充说，可以理性地期待，议会通过欧洲复兴计划以及西德的国家计划被制订出后，会召开这样一次会议。

人们相信，四大国及多瑙河流域各国 7 月 30 日在贝尔格莱德会面时，事态的动向会明朗起来。贝尔格莱德会议旨在就多瑙河流域的自由航行达成一致。

多瑙河对东西欧的商业都极为重要，人们觉得这次会议会表明苏联和西方国家之间是否有协商余地。据某些预测，此次会议如果取得成功，可能会成为双方就其他突出问题重回谈判桌的契机。洛维特说，与西欧联盟成员——根据《布鲁塞尔条约》协同合作的英国、法国、荷兰、比利时、卢森堡五国——的接触是初步的，终极目标是要贯彻范登伯格决议案的条款。

为联盟奠定基础

该决议案声明，美国与这些地区防御条约相联合的基础是：必须对美国有重要意义，所涉及的其他国家同意会自助，应制定参与国持续、有效地互助的条款。

虽然洛维特并不想讨论美国是否有可能为西欧联盟提供军事支持，但据其他各界人士预测，初步的外交讨论之后，军事对话会很快启动。

1948 年 / 6 月 25 日

阿拉伯国家筹划对和平的立场

与以色列达成正式协议不太可能，但长期停止冲突有望

达那・亚当斯・施密特
发回《纽约时报》的特别报道

【贝鲁特 6 月 24 日电】阿卜杜拉国王出访开罗和沙特阿拉伯的利雅得，而阿卜杜·拉赫曼·阿扎姆·帕夏访问贝鲁特和叙利亚的大马士革，这两位重要人物的访问发起了一轮密集的外交活动。人们期待这些活动会最终促成阿拉伯世界统一对福尔克·贝纳多特伯爵的调停努力做出回应。上周六开始的阿拉伯国家联盟政治委员会会议上，阿拉伯国家将做出最终决定。

黎巴嫩和叙利亚从一开始就反对巴勒斯坦接受停火建议。对于停火而转为和平，两国领导人在公开声明中也比其他阿拉伯国家领导人更为不情愿。

停战时，伊拉克部队才刚刚开始行动，而埃及军队一直没有完全承诺停火。然而，阿拉伯协商的最终决定很有可能会由阿卜杜拉国王做出，而阿拉伯国家取得的军事胜利主要归功于其阿拉伯军团，他也最具备占领巴勒斯坦领土的能力。

正式和平无望

在最近几周曾经进入阿拉伯和以色列地区的中立观察家中有许多人认为，在犹太人和阿拉伯人之间出现明确的正式和平是极不可能的。原则上，阿拉伯和以色列各自的目标依然如初，不可调和。阿拉伯政治家没有人会签署协议承认以色列的主权、承认犹太人无限制移民的权利，也没有任何以色列领导人会在承诺内容不全面的协议上签字。

但是，这些观察家们仍然认为，如果像伦敦方面的外交发言人在先前的报道中提到的那样，英美间能达成对中东问题心照不宣的共识，而且贝纳多特伯爵能够避免对犹太人和阿拉伯人提出的问题给予强硬的非此即彼的答复，假以时日，巴勒斯坦的战斗可能会终止。

随着停火过去一天又一天，重燃战火在心理上会越来越困难。一些地方的难民已经返回家乡。在耶路撒冷，安理会的停战委员会正在制订计划，让阿拉伯人重回由犹太人控制的新城市的家中，同时让犹太人可以自由地前往哭墙。

耶路撒冷正在计划对该城的阿拉伯区和犹太区恢复供水。当地已经做出安排，允许阿拉伯人和犹太人收获其庄稼。在最关键的地点都有联合国现场观察员在现场。

传到外交公寓的最新迹象是，如果犹太人同意让海法国际化并放弃对乃革布大部分地区的诉求，阿卜杜拉国王将接受耶路撒冷的国际化。如果实现这几点，双方达成协议的前景似乎就明朗了。

不管其他安排如何做出，大部分阿拉伯国家看起来决意要对以色列保持某种形式的经济封锁。

1948 年／6 月 26 日

苏联切断粮食供应，柏林遭围

克雷宣布，三大区政权有望形成　伦敦内阁就此问题展开讨论

德鲁·米德尔顿
发回《纽约时报》的特别报道

【柏林 6 月 25 日电】今日，由于遭到柏林东区围困，西区约 225 万德国人将直接面对可怕的饥饿幽灵。

苏联军事当局禁止了一切从苏联控制区通向柏林的食品运输。这是苏联当局精心设计的政策的一部分，目的就是要让西区人民挨饿，迫使他们接受共产主义的要求并让西方列强退出。

虽然看到黑暗的日子临近，柏林人依然冷静。西区人民把手里的货币换成西方大国支持的新的德国马克，几乎没有出现什么动乱。

随即黑市兴起。在黑市上，1 元德国马克可以兑换高达 30 元的苏联发行的新马克，而苏联发行的新马克被德国人称为“墙纸”。

克雷和罗伯森会面

今天下午，克雷将军和英国军事执政官布瑞恩·罗伯森爵士进行会谈。但是会谈结束后，他们并没有宣布应对苏联围困的政策。

苏联为了政治目的，冷酷地施行饥饿政策，让人们走投无路。应对这种绝望态势的责任已经从军事执政官们的职权范围转到华盛顿、伦敦和巴黎。

据昨日发往伦敦的官方数据，目前西区的粮食供应比已确认的还糟糕。

这些数据是以 1948 年 6 月 15 日整个柏林可利用的粮食供应为基数的。该日以后，由于苏联日益严重的封锁，到现在粮食库存几乎没有增加，当然，消耗从未停止。

据估算，今日包括苏联控制区在内的整个柏林的所有粮食储备为面包谷物和面粉够吃 17 天，谷类够吃 32 天，油脂够吃 48 天，肉和鱼够吃 25 天，土豆够吃 42 天，脱脂奶粉够吃 26 天。

食品储备分散

这些食品储备分散在整个城市的各个仓库里。大部分面包谷物和面粉的仓库位于苏联控制区，今后西区将无法用到。

西区 3 个西方控制区的指挥官对苏联的禁令做出回应，禁止任何食品从区内运往苏联区。然而，苏联区的人们可以获得整个苏联控制区的供应，所以西区指挥官发出的命令虽然听起来事关重大，实际上没有太大意义。

对苏联控制区的经济一个更有力的打击是由在美因河畔的法兰克福的美国区和英国区双边经济委员会发出的，该委员会“无限期”暂停往苏联控制区运送从煤炭到钢笔在内的各种货物。昨晚英国当局已经下令，限制鲁尔区的煤炭和钢铁运往苏联区，经济委员会的禁令成为英国所实施的又一项禁令。

没有迹象表明这些措施让苏联的封锁松动，今天苏联的封锁反而更为严厉，6 艘从汉堡开出的货船被拦停在柏林之外，其中 5 艘装着食品。由此可见，苏联

柏林西区遭苏联封锁期间，1948 年 6 月，柏林人在城里的市场购物。

在封锁了铁路和高速公路之后，又增加了对运河交通的封锁。

西方大国解决柏林食品危机的唯一方法是，形势严重时，把额外的给养通过空投送进去。每天得用飞机投放约 2500 吨食品，才能满足西区人民的需求，而当前美英航空运输指挥部的运力已经被运送两国军事人员和军事政府的平民雇员的给养所占用。

西区人民的士气继续保持良好，但 1948 年的柏林人无论从身体上还是精神上都承受不了这种围困，苏联的措施预示着他们将无法获取任何外部援助。

在白天发生了几起事件。今天上午，美国治安巡逻兵未能成功驱逐散发反西方传单的两卡车德国人。德国警察报告称，传单上有一长串对克雷将军的抨击，说他参与了“蹂躏德国”。

1948 年／6 月 27 日

东西方阵营欲就德国问题摊牌

苏联人为达到目的，威胁称要把柏林人饿死

德鲁・米德尔顿
发回《纽约时报》的特别报道

【柏林 6 月 26 日电】柏林城里风暴信号在飘扬。自 1947 年 12 月外交首脑理事会会议崩溃后，政治的雷暴云砧就开始不断堆积，如今它已经迸裂，整个德国尤其是柏林，遭受了一场重大政治斗争的鞭笞。今天在这座支离破碎的前敌国首都，东西两大阵营正走向最终摊牌。曾几何时，它们携手击溃这个敌人。

形势的严重性不仅在于德国的未来政治色彩对欧洲十分重要，还在于德国尤其是这场政治斗争的焦点柏林，正为苏联、美国、英国和法国四国军队所占领。两大对立的强力集团的军队有着密切的接触，因为都在柏林，发生导致战争的“事件”的可能性总是存在的。政治家们和将军们无节制的话语可以通过外交技巧削弱，可是子弹和死亡却无法消除。

德国目前的斗争，直接源于政治顾问们向驻德苏军总司令瓦西里・索科洛夫斯基元帅所提出的计划，即通过切断柏林城内西方三国控制区的粮食供应，迫使人们从政治上屈服，为了换取食物，要求西方国家撤出军队，结束苏联通过控制公用设施强加给他们的经济混乱。

政治武器

换一个时代，很难想象，世界上最强大的国家之一会有意识地规划并施行这样一项政策，让 225 万人民忍饥挨饿，以达到自己的政治目的。然而，这是发生在柏林的残酷事实。

柏林西区的状况必然日益恶化。苏联已经封闭通往这个区域的所有食品供应。其借口是德国西部区域引进了新的货币，然后柏林西区也引进了这种新货币。然而，东西柏林的货币正在自由流通，却没有迹象表明封锁会解除。

经历了 5 年的战争和 3 年的被占领之后，柏林人民必须鼓起一切劲头和勇气才能面对这种状况。有许多人足够勇敢，挺身而出，无视苏联的军事管理。但也有很多人想要结束这种不和谐，结束物资短缺。

然而，对德国来说还有一场规模更大的斗争，柏林的斗争只是这场政治纷争中的一部分，虽然眼下是最重要的一场。这场总的斗争是下述情况的最终结果——对于找到一种四大国统治德意志的方式并最终建立一个完整的德国的政府，1947 年外交首脑理事会相继的两次会议均告失败，德国的分裂已不可避免。

促使苏联人猛然发动目前的攻势的事件是西方大国批准了本月初在伦敦达成的关于西德和对鲁尔区的管理的一系列协议。其中让莫斯科最为愤怒的一点是这些协议将鲁尔区从苏联的势力范围中移走。鲁尔区是欧洲最富有的产业战利品。

鲁尔区的重要性

与西方的怀疑的多马们相反，克里姆林宫的现实主义者知道鲁尔区可以作为新德国的一部分而运转，以至于会慢慢为西欧的重建及一个强大集团做出最大的贡献，这个集团将与新苏联帝国在东方的所作所为抗衡。

要么让西方大国失去分享鲁尔区的生产的希望，要么利用自己经过测试的政治破坏手段阻碍鲁尔区的生产，让它的生产无法发挥应有的作用，这就是当前苏联在德国采取政治攻势的主要动因。因此，在苏联及其东欧卫星国的外交部长们发布的华沙宣言中，鲁尔区被重点提及，而在外交首脑理事会的另一次会议公报中，鲁尔区也被重点提及。在此次外交首脑理事会会议中，莫洛托夫再次企图建立一个最终由共产党人主导的政府来管理德国各区，帮助苏联在西德赢得立足点。

苏联人想要什么呢？显而易见，想不惜代价把西方大国赶出柏林。但笔者认为，苏联自 1948 年 4 月以来一直在寻求，在外交首脑理事会会议上再次赢得 4 个驻军大国都支持的一种形式，来组建一个管理德国所有地区的政府。

苏联人袋子里的东德这半块面包并不比没有强，苏联人想要整个德国。因为苏联人会做数十年、数百年的打算，所以莫洛托夫很可能在外交首脑理事会会议上，就一个完整的德国的政府的构建问题做出让步，他知道这样一个政府自此之后 10 年内，都会是共产主义渗透的对象。

力量均衡

当前在德国的斗争中，两大阵营的力量和弱点分别是什么呢？第一个，也是最明显的，事实是在西方阵营里有三大国，而在东方阵营中只有苏联一家。苏联在德国的政策经常会显得缺乏弹性，但是不管西方三大国之间如何紧密联合，苏联只施行自己的政策，这比三方通过一个而不是三个军事政府施政容易得多。

不过，苏联的主要优势是在所有类似的斗争中任何极权国家均可以享有的优势。只要在苏联人强称的目前并非为长期战争做准备的限度内，他们可以在柏林和苏联控制区为所欲为。

面对苏联的新攻势，西方大国与柏林和德国的民主党派之间的联盟在某种程度上得到了稳固。然而，西方国家与德国之间存在不一致的意见，在对鲁尔区的管理的问题上的分歧尤为突出。在目前阶段，苏联人正竭尽全力利用这些分歧扩大西方列强与德国人之间的裂痕，削弱该联盟。

因为这个联盟覆盖整个西欧，所以西方大国在德国的最大优势是经济力量和政治宽容的结合。

1948 年
6 月 29 日

华盛顿认为马歇尔计划将击破东方阵营

詹姆斯·赖斯顿
发回《纽约时报》的特别报道

【华盛顿 6 月 28 日电】今日，华盛顿对共产党和工人党情报局与南斯拉夫铁托元帅的决裂做出的反应，整体上与那场战争中鲁道夫·赫斯突然造访苏格兰时，丘吉尔做出的反应极为相似。

“好像，”丘吉尔说，“苹果上长了一条蛆。”

在官方层面，杜鲁门政府对此未置一词，但知情人士说：

1. 消息人士认为贝尔格莱德和莫斯科不太可能彻底决裂。铁托元帅要么满足克里姆林宫的意愿，要么被取代。

2. 与美国已了解到的情况相比，马歇尔计划对于东欧来说是一个更为剧烈的霹雳。它击破了共产主义世界光滑无痕的外表，表明了苏联卫星国的利益与苏联的利益不一定完全吻合。

3. 各界人士称南斯拉夫的裂纹无疑会被抚平，但与此同时，也确认了一个重要事实：即便是在东欧，共产主义的基础也并非稳固无虞，民族主义仍然可以挑战共产主义。

4. 此次分裂出现在东西方阵营关系紧张的关键时刻，将加剧人们对苏联为把美、英、法赶出柏林而做出努力的抗议。

5. 最后，可靠的官方报告表明，共产党和工人党情报局的行动可能是莫斯科对铁托元帅最近清洗若干著名共产党人所做出的反应。这些被清洗的共产党人认为，铁托在国家的机构中实施了权宜之举，对此表示反对。

据这些报告称，1948 年 4 月末，约有 15 名身处政府要职的共产党人或被判处死刑或被判长期监禁于卢布尔雅那。此后不久，战时两名曾在游击战中与铁托元帅一起积极作战的共产党人遭逮捕。

这些外交报告还谈到在南斯拉夫军队中会有进一步的清洗，指出政府高级官员斯雷滕·祖卓维奇和安德里加·赫尔布兰被更换的原因是因为反对经济计划，按照这个经济规划，南斯拉夫将可以在它喜欢的地区自由贸易，而不是听从苏联及共产党和工人党情报局的指挥，尽一切努力打败马歇尔计划。

目前，华盛顿方面的倾向是不对铁托事件大肆宣扬，然而此事件已经让双方的领导人确信，对西南欧提供经济政治协助，并坚决反对苏联施加的压力是正确的选择，而且其结果正在展现。

1948 年／12 月 23 日

战争罪犯东条英机及其他 6 人被盟军绞死

4 名日本领导人同时在监狱被执行

林赛·派瑞特

发回《纽约时报》的特别报道

【东京 12 月 23 日电】今天早上，日本前独裁者东条英机及其他 6 名在对同盟国作战中最为卖力的同谋因违反国际法的罪名，在东京市郊的巢鸭监狱被处以绞刑。国际军事法庭在约两年半的审判后对他们做出的死刑判决，由美国第八集团军执行。

麦克阿瑟将军的公共讯息办公室发布了一份非常简短的声明，正式宣布了这个消息。这份声明于今日凌晨 1 点交到一直在守候的通讯记者手中。声明说：

“12 月 23 日凌晨 0 点 1 分至 35 分，7 名被远东国际军事法庭定罪的日本战犯已悉数执行绞刑。”（合众社报道称，在军警的护送下，7 具尸体由美国军用卡车送往横滨火葬场。卡车快速驶过大门，士兵手执步枪、刺刀出鞘，站在微微细雨中警戒，不让记者跟随。上午 8 点 10 分火化在一栋方形的拉毛水泥墙的建筑中开始，这栋建筑里有 14 个火化炉。1 小时 20 分钟后，所有的尸体都烧成了灰烬。）

被处决的战犯包括：东条英机；前首相广田弘毅；陆军大将土肥原贤二，此人有诸多绰号，有人称他为“老虎”，有人称他为“土匪原”，有人称他为满洲的“劳伦斯”；南京暴行的主角、陆军大将松井石根；陆军中将武藤章，先后在苏门答腊岛和菲律宾任参谋长，其间被俘的美国士兵走上“巴丹死亡行军”；前陆军大臣板垣征四郎；陆军大将木村兵太郎，此人是前缅甸驻军司令，是对虐待战俘负有最大责任的人之一。

随后，麦克阿瑟将军的公共关系办公室在一份所谓的“处决事实报告”中披露，有多名目击者目睹处决过程，这些目击者来自那些参与审判的国家。

除了“医生和必须在场的狱方人员”以外，目击者还包括盟国理事会的美国成员威廉·J. 西博尔德，中国的商震将军，英联邦的帕特里克·肖，以及苏联的陆军中将库兹玛·德列维扬科。

据宣布，他们曾收到麦克阿瑟将军的讯息，被邀请到场。讯息中说：

“此处决过程将执行代表各同盟国的法庭所做判决之最紧要环节，务请作为证人出席，以为法庭判决执行之见证。”

据称，处决时间是提前 2 小时告知犯人的，每名犯人均与监狱佛教徒教诲师花山信胜会面。仪式在这些犯人曾经待过的监区内一个特别设立的佛堂中进行。

声明指出第一批被执行死刑的人有土肥原贤二、松井石根、东条英机和武藤章，他们同时从死亡之屋竖立的 4 个绞刑架上坠下来，板垣征四郎、广田弘毅和木村兵太郎是第二批被绞死的人。据称，活门弹开时，所有死囚头上均套着黑色头套，而且都是独自走上通往绞刑架的 13 级台阶，没有人需要搀扶。

据称，所有死囚的骨灰将被分撒，以尽可能减少人们祭拜其骨灰的机会。

据了解，其他日本战犯将仍然关押在巢鸭监狱，一直由美国士兵看守。这些美国士兵将作为 11 个同盟国的狱卒，至少要等到签订和平协议或者美国与其他同盟国做出安排把他们调往其他地方。

被判处终身监禁的犯人有两名目前在美国陆军医院就诊，分别是前参谋总长梅津美治郎和日本驻意大利大使及三国轴心条约签署者白鸟敏夫。

1946 年 6 月 3 日，国际法庭对这些犯人进行审判，并于 1948 年 11 月 12 日对他们做出判决。自此，他们的所在地就被军队团团包围以确保机密，而行刑也是在同样机密的条件下执行的。美国、英国和法国的通讯记者被告知，非官方证人绝无可能获准进入巢鸭监狱，只好在公共关系办公室苦等数小时，等待正式声明。

绞刑的日期和时间也一直严格保密。处决刚刚结束，我们开车沿着监狱长长的混凝土墙走一圈，发现大门处无人把守，也无人等候。事实上，整个地区遍布的小商店和单薄的战后的房屋都已睡熟。

今天上午日本新闻界保证，麦克阿瑟将军的提议即在处决后举行一天全国性的祈祷将会进行。《朝日新闻》在社论中说：

“今日所有的宗教，包括佛教、基督教、神道教以及其他宗教的团体，将为和平祈祷，度过一个庄严肃静的时刻。

“不管这 7 个人犯下何等罪孽，对于人这一族类来说，不得不执行这样的判决，是一个悲剧。我们不要让这场悲剧结束得毫无意义。

“对和平的祈祷绝不能在片刻后就终止，而应成为日本的一个里程碑——日本将从此开始践行其寻求世界永久和平的使命。

“如果日本人民现在不能反省这场战争的道义责任，对这 7 名犯人的处决以及国际军事法庭耗时颇多的裁决将成为徒劳。”

1949 年／3 月 9 日

保大帝签署印度支那协议

兰辛·沃伦
发回《纽约时报》独家报道

【巴黎 3 月 8 日电】今日，法国总统樊尚·奥里奥尔与安南国王保大帝在爱丽舍宫签署文件，批准“在法兰西联邦中建立一个独立的越南国”。

签字仪式后不久，这位前皇帝在新闻发布会上宣布，自己将带着和平“在 1949 年 4 月 25 日回到自己故土”，在印度支那组建新政府的民主机构。

据悉，该协议必须等保大帝回到印度支那并与法国驻印度支那高级专员里昂·皮格诺签署一个正式协定后方能生效。

有了这一步骤，便不必即刻向法国国民议会提交该协议并俟其批准。人们认为，必须等到协议生效后，其文本才会公之于众。

社会党人被要求做出改变

今天，亨利·克耶总理与社会党领导人共进午餐，试图说服他们不再反对政府当前的印度支那政策。据了解，国民议会只需批准一个把交趾支那从殖民地变为独立国家的协议，让其设立一个立法议会，以作为建立包括交趾支那、东京和安南的越南国的准备措施，并规定与柬埔寨和老挝两国的合作事宜。（美联社报道称，根据这个初步的协议，安南、东京和交趾支那将合而为一，要不成为越南君主国，要不成为越南共和国。）

社会党难以改变它在1949年年初的党代会上的主张。此会前，该党总书记居伊·摩勒曾给克耶总理去信，反对和保大帝签署任何协议，并请求与持不同政见的领导人胡志明达成协议。

今晚获悉，对于保大帝，居伊·摩勒声称："他在那个国家根本没有权力——越南的武装部队不会听令于他。"

引述胡志明政府与中国的关系

居伊·摩勒继续说："在印度支那，事态变动很快。几个月后，所谓的中国共产党部队可能会抵达越南边境，为胡志明政府提供官方或者非官方的军事援助。

"真要到了那一刻，就无法把法国从整个印度支那的灾难和脱离中拯救出来。社会党认为现在依然可以与胡志明达成协议。"

如今，社会党人被要求改变立场以维护政府的联合，并至少暂停反对与保大帝签署一个协定。

在法国消息人士中，有人说该协议确定了1948年6月法国政府与保大帝达成的总的协议的细节，包括之前由胡志明提出的每一条至关重要的独立条款。据了解，胡志明今天对法国批准该协议表示谴责。

1949 年 / 3 月 11 日

伯罗奔尼撒半岛的清扫即将开始

获得乡民支持的希腊军队在南部把叛军残余逼上末路

A.C. 塞奇威克

发回《纽约时报》的特别报道

【希腊特里波利斯 3 月 10 日电】伯罗奔尼撒半岛的局势正在好转。在特里波利斯这个农业中心、阿卡狄亚的首府、半岛上最大的内陆城镇里，每个人脸上的神情都流露着转变。这种转变起自 1948 年的圣诞周，当时希腊军队对共产党领导的叛军发起主要进攻。

彼时游击队正在该地区增兵。政府军似乎无能为力，人们变得沮丧而忧郁。为游击队招募新兵、打探消息并实施破坏的共产党地下组织正发展壮大。

今天，种种迹象表明，该地下系统已经完全被中断运作，可能已经被摧毁。

由此出现的一个主要结果是，市民和农民不再惧怕打击报复，敢于公开支持国家军队。现在他们敢站出来，向政府军提供关于叛军动向的情报，并举报共产党特工。

军事当局估计，再过两个星期伯罗奔尼撒战役就会终结，民事重建就会启动。平民已经可以在所有的主要道路上安全通行，而一个月前人们还无法安全地在这些道路上行走。在许多村庄里，宪兵已经接替希腊军队。

战斗仍在继续，主要集中在帕尔农山脉和泰格多斯山脉贫瘠的高山区。但是，据从叛军队伍实际上被打败的区域发来的报告，前所未有的寒冬天气让游击队更是苦不堪言。

据政府军估计，政府军发起伯罗奔尼撒行动时，叛军约有 3860 名战斗人员，装备精良。随后有 1000 多人陆陆续续加入叛军，其实力得到进一步加强。

政府军方面称，在这场战役中，已经打死打伤 4500 名游击队员。1949 年 3 月第一周，在战场各处共发现了战斗中被击毙的 211 具叛军尸首，另有 593 名游击队员要么投降，要么被俘。

据过去几天里被抓获的叛军俘虏称，迫使叛军放弃战斗的因素不仅仅是寒冷和饥饿，还有随之而来的希望破灭——他们说，据最近的报告，共产党的政策正倾向于支持把希腊的马其顿区从希腊分离出去，并入斯拉夫的马其顿组织即马其顿民族解放阵线治下。

1949 年／3 月 11 日

美军飞行员定期为柏林空投物资

美联社

【柏林 3 月 10 日电】今日，美国空军宣布将实施人员补充计划，以向苏联封锁的柏林区域进行为期数年——如果有必要的话——的物资空运。

1948 年，载着食品和其他救援物资的美国 C-47 运输机飞抵柏林的滕珀尔霍夫机场。

这一行动由美英两国于1948年6月26日开始联合实施，美国全体纳税人每天需要支付几近50万美元去维持美国一方的开支。

今天，美国空军在威斯巴登宣布，从1949年5月1日开始，来自蒙大拿州大瀑布城的训练学校的空运后备人员将成为正规服役军人，而不再是临时服役人员。

带家人前往德国的飞行员将为空运任务服役3年。在德国没有家人的，将服役2年。根据目前的制度，从西德把食物、燃料和基本生活用品运往柏林的飞行员从美国本土的基地派出，每6个月轮换一次。

在每个晴朗的日子里，空运行动将给柏林送去7000吨物资。

1949年/5月4日

共产党占据杭州

出口失守，国民党军队落入红军的大三角包围圈

【美联社上海5月4日电】上海的防卫司令部今天承认杭州这个东北距上海100英里的逃生口失守。（共产党人对杭州的控制，是从陆上把上海封闭起来，使其无法与中国其他地区取得联系，从而合拢了把国民党军队围困在南京—上海—杭州大三角区的包围圈。如今国民党军队唯一的出口是海路。）防卫司令部的公报称，浙江省保安部队在完成拖住敌方的行动后，已于昨天晌午撤离杭州。这支军队是仅剩的杭州守卫部队。

1949 年/5 月 5 日

美国空运飞行员“欢呼雀跃”

悉尼·格鲁森
发回《纽约时报》的特别报道

【柏林 5 月 4 日电】今晚，在苏联封锁的 320 天里助西方阵营坚守柏林的男孩们“欢呼雀跃，欣喜若狂”。

来自新泽西州费里霍尔德的二等兵路易斯·瓦格纳是这样描述美国空运飞行员们听到封锁解除时的反应的。

苏联同意解除封锁的消息传来时，二等兵瓦格纳正在滕珀尔霍夫机场的控制室内执勤。他描述说，几分钟后，“各航空频道均纷纷播报这条新闻”，那些仍在为这座被围困的城市装运煤炭、面粉和其他物资的飞机上的广播不断重复着这条消息。

滕珀尔霍夫机场的塔台本来就极为繁忙，现今保持着每 3 分钟 1 架飞机到港的频率。而此时塔台被飞行员发来的要求确认此消息的呼叫所淹没。在封锁的第 320 天，这些飞行员与他们的英国同伴们一起向柏林送去了又一批 8900 短吨的物资。

这是一份他们准备无限期继续下去的工作。但是他们对于这个工作现在可能要结束并不感到遗憾。

“我们已经向苏联人证明我们做得到。”一个结实的随机机械师中士说，“他们下次再要试探我们的时候，需要三思而行。”

消息风驰电掣地传遍了整座城市，让满腹疑虑的柏林人转而喜出望外。他们自第一个关于美苏正在就停止封锁进行磋商的公告发布以来，心中再也别无他念。

受这个官方公告的影响，今晚在街道上的柏林民众大部分暂时忘记了对外交首脑理事会会议可能的结果的担心，转而兴高采烈地把注意力放在西德与东部的食品生产区恢复正常联系的前景上。

“在封锁的环境中生活了 10 个多月后，我们该想什么呢？”一名正在巡逻的警察说，“我们想生活得更容易一点。我们想要更多的光，更多的天然气。也许，最重要的是，不再吃脱水的土豆。”

对于一位女秘书来说，这个消息意味着“价格将回落，我又可以买些衣服了”。

对于一个在营部指挥所担任警戒的美国士兵来说，这个消息意味着“更好的时光、更好的食物和离开这里去度假的机会”。

对于收音机销售商威廉·扎普夫来说，这个消息意味着“生意会再次好起来，因为人们会有钱买收音机”。

对于成千上万的柏林民众来说，这个消息意味着回到工作岗位，赚取体面的工资的机会，以及回到复兴道路的机会。1948 年 6 月苏联强加的封锁，让柏林的复兴之路猝然而止。

1949 年，封锁解除后，苏军过境点的栅栏被打开，准许进入柏林。

1949 年 5 月 5 日

10 个国家通过欧洲法规

本杰明・韦尔斯
发回《纽约时报》的特别报道

【伦敦 5 月 4 日电】今天，九国外交首脑和比利时特使就《欧洲委员会法规》达成全面协议，这意味着人们长久以来梦寐以求的理想即将实现——一个民主的欧洲的议会即将成立。

一个持续 3 小时的会议于今天上午在圣雅各宫召开，出席会议的有英国、法国、比利时、荷兰、卢森堡、意大利、爱尔兰、挪威、丹麦和瑞典等国的代表。他们完成了对伦敦一个外交工作组在过去数月中苦心孤诣敲定的法规草案的审查。中午时分，草案交到专门起草委员会的手中，到晚上各国外交首脑及代表比利时首相兼外交大臣保罗 – 亨利・斯巴克的专使再次召开特别会议，并最终批准草案。斯巴克因病无法来到伦敦。

签署仪式将于明天下午举行，由英国外交大臣贝文率领的英国政府高级官员及其他与会国家的外交首脑等外交官将出席仪式。

据了解，虽然没有发表公报，英国政府已最终决定参加欧洲委员会咨询会议（议会）的代表团将包括反对党的人士。保守党和自由党将获准从下议院和上议院中提名，也就是说温斯顿・丘吉尔可能会作为英国代表团成员出席欧洲的议会的会议。

法国的斯特拉斯堡已经被确定为欧洲委员会所在地，虽然斯堪的纳维亚国家的代表曾经提议在荷兰选择一个地点。据了解，欧洲委员会秘书长会是一个法国人，但是还没选定。

据报道，各国外交首脑已经同意在 1949 年 7 月或者 8 月召开欧洲委员会第一次会议前，邀请希腊和土耳其加入该委员会。然而，对于是否邀请未来的西德政府与这个组织发生关系，代表们尚未做出决定。

在上午的会议中，瑞典和英国就议会的投票程序提出了两个彼此对立的提案，成为会议的主要争论点。瑞典提出，议会决议案只有在全体一致投票赞成的条件下才能通过，而英国提出的是 2/3 的多数票。会议代表们就这个问题进行了妥协，决定完全的决议案需要一致通过，而表达议会“愿望”的决议案如果获得 2/3 的赞成票，就会被通过。

另一个讨论围绕该法规的前言中的措辞展开。荷兰代表团敦促使用西欧“基督教”民主国家这个词，但是反对意见相当多，只好同意把这个措辞替换为“精神性的”。

1949 年

9 月 24 日

据透露，苏联进行原子爆炸
杜鲁门再次请求联合国控制核武器

安东尼·莱维罗

【华盛顿 9 月 23 日电】杜鲁门总统今天上午宣布，最近几周，有一次原子爆炸发生在苏联。这句话暗示了美国在原子武器上的绝对主导优势实际上已经荡然无存。

“我们有证据表明在最近几周，有一次原子爆炸发生在苏联。”杜鲁门总统说。

在一份简单而平淡无奇的声明中，这句话用了红色字体，显得鲜艳且突出。在声明中，总统说美国一直都在考虑其他国家发展“这一新的力量”的可能性。

他再次请求联合国采纳原子能国际控制机制。这一机制是美国公布的，已获得聚集在法拉盛草地公园的联合国大会的绝大多数国家的支持。

麦克曼透露消息

上午 11 点，内阁在白宫召开周五例会，杜鲁门向内阁宣布了这个消息。

上午 10 点 30 分，白宫通讯记者与总统的秘书查尔斯・罗斯召开例会。它本是常规会议，可是当他们准备鱼贯而出时，罗斯的秘书默特尔・贝格海姆小姐建议他们不要离开。快 11 点时，贝格海姆小姐进入新闻室招呼：

“记者朋友们！”

记者们陆续进入罗斯的办公室。罗斯说希望把门关上，于是一名特勤局人员就到门口把守。然后，罗斯说他要发一份公告，不过，所有在场记者人手一份之前，谁也不能离开这个房间。随后他开始分发这份油印的总统声明。

第一批目光扫过声明的记者中，有一位大声喊道：“苏联有原子弹了！”记者们蜂拥穿过办公室的门，奔向旁边的新闻室内的电话。全力冲刺而出的记者中有一位是苏联的官方新闻机构塔斯社的通讯记者。

艾奇逊提到“武器”

杜鲁门总统并没有说苏联拥有了原子弹。仅有身处纽约联合国大会上的国务卿迪安・艾奇逊，竟然说他设想是一种“武器”引发的爆炸。其他内阁成员和较低级别的官员无论是在私下或者公开场合，均未探究杜鲁门的措辞“原子爆炸发生”以清晰地指出是什么引起的爆炸。

据悉，杜鲁门这个措辞的使用是经过研究并预先有所考虑的，会让某些官员认为苏联或许已经进入炸弹测试阶段，不过它可能既不像美国的原子弹测试那样切实可行，也没有那样行之有效。

美国从广岛原子弹爆炸起，已经在大量储备这种所谓的终极武器，而苏联是否已能如此还不得而知。

然而，可以确定的是，苏联这次爆炸的威力和量级与美国原子弹的杀伤力相当，否则美国也不可能有明确的探测和评估。

因此，苏联的新生之物最终必将对国际关系，尤其是对民主国家与苏联及其卫星国之间的力量平衡产生深远的影响。它似乎已经把美国在原子武器上的绝对主导优势降为一种相对优势，而这种相对优势还会逐渐减弱。

关键人物、事件简介

人　物

内维尔·张伯伦（1869—1940）：1937 年起任英国首相。筹备 1938 年 9 月召开的慕尼黑会议。德国入侵波兰两天后对德宣战。1940年5月10日宣布辞职，数月后去世。

科德尔·赫尔（1871—1955）：1933 年 3 月至 1944 年 11 月担任罗斯福政府的国务卿。1941年美日谈判中，对日本采取强硬态度，加速了日本制定对美国动武的决策。在起草《联合国家宣言》（1942 年 1 月 1 日签署）的过程中发挥重要作用，随后促成联合国的诞生。

温斯顿·斯宾塞·丘吉尔（1874—1965）：1940 年 5 月至 1945 年 7 月担任英国首相兼国防大臣。1940 年力主坚持对德作战，与苏共总书记斯大林和美国总统罗斯福共同建立战时“大联盟”。极力赞成轰炸欧洲轴心国，支持迂回进攻策略，即从地中海地区进攻希特勒在欧洲的军事要塞而不是正面袭击。随着战事的持续，影响力逐渐减弱。战后成为著名的冷战分子，仇视共产主义。

约瑟夫·斯大林（1878—1953）：1922 年起任苏联共产党中央委员会总书记。1941 年成为苏联人民委员会主席。二战期间担任苏联国防委员会主席，领导全苏战争行动。

欧内斯特·金（1878—1956）：美国海军五星上将。1940 年任美国大西洋舰队司令。反潜作战建奇功，为罗斯福总统所赏识，升任美国海军舰队总司令。1942 年 3 月起兼任美国海军作战部部长。

道格拉斯·麦克阿瑟（1880—1964）：曾任美国陆军参谋长。战争爆发时任菲律宾政府军事顾问和驻菲美军总司令。1942 年 4 月被任命为西南太平洋战区总司令。1945 年 8 月作为“盟军最高司令官”驻日本。

乔治·卡特利特·马歇尔（1880—1959）：20 世纪 30 年代末担任在华盛顿的美国战争部作战计划处的处长。1939 年任陆军参谋长直至二战结束。1947 年任国务卿，颁布欧洲复兴计划，也就是人们熟知的“马歇尔计划”。

富兰克林·德拉诺·罗斯福（1882—1945）：二战期间任期最长的美国总统。1940 第三次、1944 年第四次当选总统，这在美国是史无前例的。20 世纪 30 年代，采取“新政”帮助美国平稳渡过经济危机。20 世纪 30 年代末，敦促美国重整军备。领导美国成为盟军作战的强大后盾，为盟军提供一切战备物资。日本突袭珍珠港后，坚持奉行先打败德国的战略，并通过《租借法案》，慷慨地与盟国分享美国的资源。

克莱门特·艾德礼（1883—1967）：英国工党领袖。1940 年 5 月加入丘吉尔的战时内阁。负责内政事务，1942 年担任副首相。1945 年工党赢得选举后，于 7 月接替丘吉尔成为英国首相。

贝尼托·墨索里尼（1883—1945）：意大利法西斯党党魁。1922 年 10 月至 1943 年 7 月任意大利总理。野心勃勃想在地中海和非洲地区建立一个新的罗马帝国，于 1935 年 10 月向埃塞俄比亚发动战争，并击败埃塞俄比亚。与希特勒建立起紧密的轴心国同盟关系。1940 年 6 月 10 日，向英法两国宣战；1940 年 10 月，又向希腊宣战。意大利军队全线溃败后，其支持度下降。1943 年 7 月发生政变，其政府被推翻。被德国特种部队营救后，在意大利德国占领区担任意大利社会主义共和国领袖。1945 年 4 月 28 日，在逃往瑞士的途中被游击队员击毙。

东条英机（1884—1948）：1941 年起任日本首相，带领日本对美宣战。1944 年 7 月因日军军事失利辞职。1948 年被作为战犯处死。

哈里·S. 杜鲁门（1884—1972）：1944 年当选美国副总统。1945 年 4 月罗斯福总统去世后继任美国总统。曾领导参议院特别委员会调查战时合同，为美国节约了数百万美元的花费。做出了一个重大决定——使用原子弹轰炸日本。二战后，在遏制共产主义在欧洲的传播上扮演了重要的角色。

切斯特·尼米兹（1885—1966）：1941 年 12 月被任命为美国太平洋舰队司令。1942 年 3 月成为美国太平洋地区驻军总司令。1944 年，因在对日“跳岛作战”中的作用受到表彰，晋升海军五星上将。

乔治·巴顿（1885—1945）：职业骑兵军官。1942 年任美国第一装甲师师长，随后在“火炬行动”中指挥美国第二军。1944 年担任在法国的美国第三集团军的指挥官。在逼迫德军退回其边界的战役中发挥了令人瞩目的作用。1945 年因车祸去世。

蒋介石（1887—1975）：中国国民党总裁。九一八事变后，曾一度坚持“攘外必先安内”。1945 年日本战败后，中国爆发内战，蒋不敌中国共产党，1949 年败退台湾，任台湾当局“总统”。

伯纳德·劳·蒙哥马利（1887—1976）：英国陆军元帅。1942 年 11 月在阿拉曼取得英国首次陆战大捷。率领英国第八集团军进攻意大利，后被任命为诺曼底登陆战役中的陆战指挥官。指挥盟军第二十一集团军群结束在欧洲的战争。

阿道夫·希特勒（1889—1945）：德国纳粹党党魁、独裁者。1934 年成为德国元首，1939 年将德国拖入战争深渊。1941 年 12 月自封德国军队总司令。其军队在二战中一败涂地。1945 年 4 月 30 日在柏林自杀。

德怀特·戴维·艾森豪威尔（1890—1969）：日本偷袭珍珠港后被任命为美军作战计划部部长。奉命指挥 1942 年 11 月登陆北非的“火炬行动”，随后担任地中海战区的最高指挥官。从 1944 年进攻法国至二战结束，任欧洲盟军最高司令。

夏尔·戴高乐（1890—1970）：1940 年晋升陆军准将。装甲战理论先驱之一，曾在法国战役中担任法国第四装甲师指挥官。1940 年 6 月流亡伦敦，尽管遭到美国总统富兰克林·罗斯福的冷眼，仍发起并领导自由法国运动。1943 年和亨利·吉劳德共同担任法兰西民族解放委员会主席。1944 年在阿尔及利亚成立法国临时政府。法国解放后，促成法国的民主秩序的建立。

维亚切斯拉夫·莫洛托夫（1890—1986）：苏共总书记约瑟夫·斯大林倚重的核心集团成员之一。1930 年至 1941 年任苏联人民委员会主席。1939 年起任外交人民委员。曾代表苏联参与苏联加入联合国的谈判。

哈罗德·亚历山大（1891—1969）：1940 年指挥敦刻尔克大撤退。1942 年被任命为中东战区总司令。曾任艾森豪威尔的副手，指挥西西里岛登陆战役和意大利境内的其他战役。1944 年 11 月被任命为地中海战区最高指挥官。

卡尔·邓尼茨（1891—1980）：1943年1月至1945年4月为德国海军元帅。1945年作为希特勒的继承人任德国总统。1939年至1943年任德国潜艇舰队总司令，发动大西洋海战。纽伦堡审判中被判10年监禁。

卡尔·斯帕茨（1891—1974）：1942年在英格兰组建第八航空军，后前往地中海战区，担任盟军空军指挥官，受艾森豪威尔总司令指挥。1943年12月担任美国驻欧洲战略与战术空军司令。曾制订战略击败德国空军，并于1944年摧毁了德国的原油供应基地。

阿瑟·海斯·索尔兹伯格（1891—1968）：1935年继其岳父阿道夫·奥克斯成为《纽约时报》的出版人，任至1961年。既不赞同美国在二战前实行的孤立主义政策，也不喜罗斯福获得新权力来推行其法案。二战期间，支持建立以美国为主导的战后新秩序。曾一度担心自己犹太人的身份可能会引起人们对《纽约时报》客观性的质疑，因而始终都未曾在《纽约时报》上大篇幅刊发有关纳粹迫害欧洲犹太人的报道。

奥马尔·布拉德利（1893—1981）：在"火炬行动"中被任命为巴顿将军的副手。1943年5月任美国第二军军长，后率军开赴西西里岛。指挥美国第一集团军参加诺曼底登陆，其后指挥第十二集团军群参加二战末期在德国境内的战役。

赫尔曼·威廉·戈林（1893—1946）：德国空军总司令和国家航空部部长。1939年被指定为希特勒的接班人。1940年击败法国，被授予最高军衔——"帝国元帅"。二战期间，政治活动较少，仅有短暂活跃期。纽伦堡审判中的战犯之一，被判处极刑，行刑前夜自杀身亡。

约阿希姆·冯·里宾特洛甫（1893—1946）：希特勒的外交政策顾问，1938年2月起担任德国外交部长。1939年8月，代表德国与苏联签署《苏德互不侵犯条约》。在整个二战期间都担任首席外交官的角色。纽伦堡审判中被判犯有破坏和平等罪，被处以绞刑。

毛泽东（1893—1976）：中国共产党领导人。领导了始于1934年，前往陕西省以躲避蒋介石部队的围剿的长征。协助组建中国工农红军，以反蒋和抗击日军。二战后，这支军队成为助中国共产党1949年成功夺取全国政权的核心力量。

格奥尔基·朱可夫（1896—1974）：苏联元帅。1941年将莫斯科从失陷的命运中救出。1942 年 8 月成为斯大林在最高统帅部的副手——最高副统帅。1945 年 4 月策划了攻占柏林的行动。

约瑟夫·戈培尔（1897—1945）：纳粹政治家，纳粹德国国民教育与宣传部部长。1944 年被任命为帝国总体战动员委员会主任。1945 年 5 月 1 日在希特勒的掩体内自杀。

安东尼·艾登（1897—1977）：1940 年，被刚任首相的丘吉尔任命为陆军大臣。1940 年 12 月，任外交大臣。在英国的反法西斯战争中发挥了重要作用，并促成联合国于 1945 年成立。

海因里希·希姆莱（1900—1945）：纳粹党安全部队（党卫军）首领。1936 年 6 月被任命为帝国警察总长。1939 年组建国家安全总局（莱因哈德·海德里希任局长）。对欧洲地区犹太人实施种族灭绝政策并组建集中营。1943 年 8 月任内政部长。1944 年 7 月任德国预备役部队指挥官。1945 年 5 月被英军俘虏，自杀身亡。

爱德华·斯特蒂纽斯（1900—1949）：1941 年 1 月被任命为生产管理办公室主任。1941 年 8 月成为《租借法案》的监管者。1944 年 11 月任国务卿。1945 年 5 月代表美国出席在旧金山召开的联合国成立大会。

事　件

莱特湾海战（1944 年 10 月 23 日至 26 日）：日本海军的最后一击。日本海军兵分三路，企图阻止美军在莱特湾的对菲律宾群岛的多路进攻。在接下来的数起战斗中，日军损失 24 艘战舰，美国海军损失 6 艘战舰。

突出部战役（又称“阿登战役”。——译者注）（1944 年 12 月 16 日至 1945 年 2 月 7 日）：德军发动名为“秋雾行动”的突袭，以阻挡盟军的进攻，企图向比利时的安特卫普港挺进，切断盟军。德军前期向西挺进顺利，但盟军的空中力量强大，军备物资充足，1945 年 2 月，德军最终只能退回原阵地。

雅尔塔会议（1945 年 2 月 5 日至 11 日）：三大国战时领导人召开的第二次重大的最

高级会议。会上，斯大林承诺击败德国后对日作战。罗斯福和丘吉尔承认苏联在波兰获得的领土，而作为补偿，波兰将占有德国原领土的一部分。

德累斯顿轰炸（1945年2月13日至14日）：英国皇家空军轰炸机司令部发动的一次空袭。空袭形成了猛烈的风暴性大火，导致包括德国难民在内的约2.5万人丧生。

硫黄岛战役（1945年2月19日至3月26日）：最艰难的夺岛战役之一。日本守军在硫黄岛上遍挖洞穴和隐蔽所。美军依靠强大的火力最终瓦解了日军的抵抗，但也付出了巨大的代价——高达1/3的士兵伤亡。日本守军几乎全部阵亡。

冲绳岛战役（1945年3月23日至6月30日）：又称"冰川行动"，其目的是占领靠近日本列岛的一座重要岛屿。此次行动规模庞大，由50万美军对战10万严防死守的日军。此役美军伤亡惨重（12520名士兵阵亡），这增加了对日投放原子弹以挽救美国士兵的生命这一论点的支持度。

柏林会战（1945年4月16日至5月2日）：苏联红军发动最后一次大规模进攻，深入德国境内并占领德国首都。朱可夫元帅和伊凡·科涅夫元帅争先进入柏林市中心，朱可夫最终获胜。希特勒和戈培尔宁肯自杀而不愿面对被俘。5月2日，柏林被攻克。

波茨坦会议（1945年7月17日至8月2日）：三大国元首最后一次重要的战时会议。此时，杜鲁门已接替罗斯福。克莱门特·艾德礼在英国大选中胜出，中途取代丘吉尔参会。三国元首在会上讨论了日本投降事宜、欧洲的未来和波兰疆界问题，还通过了在欧洲审判主要的战争罪行的协定。

广岛、长崎（1945年8月6日和8月9日）：这两座日本城市是美国空军第二十轰炸机司令部投放原子弹的目标。至少有20万人因原子弹爆炸及其产生的核辐射丧生。

纽伦堡审判（1945年11月20日至1946年10月1日）：对德国领导人（主要战犯）进行的第一轮审判在纽伦堡的主法庭举行。有22人受到审判（马丁·鲍曼缺席），其中12人因反和平罪、反人类罪、战争罪和阴谋发动侵略战争而被判处死刑。

希腊内战（1946年至1949年）：希腊解放后，民族主义者与共产主义抵抗运动间的矛盾激化，演变为新的希腊政府军与希腊人民解放军的内战。希腊人民解放军由共产党支持的希腊民主军把控。在英美两国的军事支持下，希腊政府军最终于1949年击败了亲共产党的军队。

印度独立（1947 年 8 月 15 日）：经过多年的莫罕达斯·甘地领导的对印度独立的鼓动，1945 年二战结束后，英国工党政府于 1947 年年初许可印度独立，将其分为以印度教徒为主的印度和以穆斯林为主的巴基斯坦。贾瓦哈拉尔·尼赫鲁出任印度总理，穆罕默德·阿里·真纳出任巴基斯坦总督。独立导致内战爆发，多达 100 万人丧生于宗教冲突。1948 年 1 月 30 日，甘地遇刺身亡。

致谢

本书编者要向 Black Dog & Leventhal 出版社的 J.P. 莱文赛尔、丽莎·特纳格利亚和帕梅拉·谢克特表示衷心感谢，感谢他们在文稿准备中的帮助。

出版人要感谢理查德·奥弗里，感谢他承担起这个艰巨繁重的项目；要感谢德怀特·齐默尔曼，感谢他深入细致的研究；要向希拉·哈特致以谢意，感谢她的精彩设计，以及为本项目付出的辛勤工作；还要感谢《纽约时报》各位参与本项目的人员，特别是亚历克斯·沃德和米切尔·利维塔斯。

《纽约时报》要向以下人员表示由衷的感谢，感谢他们周密详尽的研究和技术支持：苏珊·比奇、克莉丝蒂·蕾莉、詹姆斯·伯默尔、罗伯特·拉尔森、芭芭拉·格雷、杰克·贝格、阿兰·德拉奎里尔和海蒂·吉奥维尼；同时感谢以下人士提出的建设性意见和全心全意的协助：《泰晤士报》的肯尼斯·里基耶里和李·里法泰尔，美联社的安东尼·布里托与乔纳森·弗尔曼。